困難東亞

重構日本帝國殖民地
刑務所記憶

黃舒楣、李炫炅——著
李易安——譯

Heritage, Memory and Punishment
Remembering Colonial Prisons in East Asia

各界讚譽

阿古智子｜東京大學總和文化研究院教授

莊嘉穎｜新加坡國立大學政治學系副教授

岑學敏｜英國諾丁漢大學文化、媒體及視覺研究系助理教授

何黛雯｜WAT 台灣女建築家學會理事長

林文蔚｜畫家，著有《獄卒不畫會死》

陳俊宏｜東吳大學政治系教授、前國家人權博物館館長

許仁碩｜北海道大學傳媒研究院助理教授

藍適齊｜政治大學歷史學系副教授

聯名推薦

◉

土地的、文化遺產的記憶為什麼被累積、傳承或遺忘？專注於你成長的地方、朋友居住地方的記憶和記憶政治可以大大拓寬你的視野。本書透過艱難的殖民遺產揭示了亞洲獨特的殖民背景，也為理解當今亞洲提供了一個視角。

——阿古智子，東京大學總合文化研究院教授

◉

想要透過監獄場域來探索東亞懲罰歷史的百年變遷與其對現代國家的影響嗎？本書的敘說，就像歷史場址活現的魔法，但又有意識的充滿抵抗，以免再度監禁。可從敘事培力與覺察主體性方式的多元視角，來理解本書討論困難遺產的當代意義。

本書深入探討了東亞殖民懲罰歷史以及對於當代文化社會的影響，遺產的意義不僅在於過去歷史的再現，更在於當代人的主體認知與意義創造的反思。透過跨境對話和比較研究，從監獄生成的歷史進程中，重新理解殖民者所建立的制度與影響，讓我們意識到身體和空間被記憶所銘刻的存在，也思考監獄遺產在當代城市地景中所扮演的角色。

書中特別分析了監獄建築的現代性與殖民性交織的複雜性，挑戰讀者重新思考困難記憶、解放，以及敘說再現的作用。鼓勵讀者反思自身及文化社會經歷，再脈絡化的創造自身意義，

並在變動的地緣政治中，覺察主體意識，展開一段全新的探險旅程。

——何黛雯，WAT台灣女建築家學會理事長

◉

剛踏進泰源技訓所工作的第一天起，我就對勤務表上負責到各勤區替換他人下勤休息的「交代勤務」裡的「交代」二字被同事們唸做「kōtai」，而非華語發音的「ㄐㄧㄠ ㄉㄞˋ」或台語的「kau-tài」；「交代休息」時間也是和台語音混用「kōtai hioh-khun（交代歇睏）」而感到既好奇又不解，即使問過許多同事卻也沒人能說出個所以然。這疑惑放在心裡近二十年，才在日本電影「超高速！參勤交代」上映後才恍然大悟，原來「交代」一詞是源於日本江戶時代各藩大名需要前往江戶替幕府將軍執行政務一段時間，然後返回自己領土執行政務的「參勤交代」制度（就是輪班啦！），難怪我一直覺得發音怎麼那麼像日語，原來就是！

無論是研讀研法，或備考公務人員司法行政職系的國考參考書，或是我們矯正工作者入行或在職訓練，一定會知道中華民國刑法是大陸法系繼受法，也就是台灣抄日本，日本抄日耳曼，日耳曼抄羅馬，所以大概會有種台灣的獄政之所以會長這樣，大概是由此而來的印象，但若從歷史脈落來看，台灣獄政制度的基底是來自日本殖民統治時期刑務所的襲產，至於為什麼現在我國監所管理像是各國刑罰政策的縫合怪，則又是另一個故事。

與前相似的名詞延用還有，在進行專案或政策性移監的前一天，通常會把行將移送收容人暫時轉至閒置空房，以防範其騷亂或夾帶物品，稱為「卡苦力」，但這詞和人犯的舊俗稱「苦力」一點關係都沒有，而是日語的「かくり」即「隔離」。

管理模式上的類軍事化管理、高度管理單位開、收封時要求收容人走直線直角；遴選部份收容人，穿上背心以從事文書或雜務，舊稱雜役或什役，現稱服務員，也是日治襲產；造成收容人過度監獄化而不利復歸社會的累進處遇制度，也是國民政府來台照抄小改就延用的。

還有我們監所戒護人員上的二十四小時夜勤隔日制也是這麼來的，如果大家對當今台灣獄政還看得到殖民刑務所的影子感到驚訝的話，那麼兩位老師會帶大家用更宏觀多樣的視角，探索日本殖民地的刑務所，對東亞各國監獄在空間運用及管理制度上帶來什麼樣的深遠影響。

——林文蔚，畫家、著有《獄卒不畫會死》

◉

兩位作者提供了一個嶄新的、東亞的跨國視角，將監獄視為一種痛苦與羞恥之地，為襲產研究做出了重大的貢獻。他們分析了日本殖民政府在中國、朝鮮和台灣興建的監獄，以及這些監獄轉生成為襲產場址，被用來重振國族榮耀、強化國族團結的過程。然而作者指出，這些地點依然深陷於不斷嬗變的區域地緣政治之中，而對監獄的多重詮釋，也引發了國與國之間、只能在外交層級解決的緊張關係。」

——威廉・洛根（William Logan），
澳洲迪肯大學（Deakin University）名譽教授

◉

日本殖民政府的監禁場址，同時涉及地理的權力與襲產歷史的力量。兩位作者在這部開創性的著作中，展示了這些通常具有懲罰性形式的殖民現代性，在帝國遺緒的爭論之中（不論那些爭論發生在一個國家內部、還是國與國之間），是如何被消費、重塑或摧毀的。

——顧若鵬（Barak Kushner），英國劍橋大學東亞史系教授

◉

兩位作者的深入研究和細心著作，提醒了我們要留意一個危險的誘惑，亦即當壓迫的力量仍在距離我們不遠處時，我們很容易會只對那些被譴責的外在『他者』進行批判。」

——愛德華・維克斯（Edward Vickers），
《台灣研究國際期刊》（*International Journal of Taiwan Studies*）

◉

兩位作者提供了一個清新且極具吸引力的視角，來處理殖民與

去殖民的複雜遺緒，超越了那些經常流於短淺和簡化的西方殖民主義的辯論。循此，本書不只對那些關心東亞歷史的學者具有吸引力，對從事後殖民研究、襲產研究、記憶研究和刑罰研究的學者來說，也非常值得一讀。

——牛山凜，《文化分析與社會變遷期刊》

（*Journal of Cultural Analysis and Social Change*）

◉

兩位作者這本傑出、新穎的著作，展示了批判性襲產研究的跨學科學術領域，是如何與經驗歷史（empirical history）和政治交匯在一起的。」

——阿諾瑪・皮里斯（Anoma Pieris），

《襲產研究國際期刊》（*International Journal of Heritage Studies*）

目　錄

Contents

推薦序
監獄、遺址和脫離不了的政治因素

莊嘉穎｜新加坡國立大學政治學系副教授

監獄或許是政治權力、國家暴力最明確的實體象徵。從籌備到建造、操作和管理，監獄背後都是國家機器在操作。即便是私營的監獄，也一樣是受到國家的委任、授權、和認可。國家若要矯正、懲罰或處決違反和挑戰國家權力的個人，監獄也經常成為執行的場所。既然是國家權力和機器的一面，監獄理所當然成為國家展示能力、技術和發展的據點。在十九世紀末、二十世紀初的環境下，監獄也是國家表現「現代」的方法之一。一旦發生政權或政體轉移，也會變成展示持續性或差異的關鍵，成為「革命」、「獨立」、「去殖民」或「正當」的基地。監獄是否持續應用、或拆除、或更新、或改變，很容易成為爭議點。

黃舒楣和李炫炅的《困難東亞》，將注意力放在日本帝國統治下的監獄，以及在日本帝國瓦解後，這些地點的後續發展，特別是社會和新政權如何處理這些遺址及相關記憶。從日本殖民刑務所在不同時期和繼承政權下，所受到的處理，可以進一步瞭解這些政體，以及社會自我認知和自我想像的改變。黃舒楣和李炫炅書中呈現的研究顯示，這些殖民監獄的遺址，今天至少在社會記憶的存在，仍然離不開國家機器和政治考量。對日本殖民刑務所不同的理解和處理，包括將這些遺址進行改建和商業化，其實都反映了國家和執政者希望表達的敘述，同時也隱瞞了當權者想要掩蓋或遺忘的面相。

如何處理日本帝國國家權力象徵和不義歷史文化遺產的爭議，代表了繼承日本帝國殖民統治的政體，本身的社會和政治演變。位於今日首爾的京城刑務所，又稱西大門刑務所，在南韓脫離日本殖民、成立大韓民國後，曾在韓國威權時期，一度繼續被使用為監獄，也負責居留反對政權的政治犯，在注重開發和快速經濟發展的1970年代，一度列為要被拆除和進行都市更新的地點。但因為西大門刑務所在日本殖民時期，被用來收押推動韓國獨立運動的人士，對當今韓國來說有著可資利用的歷史、政治和宣導價值，而被韓國官方保留，修復成今天的西大門刑務所歷史館。該館被定位成描述韓國人民在日本殖民下所面對的不公和殘酷對待，以紀念韓國獨立運動的艱苦奮鬥。

旅順的日俄監獄，現在則仍在中國人民解放軍軍事重地的範圍內，從二十世紀七〇年代起，逐漸成爲中國愛國教育的重要據點。旅順日俄監獄隨著中華人民共和國的成立、中蘇決裂、文化大革命、改革開放至中國大崛起，凸顯的敘事從革命轉向俄國侵華史到國際合作和反日，以對應中國當權者在不同時段的政治需求。之所以能扮演不同的角色，是因為日俄監獄初期是沙俄佔領旅大期間建立的監獄，日俄戰爭後，移交戰勝國日本，成為扣留日殖民者認為對統治造成威脅的人士。其中包括刺殺日本政治領袖伊藤博文的韓國獨立運動領袖安重根。安據說被處決後，安葬在獄所內，但遺體仍未被發現。這段歷史，成為中國推動與南韓和北韓雙邊關係的工具之一。

台北刑務所原本是日本殖民政府希望在台灣展現「現代」統治的典範，除了監禁一般罪犯以外，也用來收押和處決抗日人士。太平洋戰爭時期，一度也扣留和處決過美籍戰俘。國民黨接收台灣和撤退後，繼續使用刑務所，直到1963年，之後進行拆除。原本計劃利用接近市中心的位置，進行土地開發和重建。但因為長期沒有明確的計畫方案，結果被原本監獄的員工及其家屬、跟隨國民黨到台灣的人士，以及台灣其他地方搬到台北找工作的移民，使用為住處，成為華光社區。這些居民和後裔在2013年，因為台灣和台北政府推行的都市更新案，被迫搬遷。後來原刑務所幾座員工宿舍和部分圍牆，被列為歷史文物而被保留，修建成消費和娛樂場所，似乎刻意降低討論。

從《困難東亞》提出的三個主要案例中可見，不只是監獄本身是政治權力和國家機器的延伸，他們在除役或廢棄之後的用途，也都緊扣著政治利益的考量。書中稍微提到另外幾所監獄，無論是奈良少年刑務、英帝國殖民香港和新加坡時，所興建的監獄，幾乎都有類似特徵。既便被遺忘、商業化或變成「黑暗旅遊」的據點，監獄的來世今生似乎都脫離不了國家和政權希望給自己塑造的形象。十九、二十世紀監獄在東亞的設計和應用，強調的是當時統治者和殖民者借用歐美監獄模式，來表現自己的「現代化」以及將「文明」帶入殖民地的工作。戰後，監獄不是繼續作為國家懲罰罪犯的場所，不然就是被當成政治工具或企圖將其掩蓋。

書中另外值得觀察和討論的一點，是受關注的幾間監獄，雖然與日本帝國和殖民史有著緊密的關係，但它們也位於幾個不同帝國和政權交叉、重疊和爭奪的場合。韓半島是朝鮮國、大清國、日本帝國、北韓、蘇聯、中華人們共和國、南韓、美國之間角逐的場地，而西大門刑務所所處的首爾，又在韓半島的權力中心。旅順日俄監獄的歷史，則離不開大清國、沙俄帝國、日本帝國、中華民國、中華人民共和國以及蘇聯之間的對立。台北刑務所建立在大清帝國、日本帝國、中華民國和中華民國（台灣）管治台灣的行政中心，同樣經歷過多次政權、政體變更。黃舒楣和李炫炅的研究切入點，離不開各種爭論，讓讀者更明確見到監獄在社會和政治上的各種角色。

謝辭

這本書源於兩位作者於二〇一六年在台北舉行的承繼城市國際學術研討會（Inheriting City International Conference）的奇妙相遇。由於我們對日佔領地的刑罰襲產都抱持類似的興趣，因此決定攜手合作，結合彼此的研究網絡與資源，從而同時在字面上和比喻的意義上，實現對刑罰襲產的跨國探問。因此，這項跨國合作曾受益於許多資源，並獲得來自不同國家的許多人和團體的支持，數量之多，我們難以在此一一列舉。

本研究的一部分曾獲得台灣科技部（105WFA0152078, 2016–2017）和台灣法務部（2015–2016，由黃舒楣擔任主要研究員、王新衡擔任共同研究員，特別感謝王新衡協助蒐集殖民時期的日文官方文獻）的資助。我們也要感謝幾位研究助理協助研究進行，他們分別是呂權豪、王昱鈞、林政佑、李應丞、潘冠臻、Eun-jean Kye。尤其是林政佑對台灣殖民刑罰制度的研究，為我們的研究提供了重要參考。此外，本書也獲得多方財務支持，包括透過韓國教育部與韓國學中央研究院（Academy of Korean Studies）的韓國學振興事業團（Korean Studies Promotion Service）執行的「韓國研究實驗計畫」（AKS-2016-LAB-2250005）、現代產業開發公司（Hyundai Development Company）提供的「鄭世永學術獎助金」（Pony Chung Fellowship）、以及首爾大學奎章閣學院韓國研究國際中心的研究獎學金。

本書的一部分內容曾發表於二〇一六年在蒙特婁的「批判性襲產研究會議」（Critical Heritage Studies Meeting）、二〇一七年在首爾的「亞洲研究學會在亞洲」（AAS-in-Asia），以及二〇一八年在杭州的「批判性襲產研究會議」。第七章的早期版本，曾以〈困難的襲產外交？將東北亞地區的痛苦與羞恥之地重新闡連為世界遺產〉（"Difficult heritage diplomacy? Re-articulating places of pain and shame as world heritage in northeast Asia"）為題，於《國際襲產研究期刊》（*International Journal of Heritage Studies*）（Huang and Lee, 2019）刊登。我們想對與會者、以及《國際襲產研究期刊》的匿名審稿人提出的一切評論表達謝意。他們建設性的評論，對我們推進這個書寫計畫帶來了莫大的助益。

我們也要感謝曾參與台北監獄聚落保存運動的居民和夥伴們，包括華光社區訪調小組、阿芳姐、王大哥、李哥……等，未能盡錄。特別是張伊貝，對於我們來說，她是重要的行動伙伴與資源提供者，幫助我們聯繫上了華光社區。台灣戰俘營紀念協會創辦人兼會長何麥克（Michael Hurst）也曾協助我們了解台北監獄與二戰戰俘的關聯。關於嘉義案例的研究，我們則要特別感謝嘉義監獄博物館的許先生、陳正哲教授、文史工作者陳世岸，以及嘉義市政府文化局文資科科長所提供的建議，協助我們改進這個研究計畫。還有許許多多的人，也曾為我們提供了各種協助，請原諒我們無法在此一一列舉。

非常感謝首爾西大門刑務所歷史館協助我們調閱檔案、並同意我們使用重要的照片與文件。我們尤其感謝館長朴慶睦與策展人金泰東，他們大方與我們分享生動的經歷、洞見、努力、修復計畫，以及歷史和解的願景。

我們也要感謝公民團體「聆聽城市」，該團體和我們分享了對抗監獄支援巷都更的經歷，特別是負責人朴恩善她對草根運動的熱情，讓我們得以理解城市中的另類聲音。

多虧有幾位關鍵人士的大方協助，我們才能夠一起造訪旅順的日俄監獄博物館、進行實地考察，並與幾位策展人對話。我們特別感謝金月培博士，他曾深入參與尋找安重根遺骸的跨境對話工作，因此對該方面十分瞭解。我們也想要感謝旅順日俄監獄博物館副館長周愛民女士，以及幾位策展人和退休員工——他們花了許多時間和我們交談、提供洞見，協助我們兩位外來者研究旅順的案例。此外，我們也要感謝市原猛智，他協助安排其中一位作者參觀奈良少年刑務所，讓我們得以將其作為日本的對照案例。

能獲得顧若鵬教授與威廉・洛根教授對本書的認可，我們深感榮幸。特別感謝蘿拉・茉莉（Laura Morley）提供了專業校對與寶貴建議，幫助我們順利完成這項計畫。我們還要感謝伊藤康那與黃昱翔協助翻譯和本研究有關的一部分日文文獻。我們感謝勞特利奇出版社（Routledge）的尼爾・喬丹（Neil Jordan）、愛麗絲・叟特（Alice Salt）以及其他人員的大力支持，並感謝其他編輯及匿名審稿人的寶貴意見，幫助我們完成本書、強化其中的論點。任何錯誤與疏漏均由我們自行承擔。

最後，我們當然也要對我們的家人獻上無盡的謝意。

中文版新序：
聆聽監獄牆內外底層音律

始終要感謝華光社區的抗爭群像[1]，於是十餘年前的某個早晨，人在西雅圖進行博士論文研究的我，盯著電腦螢幕上的戰前航照圖，為那放射狀的建築平面配置圖震驚不已，「在台北生活了至少九年的自己，怎麼會從來不知道中正紀念堂一旁曾經有如此的歷史地景存在？」我質疑著自己，同時，逐漸透過蔡敏真（當時是國立台灣大學地理學研究所的碩士班學生），才認識到華光社區背後有著一段尚未被梳理探討過的舊台北監獄（後又稱台北刑務所）歷史。慢慢地，我理解到大多數市民若非比鄰而居，對於城市中曾有此地景是極其陌生無知的，這也正是為什麼多數市民能輕易地為主流媒體所帶領，簡化理解華光社區為一塊有待都市更新的寶地。

1　抗爭過程可參考楊宜靜（2015），《國家與社會關係的司法中介與權利折衝：公有地上非正式住區拆遷的治理與抵抗》，國立臺灣大學建築與城鄉研究所碩士論文，未出版。

然太平洋之隔始終讓我只是隔岸觀望，直到2013年回到台灣，才有偶然機會參與華光社區抗爭運動的尾聲，特別是在敏真先前收集的資料基礎上，和當時任職於大安社區大學的張伊貝一同就台北刑務所歷史資料的探討和提報做努力，期以文化資產的討論來更新當下對於華光社區抗爭的汙名化。[1]幾經波折，文化資產以及老樹保護的提報有了少部分成果[2]，然而，抗爭運動走到2014年底算是失敗了。這次的經驗讓多位參與者以及居民幹部有很深的挫敗，同時，似乎也成為某種疑惑「何為監禁」之執念，想更深入理解這般監禁地景是從何而來。

兩年後（2016年），意外地有機會參與一場舉辦於中正紀念堂舉辦的「Inheriting the City: Advancing Understandings of Urban Heritage」研討會，大會安排我和本書的第二作者韓籍李老師同場，我們一前一後報告各自有關台北刑務所、首爾西大門刑務所的研究，加上同場第三位報告者，卻只有九十分鐘，但交流並未結束於此，我們欲罷不能展開了2016-2018年

---

2 當時於大安社區大學開設走讀課程的梁蔭民老師亦扮演關鍵角色，熱心提供其身分資料，作為文化資產提報者，且多次參與現場發聲。

3 相關過程細節可參考黃舒楣（2016年），〈不只是文化資產保存：由華光社區文化資產保存運動探討如何「賦形」規劃理論〉，《都市與計畫》，43（2），229-260。

的跨國研究合作。這合作確實打開了彼此研究視野，同時我們共同計劃了將旅順日俄監獄也納入——另一個日本殖民地的監獄保存案例，又是在什麼時代脈絡下重新詮釋論述、評價、襲產化、消費？我們約好進行協力移地研究，彙入各自在台北、首爾的研究，來回討論，於是才有此書，階段性總結了我們對懲罰建築（監獄，或刑務所）保存的當代理解。其實我們兩位都非歷史學者，進行的並非歷史研究，卻無可避免需要穿梭來回歷史檔案材料和現場，試圖理解當代保存實踐的理路。而我們都認為，文化襲產保存和記憶政治、都市政治和國族敘事競爭是分不開的。

原來以為首爾和旅順的案例，是給未能完整保存的台北案例作為對照組，後期才發現「案情」更複雜。書稿完成末期適逢首爾西大門刑務所對面的探監巷抗爭（參考本書第五章），我們才進一步意識到，首爾案例和台北案例的可比較性之高，在近年的都市抗爭意義上也是類似的。我們一邊增修改寫，一邊在2019年參與探監巷抗爭的組織「聆聽城市」（Listen to the City）進行交流[4]，替這本書更清楚拉出一道都市邊緣底層記憶政治的音律。

完稿之後乃至於此書出版，至少有三年，我們暫時放下了

4 Listen to the City, https://www.listentothecity.org

圖1｜樂天城堡旁的探監巷故事館

對於「監禁」的執念，再加上2020-2022年間全球受到新冠肺炎影響，我和李老師各自忙碌新的研究計畫，即便常在線上會議交流，卻難以如以往共同參訪各地現場。在台北期間，我隱約知道修復再利用工程即將展開，以及考古試掘將啟動，終於有一次在負責考古的工作人員引導下走進現場，窺視當時試掘狀況，心思再次被觸動，我傳了照片給李老師。很快地，2022年九月榕錦時光正式啟動。同樣地，在首爾，西大門刑務所對面樂天城堡建案完工啟用，我們也終於迎來了能夠再次跨界移動的2023年。

十年前，台北刑務所未能成功引起討論的考古潛力議題（也因此，在本書中只是輕描淡寫），沒想到再度於2022－2023年浮現。為了台北市公共住宅基地（金華社宅）開工在即、考古議題再審。第一次的審議會當天，我和人類學者江芝華教授、最勤力守護文化資產的蕭文杰老師都到場，但不論由監獄建築歷史、公共考古學或是程序問題，都難以讓工程停下。文化局似乎對於地面下能有什麼遺址留存，完全沒有期待。然而隔年再次試掘，引起了大眾關心。2023年八月四日，台灣考古學會發起一場「考古散步」，吸引近四、五十位民眾，齊歎市中心難得可見的遺址，一覽埋藏在地底完整的地下水道，參與先前試掘考古工作的工作人員亦分享發現的燻蒸室遺構、瓷

圖2｜現場照片

器、藥罐等文物，甚至今次發掘還有近似圓山遺址的史前陶片，市民對於近在眼前的未知歷史感到好奇充滿興味。

當時恰逢東大學者阿古智子來訪，我們在花蓮拜訪七腳川系族人，只能無奈錯過了台北刑務所揭露的地下水道旁「考古散步」。隔週才有機會補上，同時帶著筑波大學藝術學院的師生。他們看著水道，連結有關台北城牆石磚再利用的歷史，覺得很是有趣，遺憾說不能走近些觀察太可惜。「這水道遺址比起再利用的官舍有趣精彩多了！」筑波大學的山田老師這麼說。當然，這種比較未盡公平，倒是很清楚顯示，地下水道的歷史價值不應該被低估。

回家後我又想起其他往事。其實最初大家齊力在會議上提報時，即指出地下應該會有水道遺構，刑務所月刊中也曾提及城牆石材應用於多處。在刑務所要覽（1919）中的配置圖，清楚可見以粗黑線標記下水道位置，整個園區牆裡牆外都有佈設。當時我們在會議上嘗試凸顯前朝城牆石材運用的象徵意義。然時有委員僅以「舊建材」而似貶低其價值。水道部分也因掩蓋於地下而未得到太多討論，更沒有撼動文資討論決議僅留下日後工程開挖需留意進行試掘的建議。[5]

5 大約2015或2016年，北側牆外因為道路修築而挖掘，難得露出了一隅，可見其材料，但完整性不及這回在南側舊監獄牆內的揭露。

臺北師範生暴行事件の顛末

不遜なる生徒の群

雨の如き投石の中

全校生徒は謹慎中

岡野南署長駆付く

圖3｜日日新報畫面

其實十年前部分居民都還記得監獄大門兩側的明渠水道，有些遊戲的記憶，甚至還有魚群游動的影像。《日日新報》1922年二月的報導，主題是學生運動而非水道，卻意外地有張照片可為證（圖3）。

臺灣考古學會遂正式提報台北監獄（原台北刑務所）考古遺址，指出以下重要性：[6]

1. 此遺址於日前進行提取工程時發現，日治時期排水系統

6 引用其臉書文字，https://www.facebook.com/societyarchtaiwan（2023/9/10檢閱）

（尖底明溝）結構保存完整，更出土兩件史前陶片，顯示此古蹟遺構的保存狀況比原先預期的更加完整。更由於史前陶片於地層中出土，隱含史前人類於此活動的可能。

2. 因此提報台北監獄（原台北刑務所）為考古遺址，台北市政府文化局應積極進行文資審議，確認考古遺址的內涵及價值。

上述後續發展讓人欣慰又不無懊惱，這基地相關的各領域議題斷斷續續出現，然而並不容易串連起每個小圈圈中的人群。我猜想，多半閱聽眾可能好奇，華光社區（亦即舊台北刑務所場址）究竟是什麼地方？怎麼會忽然不義遺址、卻又忽然考古？原來，刑務所並非唯一理解此基地的框架，可能還有很悠長的前世？確實，這塊不大不小的基地，自清末在一側設置營盤起，漸成臺北城邊緣、刑務所占據一方，戰後成為市中心的飛地，而後逐漸拆除、分割轉手，命運更趨複雜、建成紋理逐漸破碎而沒有邏輯。

到今日，這一區同時可連結到疫情期間的榕錦時光生活園區華麗開幕，號稱是台北「小京都」[6]，其實原是刑務所構外設施南側的官舍。後來，園區得到了2023年台北老屋新生大獎。不久後，在同一區冒出了郭董烏龍新聞。郭董為了參與大選暖身，興沖沖跑到了南門中繼市場，關懷的卻是東門市場的進度，市場攤商一臉狐疑。當大部分觀眾在看選舉好戲，令人感嘆的是，拆去了愛國東路以北官舍而成為中繼市場所在的舊刑務所場址，面目因此更加模糊不堪。理論上，耗費幾千萬的中繼市場只是臨時設施，很快全新的南門市場就要啟用，這塊用地，依照行政院計畫將成為數位發展部、國家通訊傳播委員會、公共工程委員會所在。對面另一塊空置至今的草地，則有多數人並不知道的、仍僅存於紙上的經濟部辦公室規劃，草地上其實還有刑務所演武場、教習所的遺跡。這同時並置的空間情事愈發難以連綴，如果再加上後續未明的考古遺址和公共住宅，一般市民或訪客遊人想理解眼前風景，實在困難。[7]

換個角度想，由這塊宛如拼圖的基地所連接的城市多重時空是如此豐富，如果沒有戮力保留一些相關物質遺跡，只是一次又一次地刮除丟棄，真宛如所謂的記憶屠殺（memorycide）。[9]

以上種種，每一次的暴力刮除若需要完整紀錄，恐怕都各自需要一本書才能窮盡。本書篇幅有限，主要著重二戰前在

---

7 〈日式官舍老屋新生　到小京都穿和服逛文創享美好時〉，《聯合報》（2022/6/11），https://udn.com/news/story/7205/7216019

8 2023年九月台北市文化局第164次文化資產審議會將出土的地下水道（又以其形式稱之為「尖底明溝」）登錄為歷史建築，且不論遺址身份，相關提報團體不滿計畫將提出異議。

9 Naccache, A. F. H.（2002）. Beirut's memorycide: hear no evil, see no evil. In *Archaeology under fire*（pp. 140-158）. Routledge.

日本殖民脈絡下，各地刑務所的建置歷史比較，以及戰後的都市變化歷程、當代如何持續迴避困難記憶，因此在第八章中刻意給過去十年的都市抗爭運動多些聲音，尤其以首爾及台北案例作為比較，探討曾有的眾聲喧嘩，卻為了開發而排除，或僅有象徵性保存。當然，我們的選擇也就讓此書不足以妥善放置其他未能盡錄的困難記憶。例如，很重要但並未能於本書交代的眾多線索中，包括於1960年代後期的台北刑務所，一部分作為台北地方法院看守所，一部分作為台北監獄。曾有調查局協調台北地方法院看守所空間，於其中設有「仁舍」(或稱「誠舍」)，與第一留質室皆用於留質偵訊。這部分相關資料在國家人權博物館委託游觀創意策略有限公司的臺灣白色恐怖時期相關史蹟點報告中有所梳理，指出拆除前的台北監獄中曾有「獄中獄」[10]的特殊安排。

同時，「不義遺址」的工作，即便經歷促進轉型正義委員會（簡稱促轉會，2018-2022），期望能「將個體受難經驗轉化為共同體價值論述的路徑」[10]，大眾仍不能充分理解，質疑其意義以及保存目的，甚至和「威權象徵」搞混。促轉會結束之後，目前仍然在法制完備的過程中。相關的標誌工程也還有待

10 游觀創意策略有限公司，(2015)《臺灣白色恐怖時期相關史蹟點調查案（口述歷史、現況基礎及人權地圖建置）總結報告》，頁84-86。全文可參考https://humanrightstory.nhrm.gov.tw/home/zh-tw/museumreport/301521

推動。於是，多數人還完全無法意識到眼前的台北「小京都」，背後其實恐怕是潛在「不義遺址」。在第八章中我們當時更關注參與華光社區更新保存所造成迫遷不正義的抗爭，以及抗爭者面臨的懲罰挑戰，相當諷刺地重現了埋藏於這個場域深處的懲罰型國家邏輯（the punitive state），而非潛在不義遺址，但這並不代表「獄中獄」的歷史記憶不重要。我們透過此書，期望能部分補白未能呈現出的城市邊緣居民抗爭記憶，然而書寫只是眾多記憶行動中最安靜且緩慢的一種，仍需有更多元的記憶行動來揭露城市地景的深層累積，市民才有機會以不同路徑去理解過去，也才有可能嘗試去想像不同的未來。[11]

今日，榕錦時光替這段金華街帶來歡愉的消費氣氛，一改十餘年前，官舍原住戶遷出後空置且地位未決，居民擔心閒置房屋徒生治安疑慮，頻頻請願投訴里長，迫使里長必須大聲斥責文化局人員，這景象仍歷歷在目。今日的居民不再擔心，畢竟眼前的環境整理得美麗優雅，反而有了其他煩惱——有時來客過多在夜間人聲擾嚷，難免也帶來了停車的競爭、菸味飄散。不知道資深的居民會不會在某些時刻，回憶起了二十年前的夜深人靜？

---

11 張維修主編，（2022），《不義遺址：轉型正義的空間實踐》。台北市：促進轉型正義委員會，頁36。

遠方的奈良少年刑務所、上海提籃橋監獄，都在近年傳出將轉型為結合歷史保存的奢華旅館。當襲產保存工作看似成為主流，在世界各地成為國家或地方政府都樂意支持的重點計畫時，透過這本書，我們希望能呈現歷史襲產保存工作本身的選擇性、排除性，而曾為監獄建築，依照十九世紀末至二十世紀上半葉文明化懲罰邏輯而留下的特定物質樣貌，又在近年的保存競爭中，再次演繹了懲罰邏輯。由此，懲罰邏輯是持續存在於當代城市中的，只是更為分散不可見，哪怕是監獄建築轉用而成為了華麗的旅館，排除困難記憶或異議聲音的力量始終存在，尤其當那力量希望主導特定單一未來方向之際。藉由此書中文版出版，衷心期望能略盡棉薄之力，讓讀者更有意願去聆聽監獄牆內外、城市地景底層音律，「底層」在此有兩種涵義，其一是都市社會意義上的底層，其二則是考古學意義上的、物質意義上的底層。光潔樓板或地平面下有意想不到的過往，交錯著通向未來的另類路徑。

緒論：何謂懲罰襲產

兩場戰爭遺留下的產物：東亞現代監獄的建造

東亞懲罰襲產的形成，其背後的關鍵是十九世紀末、二十世紀初的兩場戰爭：中日甲午戰爭，以及日俄戰爭——這兩場戰爭形塑了當時的地緣政治脈絡，而東亞的懲罰實作，就是在這個脈絡之中發展出來的。發生在這兩場戰爭之前的明治維新，和這兩場戰爭一起形塑了日本的目標：成為第一個西化的亞洲國家，並讓日本踏上一條很快便能將殖民勢力延伸至東亞、東北亞的道路（Harada, 2016; Kowner, 2006; Paine, 2005; Keene, 1998）。有些學者甚至認為，日俄戰爭是為全世界都帶來轉變的「第零次世界大戰（World War Zero）」（Wolff and Steinberg, 2005）。在追求現代化的過程中，西式監獄成了這種軍事化擴張的重要標誌（不論是日本、或是西方國家，都在努力進行這些擴張），而當代社會則在嘗試理解當時所遺留下來的這些產物。這類監獄遺址的其中一個案例，是首爾的西大門刑務所（Seodaemun Prison），那裡已經變成一座博物館，呈現對抗日本帝國勢力的韓國獨立運動（Korean Independence Movement）的歷史。另一個案例則在日本奈良，亦即近期撤除的奈良少年刑務所（Nara Juvenile Prison），那裡正準備改裝為旅館；甚至有傳言指出，其中一間旅館將會由頗受歡迎的無印良品經營，讓該品牌的粉絲都非常興奮[1]。這些監獄遺址再利用的不同模式，凸顯了大衛．羅文索（David Lowenthal, 1998）的論點：「襲產並不是歷史。」雖然歷史研究的是過去，但在襲產製造（heritage-making）的過程中，使用過去的方式卻是受當代的考量所主導（David Lowenthal, 1997）。循此，本書的目的便是闡明懲罰襲產的構成——這些監獄的過去，在今日是如何被使用的。

一系列的跨境對話，最初始於二〇一四年；這些對話尤其關注東亞懲罰史發展百年遺留下來的產物，試圖將中國、韓國各地殖民時期的監獄，串連進一個由懲罰遺址組成、彼此連結的體系之中。這些對話之中有一個最具企圖心的目標，便是一連串的提名活動，希望能將一些重要的遺址聯合申報列名聯合國教科文組織（UNESCO）的世界遺產名單。這些對話激起了一系列的問題：韓方與中方透過這場合作，試圖記憶的是哪些東西？從日本、以及其他曾被日本佔領的地區（比如台灣）而來

1 後來確認由知名旅館經營星野集團著手修復，然歷經疫情期間延誤，2025年初仍未開放。

的訪客，又是如何看待這些殖民記憶的？現代監獄作為一種懲罰、監禁的建築，我們很少視為從祖先那裡繼承下來、令人喜愛的襲產：那麼，我們應該如何將不再使用的監獄，置於襲產地景（heritage-scape）之中呢？即使暫時撇開世界襲產的政治不確定性（這點我們將會在第七章詳細討論），重新講述各國殖民時期建造的監獄歷史的這個企圖本身，也是一個相當有趣、但很少被研究的主題，而這本書，就是在嘗試貢獻一些心力。

把不再使用的監獄變成襲產的複雜過程，既包含懲罰襲產的有形面向，也包含無形面向。有形的面向在於，一如澳洲監獄遺址（Australian Convict Sites）那樣，建成襲產（built heritage）會變成重要、但備受爭議的觀光場址（Wilson, 2011）；無形的面向則在於，在許多後殖民社會裡，從本地社群的角度來看，那些進行懲罰的實作方式或多或少，都是在殖民者建立的制度之上發展出來的，而且那些制度大多是在戰爭和侵略行動之後，從十九世紀開始出現的。為了深入檢視懲罰襲產的有形和無形特徵，我們必須謹慎追溯現代監獄的問世，尤其是它們被引入東亞的歷史。現代監獄的建造，和現代民族國家的發展有著緊密的關聯，因為建造監獄，對於確保司法主權（jurisdictional sovereignty）、展演現代性，以及遏制異議分子、叛亂者、社會及經濟危機這些事情來說，都具有特別重要的意義（Botsman, 2005; Gilmore, 2002）。刑罰學（penology）和犯罪學（criminology）

領域的學者也認為，現代監獄的發明是懲罰現代化的一個成就。然而，對於被殖民的社群來說，懲罰的現代化是和都市化、工業擴張等過程一起出現的，一如前述澳洲監獄遺址的案例那樣，為「大規模運送囚犯，以及歐洲強國透過囚犯的現身和勞動來進行殖民擴張」的歷史，提供了「今日仍存的最好例子」（UNESCO, 2010）。簡言之，監獄作為一種機構、也作為一種在特定外交壓力之下建造的懲罰建築，就佇立在現代性和殖民性的交叉點上。因此，去探究該時期的監獄為何在後殖民的社會裡，會被理解為代表殘忍、不人道的殖民監獄，而非現代性的場址，就成了一件有趣的事情。

懲罰的再現與記憶

傅柯（Michel Foucault, 1979）曾在《監視與懲罰》（*Discipline and Punish: the Birth of the Prison*）之中，對懲罰進行了很有影響力的理論化，他提供了一些線索，讓我們可以開始理解為何殖民監獄大部分只會被理解為殖民監獄。傅柯針對「人道主義是現代懲罰改革背後的關鍵驅力」的這種論述進行了挑戰，並主張懲罰的現代技術，是受經濟理性主導而生的，目的是為了讓新的權力的政治經濟得以實現。新的懲罰技藝已經創造體現於一個新的身體政治（politics of the body）；套用傅柯的說法，這個新的身體政治，就是透過環形監獄（Panopticon）創造出順從的身體（Foucault, 1979）。此外，這個為了服務現代懲罰體制，而創造順從身體的現象，不只發生在監獄裡。事實上，我們每個人都「在這個環形監獄的機器之中，被其權力的作用包圍，而這種權力也是由我們自己帶來的，因為我們就是這個系統的一部分。」（Foucault, 1979, p. 217）。一如傅柯（1979, p. 214）的闡述，懲罰的現代技術「必須像是一種沒有露臉的凝視，這種凝視會將整個社會體（social body），轉變成一個感知的場域」，這種趨勢，不只呈現在監獄上，也呈現在工廠、醫院和軍營裡。換言之，從現代監獄和更寬廣的社會之間的關係來看，其作為一種制度設計，展現了監獄本身可以透過精心散佈各處的（自我強加上去的）監視來達到目的，並整合進日常生活的規訓機制之中。

相較於為懲罰進行社會理論化，本書更希望探究懲罰（以及懲罰的轉變）是如何透過刑罰襲產被記憶下來的。我們主張，這種襲產影響了人們今日理解懲罰機制的方式。關於這點，我們描繪了現代監獄（也就是權力的經濟，以及懲罰的技術政治）如何在十九世紀末、二十世紀初從西方引入日本時，被以人道主義加以論述，以及這件事如何在日本殖民地的多個監獄上頭留下印記。此外，我們也探究了這些監獄是如何透過被視為建成物襲產的方式來記憶的（而殖民者就是在那些建築物之中進行不公的懲罰實作），以及關於這類場址的論述如何經常忽略了對懲罰實作的跨境移轉、超越殖民與被殖民二元對立的複雜理解。

現代監獄本來就是殖民的產物；第一批現代監獄的概念化和建造，是十九世紀晚期帝國主義事業的一部分。從一開始，懲罰改革者便會前往倫敦建於維多利亞時代的彭頓維爾監獄（Pentonville Prison）進行考察，而這些考察是監獄旅遊在十九世紀的早期樣貌的例子，而且其中許多考察人員是從殖民地的大城市出發的。考慮到這個脈絡，本書考察了位於前日本佔領殖民城市的三組監獄建築群，思考它們是如何被當作襲產而被記憶下來的，藉此理解過去的殖民歷史是如何影響今日的。關於現代懲罰改革和殖民統治之間的模糊關係，在回應那些監獄近年來被轉變為襲產的發展時，這樣的論述似乎沒有出現太大的變化。因此，我們希望闡明對監禁的多種解讀方式，並將十九世紀末到第二次世界大戰結束時建造的現代監獄進行歷史化（historicizing）的工作，藉此質疑監獄被視為襲產的方式。我們也質疑，傅柯對於懲戒的思考，以及懲戒如何透過矯正措施和意識形態「創造出」現代的個人，於懲罰襲產的打造之中，在多大的程度上是被同意、被記憶——以及更重要地，在多大程度上是被反駁（和不被犯駁）的。

懲罰／矯正、殖民現代性，以及困難襲產（difficult heritage）

我們關注東亞地區除役的監獄如何被轉化成為襲產，檢視了關於現代監獄各種彼此競爭的描述，這些描述是從各種不同的理論發展出來的，包括但不限於國族主義、殖民主義、刑罰學以及社會學；同時，我們也檢視了當這些除役的監獄變成襲產時，這些描述是如何被選擇性地結合進來的。我們針對幾個已經除役、位於三個前日本殖民地的監獄，進行了一場跨國的研究，這些案例分別位於台北、嘉義（台灣）、首爾（南韓），以及旅順（中國）（見圖0.1）。本書對監獄提供了一個批判性的解讀方式，將這些監獄視為一種特定的殖民產物，其在過去的角色、以及現今（將其視為國家襲產）對其進行整修的行動，都和懲罰高度關聯。然而本書也留意到，當代將監獄視為襲產的使用方式，容易將殖民現代性多面向的過程，簡化為壓迫和暴政的簡單理解。參觀某個刑罰襲產的訪客，在看著那些控訴殖民者違反人性和主權的展覽內容時，似乎不會注意到傅柯提到的那些在規訓凝視之下的特定權力技巧。被建來剝奪囚犯行動自由，藉此實行監禁的現代監獄，經常被簡化地再現為羞恥和死亡的襲產，而今日，後殖民的社會則會將其歸咎於之前的殖民者。

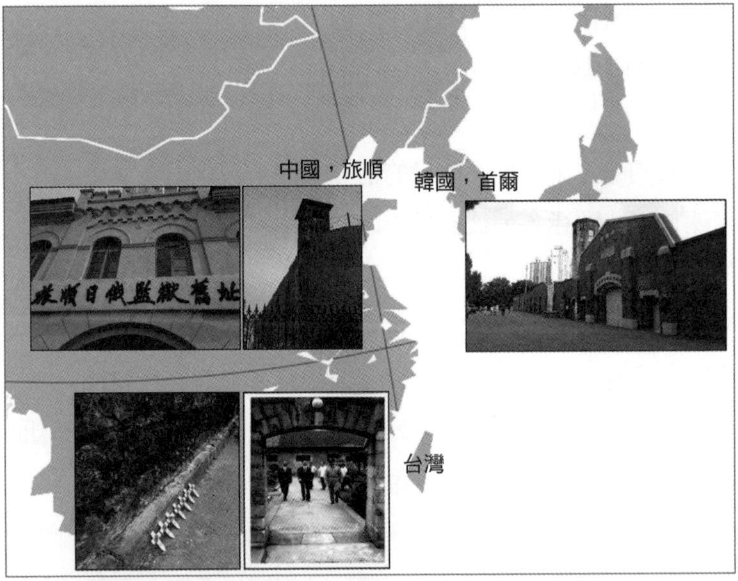

圖 0.1｜東亞主要案例的位置。
圖片來源：照片與地圖皆由黃舒楣與李炫炅拍攝或繪製。

本書所呈現的研究，是透過二〇一三年二月至二〇一七年十一月的多次參訪所進行的；在這段期間裡，我們觀察並和各個場址的行為者進行了半結構式的訪談。為了理解某些特定的敘事是如何製造出來的，我們在本書中特別花了心力討論那些行為者，比如策展人、主管，以及博物館的官方人員，這些人都能在這三組案例研究的場域裡，直接影響襲產化和協力工作的過程。我們也處理了這些監獄博物館裡的展覽內容，並思考這些內容如何為記憶提供了特定的方向。本書進一步使用了各個監獄在殖民時期、和後殖民時期的歷史文獻研究，藉此將今日的權力動態放在一個更寬闊、變動中的地緣政治。本書也使用了從中國、南韓和台灣取得的相關媒體報導，以此作為第三個面向，並對其評估，藉此捕捉各國國內、以及國際的政治氣氛。對話會在各個場址和情境之中發生，而行為者也會在那些場址和情境之中進行懲戒襲產的打造行動，藉由將這些場址和情境結合在一起，我們希望描繪出，那些讓艱難的歷史被用來服務今日、形塑未來的過程。此外，我們也認為，懲罰和監禁被記憶的方式，如何、以及為何反映了後殖民城市，如何試圖透過糾正過去，來重述當下的理解，而這件事本身也將襲產的實作帶入和懲罰的制度化相關的對話之中。換言之，懲罰不只可以被視為一個主題，也可以被視為襲產本質的一部分。

這場橫跨四座城市的探究之旅，緊跟著貫串本書的三條討論線：**懲罰與矯正**、**殖民現代性**，以及**困難襲產**。這三條線將監獄重新脈絡化，認為監獄「本身就是一種懲罰」（Garland, 1990, p. 40），其反映了一個建構出來的、對監禁場所的社會需求，以及已經持續超過百年的必要的監禁。對監獄觀光和／或監獄襲產的研究，不太會花時間去理解監獄功能的歷史性變化，會如何對監獄周遭的都市脈絡帶來影響；其實這些影響就算在監獄除役之後，也可能會持續存在。本書檢視了一座歷史監獄，如何在不同政權之下被設計、建造出來，然後被部分拆除、保存、重新開發，試圖藉由謹慎地探究歷史懲戒地景，來填補前述的研究空缺。本書揭示了，監獄如何被選擇性地轉變成襲產，而監禁的記憶又是如何被重新放在國族主義的框架中看待——該過程，可能會反過來監禁這些東亞城市的記憶，而不是讓其獲得解放。

將懲戒襲產置入跨學科研究之中

在細談本書的架構之前，必須將我們對於懲戒襲產的書寫，放在現有的學術地景之中，並特別聚焦於東亞。關於監獄和暗黑襲產的學術研究愈來愈多，而本書也和這些研究進行了對話。針對未來那些對廢棄監獄進行改造再利用的計畫，本書也能提供一些洞見。帝國侵略者在中國沿岸地區，興建了許多殖民監獄，其中包括英國人在香港、上海興建的幾座監獄，法國和德國在天津興建的幾座監獄，以及德國在青島興建的兩座、分別用來容納歐洲囚犯和中國囚犯的監獄。位於青島的歐洲人監獄，於二〇〇七年變成一座博物館。近期，上海市政府則發布了一些計畫，要對提籃橋監獄一帶進行再開發；該監獄是由上海公共租界工部局（Shanghai Municipal Council of the International Settlement），於一九〇一年建造的。很顯然地，殖民監獄近期在中國和其他地方都已經變成一個受關注的領域，一如我們在關於「暗黑旅遊」的宣傳裡所看到的。然而，這股為了回應對暗黑旅遊愈來愈盛行、而打造「死亡襲產（heritage of death）」的潮流，卻無法保證能帶來一個更加宜人的襲產政治，這正是本書將要處理的一個重要議題。一如我們所呈現的，如果我們想要開啟（而不是再次監禁）關於死亡和人性的記憶，那麼不再使用的殖民監獄，就是需要進一步研究、以更批判的方式實踐的暗黑和困難案例。

人們對亞洲懲戒襲產愈來愈濃厚的興趣，至今仍未完整反映在學術出版的領域之中。二〇一七年出版的《監獄旅遊指南》（edited by Jacqueline Z. Wilson et al.），在其超過五十章的篇幅裡，只花了兩個章節討論亞洲的案例。沒有任何一本專書曾嚴肅地從襲產旅遊或襲產研究的角度，來看待日本佔領期間的亞洲地區的殖民監獄。《痛苦和羞恥之地》（Logan and Reeves, 2009）中關於一般監獄和政治監獄的部分（第三部），為本計畫提供了一個重要的起始點，但該書收錄的案例，大部分處理的都是衝突和戰爭經驗，而不是監獄在歷史上的建設和保存。我們在此對殖民監獄的處理，和那些針對戰時監禁營的研究並不相同，比如二戰期間作為戰俘營使用的新加坡樟宜監獄（Changi Prison）（Beaumont, 2009; Blackburn, 2000），或者暗黑旅遊論文集中關於歐洲集中營的章節（e.g., Lennon and Foley, 2000）。我們超越暗黑旅遊或達拿旅遊[2]（Seaton, 2009; Stone and Sharpley, 2008; Dann and Seaton, 2001），這些概念都將監獄視為有爭議的場域，對它的詮釋既不能太好，也不能太黑暗（Strange and Kempa, 2003, p. 401）。監獄確實已經變成暗黑襲產的一個特別顯著的類型，本身就能夠吸引到觀光客（Wilson et al., 2017; Strange and Kempa, 2003; Strange and Loo, 2001）。不過有些監獄旅遊的案例必須被放在該地區在過去、以及當下艱難的地緣政治脈絡中看待；有些牽涉的是不穩的國內政治多過於國際關係，而有些瞄準的目標主要是國際的受眾（比如越南的火爐監獄博物館〔Hoa Lo Museum〕；Logan, 2009）。因此，監獄不只是暗黑旅遊的場址，也是困難襲產的場址（Macdonald, 2016），牽涉的是侵略和衝突的記憶，而這些記憶未必能為正面的國族認同增添光輝——事實上，困難的程度端視由哪個國家來進行記憶，因為它們各自都以不同的方式，參與在彼此有關的困難歷史之中，並可能因此對於誰該為過去發生的事情負起何種責任抱持不同意見。循此，本研究特別的地方即在於，將監獄視為一扇窗，而我們可以透過這扇窗來理解現代東亞國家的建構和轉型。

本書也嘗試追溯單一帝國內各地殖民監獄之間的跨國族流

---

2 譯按：thanatourism，和死亡有關的旅遊行程，字源為希臘神話中的死神達拿都斯〔Thanatos〕

動。在此值得一提的是，近期有研究專著也和此方向有關，亦即《從哈爾濱到河內：亞洲的殖民建成環境，一八四〇－一九四〇》（Victoir and Zatsepine, 2014）。這份關於中國和印度支那的殖民建成環境的論文集，對殖民化（colonialization）如何在社會的不同階層運作，以及其如何以建築的形式被表現出來，提供了非常細緻的圖像。該書檢視了從中國東北到越南北部綿長的地理帶，呈現出殖民和半殖民統治的不同形式，包括俄羅斯帝國、德國、日本、英國和法國等多樣的殖民計劃。然而該書對於日本帝國的殖民統治的特殊形勢，以及其殖民地（包括台灣和朝鮮）與該地區的其他殖民地之間的差別，並未給予足夠關注。該書也沒有涵蓋到在中國沿海的通商條約口岸和租界興建的多座殖民監獄。循此，本書企圖闡述旅順的案例，和首爾、台北的其他監獄之間的關係，藉此擴展這個正在蓬勃發展的領域，將東亞城市的案例，帶入當前關於澳洲和加拿大案例的對話之中（Walby and Piché, 2015a, 2015b; Wilson, 2004）。

此外，對於過去的襲產化，會歷經對監禁記憶的認可、商品化和保存，而我們也希望對這種襲產化進行反省，尤其需要反省後殖民東亞的懲罰意義。一如法蘭克・迪科特（Frank Dikötter, 2002）所主張的，日本佔領的亞洲地區（包括中國、朝鮮、台灣）的殖民監獄的特別之處在於，這些現代監獄的建造，與在歐美外交壓力之下的國家主權（national sovereignity）和個人權利的建構都有關聯：西方強權試圖為自己的國民取得「治外法權（extraterritoriality）」，這意味著他們即使身處中國或日本領土，也可以接受自己國家的法院和司法體系的審理與宣判（Gibson, 2011）。在這種壓力之下，刑罰改革便和現代日本的創建結合在了一起（Murphy, 2006; Botsman, 2005）。這些監獄在該地區裡也頗為特殊。在被日本佔領的國家裡的刑罰改革，和東亞其他西方殖民地（比如十九世紀末的法屬印度支那）的刑罰改革有著不太一樣的形式（Zinoman, 2001）。雖然彼得．奇諾曼（Peter Zinoman）對越南監禁史（一八六二－一九四〇）的研究，為殖民監獄提供了很好的描繪，但對於那些由日本殖民政府興建、運作的監獄，卻沒有可以相提並論的研究，而只有一些關注法律或制度變革的研究（Wang, 2014; Botsman, 2005）。日本學者確實曾對日本監獄的現代化進行過研究，但這些研究大部分都忽略了殖民地的案例，彷彿殖民歷史不存在似的（Ono, 2009; Shimatsu, 2005）。

懲罰和監禁記憶的受眾愈來愈國際化的現象，則是另一個學界關注不夠充足的難題。不可否認的是，隨著中國經濟成長，中國觀光客也促進了東亞旅遊業的發展，並挑戰了亞洲襲產場址一直以來，只照顧國內受眾和歐美觀光客的管理和呈現方式。在亞洲現代性和快速變遷的區域政治之下，襲產敘事的政治便是本書要的議題。本書闡明了監獄襲產變成外交空間的可能性，而亞太地區的政治則在這個外交空間裡運作著。確實，很少有研究真的會以跨國視角，來思考刑罰襲產的困難政治課題，而這可能和環太平洋脈絡中，各國對於領土和歷史責任的爭論，以及相關國家的政體都相對年輕有關。

因此，本書便處於襲產研究、後殖民研究、刑務研究（criminal studies）和區域研究的交會點上。我們關注現代監獄的建築，作為機構、作為殖民事業的一個實質組成部分，藉此描繪這個被佔領過程，以及中國沿海地區、朝鮮、台灣和日本的現代化時間點所貫穿，但仍未有足夠研究的跨國空間。我們希望挑戰區域研究的取徑——那些取徑通常會被方法論上的國族主義（methodological nationalism）所囿限。比方說，大多數中國研究的當代學者，都忙著處理中國的快速發展和處於變遷的社會，或是中國的古老文明在前現代的文化成就。這些研究，很少對十九世紀末、二十世紀初的事件與現代危急狀況之間的關聯，以及這種關聯如何在不同情境中呈現出來，發展出同等的評估。韓國研究和台灣研究也是如此。關於一國境內在殖民統治之下興建的遺跡，確實已經存在優秀的研究成果，比如波多勒（Podoler）對於牽涉殖民歷史的遺址進行過全面性研究，而西大門刑務所歷史館在該研究中，便被視為呈現出愛國主義的國族歷史。然而，波多勒的書只處理了過去的歷史，而本書思考的則是：西大門刑務所歷史館關於現在和未來的故事，如何可能透過其他在中國和台灣的殖民監獄所打造出來的網絡進行擴充，當然也透過來自世界各地的參觀者的參與來進行擴展。此外，李炫炅近期的研究（Lee, 2019），則描繪了首爾西大門刑務所的遺產化過程，她檢視了刑務所在殖民前地緣政治上的含義、殖民期間關於該所的記憶形成，以及鑲嵌在各個利害關係人之間的一連串記憶衝突。然而李炫炅先前的研究並沒有思考西大門刑務所，和過去、以及今日的其他東亞地區的殖民監獄之間如何存在關聯。

最後，本書也和後極權（post-totalitarian）脈絡中的襲產建構這個愈來愈興盛的學術領域（Harris, 2011; Stangl, 2008; Forest, Johnson, and Till, 2004; Forest and Johnson, 2002）進行對話。在許多案例裡，一個正在進行政治轉型的社會，很難面對其近期的歷史，尤其是當這個近期的歷史（不論發生了什麼），某個意義上在當代依然揮之不去，而且公眾也參與其中（Forest, Johnson, and Till, 2004）。學界對於暗黑／困難襲產的興趣，至今都集中於歐洲和澳洲的案例，比如麥唐諾（Macdonald, 2009）關於納粹在紐倫堡遺留的事物、威爾遜關於澳洲監獄（Wilson, 2011），以及納許關於塔斯馬尼亞的監獄的研究（Nash, 2016）；處理東亞案例則少了許多，不過也有一些先驅性的文章，處理了和戰爭有關的創傷性事件，包括南京大屠殺（Zhu, 2013; Qian, 2009）和廣島原爆（Zwigenberg, 2014; Beazley, 2010; Utaka, 2009; Giamo, 2003;

Siegenthaler, 2002）。在此，我們對於監獄如何在戰時以外的情況下將監禁這個概念具象化進行了跨國研究，而透過這個研究，我們的目標是將殖民監獄從一個相對有限的詮釋框架中「解放」出來，並讓我們能針對不同時空的暗黑襲產進行後殖民的對話。

本書架構

依循上述的三條討論線，本書一共分為三個部分。第一個部分處理的是懲罰和矯正的主題。該部分共有三章，將現代監獄的建造和拆除，連結上東亞現代國家的建造，呈現出殖民脈絡如何讓東亞國家的刑罰改革案例不同於西方。由於進行了刑罰改革，日本便能確認自己成為了一個現代國家；其認為自己能將東方主義式的知識（Orientalist knowledge）散播給自己的鄰國——當然還有殖民地（Gibson, 2011, p.1055）。第一章檢視了日本學習刑罰改革的歷史，也檢視了懲罰如何在追求殖民現代性的過程中變成一個特殊的主題。在第二章裡，我們處理了關於暗黑旅遊、記憶研究和襲產研究的學術文獻，藉此建立一個理論框架來討論懲罰和記憶——懲罰如何（不）被記憶，以及記憶如何可能帶來、或持續進行某種懲罰。我們採用了一個名為「記憶級別（grades of remembering）」的框架，用來思考殖民監獄在東北亞各地被對待的不同方式。我們試圖闡明監禁的地方和殖民實驗，如何被轉變成一個可被使用的監獄式的過去（carceral past），而「矯正」的概念則依然未被觸碰到，甚至在保存刑罰地景的過程中，在未經批判的情況下被加固了。透過對（無法）移動性的關注，第三章描繪了思想、人員和物質在歷史上的流動，如何體現了日本所佔領的旅順、首爾和台灣的現代監禁體制，同時也促成了這個體制的運作。有鑒於愈來愈壯大的的移動性範型（mobilities paradigm）（Sheller and Urry, 2006），本書對朝鮮和台灣的刑罰勞動進行了比較，藉此描繪文明懲罰的概念，以及用來運作理想監獄的技術，而在這樣的監獄裡，囚犯會被殖民官員訓練成為具有生產力的勞工。

今日，隨著這些監獄成了襲產場域，透過參觀和展覽所呈現出的凝視也有了新的含義，而那些場域也和觀光客對於死亡、災難和暴行愈來愈有興趣相關。第二個部分則關注殖民監獄如何透過殖民現代性的濾鏡被消費，探究在旅順、首爾和台灣（台北和嘉義）的三組後殖民監獄，如何在襲產化的過程中再現死亡。這些章節呈現出，作為暗黑旅遊的對象，監獄被謹慎處理、以避免變得太過暗黑。這些章節也質疑：由國家主導對監禁的再現，往往再次監禁、而非解放了記憶。第四章討論了該地區愈來愈常見的趨勢，亦即將除役的監獄變成歷史博物館。透過中國旅順的日俄監獄（這個困難襲產的場址，見證了俄羅斯和日本從一九〇五至一九四五年間的統治），我們呈現出將監獄當作愛國教育場地使用的趨勢，並對這個趨勢加以問題化（problemtized）。第五章探究的是西大門刑務所的案例；在當代韓國，該監獄是和日本殖民時期有關的暴力、恐懼和創傷的核心符號。該章節檢視了該監獄的含義，如何透過襲產化而出現了變化，好讓曾經作為暴力和恐懼符號的該處能在今日轉型成為自由與和平的符號。第六章則將注意力轉向日本帝國最重要的殖民地：台灣。透過將台北和嘉義兩個監獄的案例並置，描繪監禁的記憶是如何被選擇性地保留下來。台灣的案例和旅順、首爾的案例也形成了強烈的對比，因為愛國主義和國族主義在台灣，相對地沒有如此明顯，而這可能也反映了在被各種重要的意識形態戰爭貫穿的各個殖民時刻之間，台灣所擁有的模糊立場。

最後一個部分，則從跨國的視角關注困難襲產，並且不只是進行案例研究，而是去描繪那些跨境連結，並闡明：在國族主義框架中再現、記憶監禁，將存在哪些限制？第七章探究了旅順和西大門刑務所，攜手申請提名為聯合國教科文組織世界文化遺產的討論，該討論目前仍在持續進行中。該章節密切關注這個過程如何讓襲產化的轉型過程得以進行，而且非常可能改變這兩個場址對監禁的再現方式。相較之下，第八章則再次回到台北刑務所，該案例在跨國的襲產化空間裡，被剝奪了政治上的能力，並且被迫和地方的記憶斷開、並將這些記憶連根拔除，因為國家已計畫將該區域，全部整建為「台北的六本木之丘」（"Roppongi Hills of Taipei"）。此外，該章節也描繪了，雖然台北非自願性地退出了聯合國教科文組織襲產名單的國際競賽，卻可能也創造了一個獨特的機會，讓我們能去討論如何重新為監獄賦予功能的課題，以及監獄即使在除役之後，依然可能為監獄之內和周遭帶來的複雜影響。本書的最後，則反思了如何可能對懲罰和監禁有更廣泛的理解，藉此讓一個更鼓勵參與的襲產政治得以發生。

今日居住在東亞的人們，依然在很大程度上被銘刻在都市地景中的殖民記憶影響著，不論是有意識、還是無意識。藉由此書，我們希望展示各個社會如何在這個脈絡裡，努力克服未決的困難記憶，並列出依然存在的各種挑戰。我們相信，透過關注監禁的現代化，並將其視為殖民事業的矛盾產物，本書將會為東亞研究帶來一些貢獻。我們也希望本書能將懲罰帶入記憶研究和襲產研究之中。藉此，我們試圖探究襲產的倫理，並將那個躲在困難襲產製造過程暗處的懲罰型國家（punitive state）給找出來（Huang and Lee, 2018）。對犯罪和懲罰的研究，確實已經討論了懲罰和／或矯正如何幫助我們理解社會的運作（Brown, 2009; Garland, 2001），這類討論都在鼓勵我們對於襲產塑造和懲罰之間的相似性，進行倫理上的思考。我們認為，檢視殖民監獄裡對懲罰進行現代化的實驗計畫，可以擴展犯罪和懲罰的研究領域，因為截至目前為止，只有少數學者思考過監獄變成襲產的場址如何可能變成爭議空間（contested space），幫助我們進行反思。我們的研究批判性檢視了，施加苦痛如何促進了監獄的主題式塑造（thematic making），進而將監獄變成觀光客眼中的奇觀；暗黑襲產之所以能存在，有賴於我們所處理的這些困難襲產，而在暗黑旅遊之中，人們經常在未經反省的情況下（unreflexively）進行這種苦痛的施加。刑罰襲產就是一八九五年和一九〇五年之間兩場戰爭的遺緒；我們認為，這些刑罰襲產提供了契機，讓我們面對過去和現在一個令人為難的事實：我們的社會生活——以及人類的存有——至今依然主要建立在「排除」和不平等之上，儘管殖民者已不再以可見方式現身。

1

東亞地區懲罰的現代化

西方的刑罰改革

> 看守所或監獄的設計，和機構、甚或整個刑罰體系的哲學都緊密關聯。那具象呈現了一個社會在處理被逮補、和／或被判有罪的男女時的目標和方法，也是和他們的未來相關的計畫或措施上演的舞台。
>
> （Wener, 2012, p.7）

東亞的懲罰現代化，確實主要是受到西方刑罰改革運動的影響，然而西方世界在改革發生之前，也不是沒有自己的殘酷歷史。直至十八世紀，監獄的設計都不太考慮威懾的可能性；其目的就是將囚犯牢牢地監禁住而已（Johnston, 2000; Wener,

2012）。當時的監獄也沒有興趣照料囚犯們。男人、女人和兒童全都被放在同一個空間裡，受到非專業的看守員有限的監護。這些監獄被建造的目的無他，就是為了讓人們無法逃走。就此而言，當時監獄的設計準則很簡單：厚牆，搭配堅固的欄杆和門（Wener, 2012, p.19）。在十八世紀之前，確實沒有可供辨認的監獄建築形式。在歐洲的許多地方，一些較小型的監獄則和其他的「絕對機構」（'total-institution'）有些類似（Goffman, 1962），比如庇護所、醫院或修道院（Johnson, 2000, p.31）。

早期的改革者相信，如果人能接受適當的「矯正」，便能隨著時間逐漸教化。桑德斯（Saunders, 1991）將（使用機構來懲罰、教化犯罪行為的）這個概念，連結上柏拉圖的〈法律篇〉。來自公元七二三年的一些證據則指出，位於中國西安的一些佛寺，曾採取過教化的概念（Johnston, 2000, p.5）。教會社群也助長了這個正在萌生的信念：改變和救贖是可能的。一如本章開頭所引用的文字所述，倡議者主張，早於現代監獄設計，修道院裡那些僧侶用來沉思和冥想的小房間，可能就啟發了牢房構想。[1]興建於一五八九年、用來解決青少年犯罪問題的阿姆斯特丹矯正所，就是改革運動在歐陸帶來影響的早期案例。整體

1　因為犯罪的原因而監禁僧侶的現象，在十三世紀的英格蘭、愛爾蘭、威爾斯和蘇格蘭都很常見（Johnston, 2000, pp. 17–19）。

而言，十八世紀之前的監獄都相對小型，大多數的規模都在十多個到數十個牢房之間。在許多案例裡，這些監獄都不是獨立存在的建築體，而是附屬在既存機構，比如一些地方政府的廳舍。

直到十八世紀，更加系統性的改革都未廣泛出現。約翰·霍華德（John Howard，一七二七－一七九〇）是一位知名的英國監獄改革家，其理論也啟發了許多日本的追隨者；他曾針對英國監獄，進行過一次為期三年的考察之旅，後來又將他的足跡擴展到許多外國監獄，比如位於羅馬、隸屬於教宗的聖米歇爾（San Michele）少年監獄（建於一七〇四年）。當霍華德在羅馬的時候，他在監獄內部的其中一道牆上，發現了一個大理石板，上頭寫著：「靠懲罰來遏制犯罪是沒什麼用的，除非你用教育來改造他們。」這句格言已經成為現代刑罰學的基本原則。[2]霍華德所觀察的那座少年監獄，其設計方式是為了讓監視變得更加容易，並使用一個個獨立牢房來進行矯正計畫。人們相信，霍華德對於這些獨立牢房的描述，有助於提升人們對這種形式選擇的認知，促使英國和其他地方後來採用這種形式作為現代監獄的原型。[3]和他在歐陸看見的案例相比，霍華德

2　請見《天主教線上百科全書》的「育幼院」條目：http://www.catholic.org/encyclopedia/view.php?id=9684

很震驚地發現，許多英國監獄正在變成「物質和道德皆混亂失序的溫床（hotbeds of physical and moral disorder）」（Spierenburg, 1995; Wener, 2012）。透過霍華德在一七七七年至一七九〇年期間寫下的《監獄的情況》（*State of prisons*, 2015），記錄了羅馬、米蘭和根特（Ghent）的幾個早期案例，獨立牢房的監禁方式才開始被逐漸引入（Johnston, 2000, p.35）。重要的是，霍華德將道德危機的散播比擬為疾病的傳染，因此他鼓吹應改善監獄的條件，並將囚犯隔絕開來，以避免不同群體的人之間出現有害的接觸。

改革人士的努力，後來催生了一七七九年的監獄法（Penitentiary Act）。這條法案提議建造幾座國家級的示範監獄，並廢除向囚犯收取費用、用以支付他們在監獄中花費的作法。然而，執行這項法案及其規定會帶來大量的花費，於是英國便開始將囚犯送到殖民地去，比如美國或澳洲，並帶來了一個關於囚犯勞工（跨境）移動的議題（這點會在第三章詳談）。即使是位於北倫敦、建於十九世紀初，而且經常被吹捧為示範改革監獄的本頓維爾監獄（Pentonville Prison），其建造的目的，有部分仍是用來關押即將被送往殖民地的囚犯（Hibbert, 1994

3 霍華德對單獨監禁的提倡，和貴格會屬於同一個支脈，在刑罰改革的推動過程中，後者是最具影響力的團體。霍華德也同意貴格會的理論：囚犯可以透過真誠地對罪惡進行懺悔而被改造，而單獨監禁亦有助於這個過程（Hirsch, 1992, p. 19; Han, 2006, p. 128）。

[1987]）。不過霍華德的想法，依然對貴格會（Quaker）後來在美國的運動造成了顯著的影響（Wener, 2012）。總的來說，「時間作為懲罰、以及監獄作為教化和矯正的場所，某種程度上而言，就是邪惡、犯罪、懲罰和共同利益（public good）這些正在改變的哲學意義。」（Wener, 2012, p.22）。

十九世紀的刑罰改革，主要引自義大利犯罪學家賽薩雷．貝嘉利亞（Cesare Beccaria，一七三八－一七九四）於一七六四年發表的哲學著作；該著作主張，只有在服務公共利益的時候，懲罰才是正當的。這種說法將懲罰的概念，從為受傷害的人而進行處罰，變成為整個社會進行修復式的正義（restorative justice）（Allen et al., 2010; Hirsch, 1992）。貝嘉利亞指出，使用**監禁作為懲罰方式**，是一種人道的替代方案，可以用來取代體罰或死刑（McKelvey, 1977，粗體為本書作者所加）。此外，繼承貝嘉利亞思想的英國效益主義者傑里米．邊沁（Jeremy Bentham，一七四八－一八三二），則是提出了全景監獄（Panopticon）；多虧了傅柯的著作（1979），這種監獄可能是這個時代最知名、最廣為人知的監獄設計。（不過實務上來說，很少有監獄是真的依照環形、和多邊形全景監獄模型去建造的；請見Johnston〔2000, p.35〕[4]）。值得一提的還有，當時是西方帝國擴張、現代國家正在逐漸成形的時期，而隨著帝國的擴張，這些改革者的想法也開始傳播到世界各地。

當時剛建國不久的美國，正處在一個有大量社會改革、道德改革的時期；在這段期間，由於宗教力量的推動，刑罰改革便以一八二九年啟用的費城東部州立監獄（Philadelphia Eastern State Penitentiary）這個特別的形式出現。該監獄的特別之處在於，它有一個中央大廳和放射狀的翼廊，而位在中央的獄方人員可以通往五百二十個獨立牢房。這座監獄的分隔系統為英國的改革者帶來了啟發，讓他們在一八四〇年於倫敦建造了彭頓維爾監獄（Morris and Morris, 1963）。來自世界各地的改革者前去參訪了費城東部州立監獄和彭頓維爾監獄，接著再嘗試回到自己的國家仿效這種設計。一如賈桂琳・威爾森（Jacqueline Wilson, 2008, pp.34-35）所指出的，彭頓維爾監獄成了世界上最常被模仿的監獄之一，而且和費城東部州立監獄一樣，也成了暗黑旅遊最早的案例之一。

總而言之，懲罰的概念在十八世紀期間出現了變化，從藉由折磨（讓施加對象感到疼痛）來懲罰，變成藉由自由來懲罰（剝奪囚犯的移動自由）。與此同時，同樣重要的是，我們必須考慮到當時正在變化中的政治經濟，在這種政治經濟之中，人

4 關於邊沁著作的更多細節，請見Bentham（1996），這是一本他的作品集，由倫敦學院大學的邊沁委員會監製彙整和出版工作。

們對懲罰需要一個全新的概念。在追溯懲罰理論的發展、以及監獄的實務設計（這些監獄，是實踐改革後的懲罰概念的新機構）時，同樣重要的還有追溯這個改革運動是如何傳播、並在特定案例之中成形的，因為這些案例影響了後來刑罰改革運動於十九世紀從西方擴散到東方的過程。

日本在東亞進行的刑罰改革：殖民和現代國族建構

當歐洲和北美正在進行刑罰改革時，傳教士很快也將這個運動傳進了東亞，而歐洲殖民者則在十九世紀於東亞推動了第二波的刑罰改革。十九世紀下半，西方殖民者攻擊他們眼裡日本和中國落後、不人道的作法，並據此對兩國施壓，要求中日兩國在他們的半殖民地和殖民地裡興建監獄，同時建立獨立的司法體系，以此作為殖民者權力和地位的象徵。[5]換言之，現代監獄變成了一個個被競逐爭論的場域，帝國主義者則在其中挑戰當地原有的司法主權。我們可以在新加坡、香港、以及中國沿海城市的殖民監獄裡找到例子。在許多案例裡，這種監獄就是殖民城市進行的頭幾個公共工程之一，而殖民者的文明足跡，由此便被置於都市地景之中。日本本身就是一個重要的

5 請見Botsman's（2005）對德川時代懲罰方式的討論。

案例。一八五四年，日本在不情願的情況下簽署了神奈川條約（Kanagawa Treaty），開放下田（Shimoda）和函館（Hakodate）兩個港口對美國通商，而這件事也促成了德川幕府結束鎖國政策。從那時起，西方強權便希望透過神奈川條約、或是後來於一八五八年簽訂的哈里斯條約[6]取得「治外法權」（Beasley, 1972），讓自己的公民在中國或日本犯罪時，得以據此由西方國家自己的法庭和法律體系，來進行審理、判決（Gibson, 2011）。

由於被迫開港，西方的知識也被帶了進來，日本被迫進入快速改革的過程（儘管並非一帆風順），逐漸從一個封建國家變成了現代的民族國家。

日本很努力想說服西方強權修改這些條約。在日本反對的各項條約議題之中，刑罰改革是最重要的一項。日本認為該條約裡的這個部分，是外國人抗議江戶時代的刑罰措施；那些外人把日本的刑罰措施說成是「異教徒的野蠻行為」（Botsman, 2005, p. 130）。一直要到明治維新（一八六八－一九一二年）期間，日本才對刑罰制度進行了大幅改革，制定了更為人道的監禁條件。丹尼爾．波茨曼（Daniel Botsman, 2005）主張，從江戶時期到明治時期間，懲罰的形式就是現代日本用以對抗西方批評的核心要素：

6　譯按：Harris Treaty，又名日米修好通商條約。

> 官方的懲罰不只標注了與過去的斷裂。新的〔明治〕刑法，以及隨之出現的新的刑事程序規章，都提供了最強力的證據，能證明明治政府將司法執行的所有方式，都滿足西方強權期待的決心。
>
> （Botsman, 2005, p. 170）

到了十九世紀末、二十世紀初，日本非常擔憂自己會像中國那樣變成西方的半殖民地，而這種擔憂則體現在他們於國內和殖民地裡、到處興建現代監獄的大規模行動之中。日本急著想展示自己的文明認同（Suzuki, 2011, pp.138-140）。因此，明治政府派出了學者，前往歐洲、以及香港和新加坡這兩個英國的殖民地考察現代監獄（Umemori, 2002），接著又在日本境內和殖民地，依據彭頓維爾監獄的樣式興建了監獄，比如位於朝鮮的西大門刑務所，以及位於台灣的台北刑務所（請見第五章和第六章）。

（殖民地的）現代監獄是在刑罰改革的國際政治之後，開始在東亞成為不斷協商和被干預的場域，尤其是在日本佔領的領土上：正在經歷現代化的日本，和被殖民的各個東亞社會以及西方都在進行互動。這些機構除了擁有物質上的建築形體，同時也是一個個複雜的體系，各種不同的行為者可以在裡頭施展權力。一方面，東亞國家的刑罰改革之所以和西方有所不同，就是因為殖民脈絡（Dikötter, 2002）。迪科特主張，在東亞，現代監獄的建造和民族主權的實現，以及因為來自歐美的外交壓力（以「治外法權」為名）而承認個人權利，是同時發生的。由此，這些國家的刑罰改革，便和由西方殖民者在東亞實行的殖民監獄脈絡（比如法屬印度支那於十九世紀末興建的監獄），有著不太一樣的形式（Zinoman, 2001），而本書的後半部分便會證明這點。

另一方面，後殖民理論則主張，「要建構自我，首先需要建構他者」（Gregory, 2004, p.5）。因此，國家努力透過明治維新，來避免被視為「他者」，卻很快地也在像台灣這樣的殖民地裡，複製了這種「將別人他者化（othering）」的技巧。重要的是，我們必須將這種焦慮，和明治維新期間（一八六八－一九一二）透過建造現代監獄來實施刑罰改革的努力連結在一起，而這種努力目的是為了矯正對「他者性」（otherness）的這種描繪——我們會在第六章進一步討論這點。作為日本帝國的殖民地，台灣被賦予了次等的地位，而日本自己也在努力擺脫這種地位。日本將監獄改革視為確認自己成為現代國家狀態的一種方式，並認為自己有能力將東方主義式的知識，散播到自己的殖民地和鄰國（Gibson, 2011, p.1055）。

重要的是，我們必須留意，這些出現在殖民地的計畫不只是實用性的，同時也是象徵性。它們被用來向西方展示日本取得的成就：比方說，一九一一年於德勒斯登（Dresden）舉辦的國際衛生博覽會（International Hygiene Exhibition）上，台北刑務所就被列為日本的貢獻之一。台北刑務所的條件，於是和印度支那監獄裡盛行和飲食有關的嚴重疾病、以及可怕傳染病的情況，形成了對比（Zinoman, 2001, pp.94-97）。法國政府官員認為，這些越南監獄裡殘酷、惡劣的條件是合理的，還指出「黃種人」的犯罪行為，在本質上和歐洲的犯罪行為是不一樣的（Zinoman, 2001）。對於統治東亞殖民地的日本而言，這種對「黃種人」犯罪行為的建構，在種族的稱呼上是難以自圓其說的；西方對亞洲投注種族化的凝視（racialized gaze），而日本也是亞洲社會的一部分。有鑑於此，刑罰改革就是創建現代日本過程中不可或缺的一部分（Murphy, 2006），而在追求這個目標的過程中，日本人試著證明，一個「西化的」日本，比亞洲的其他地區都還優越，甚至可能比西方都還厲害。

監獄建築：從西方到東方

在本章的最後，我們將會更詳細討論現代監獄建築，藉此指出一件事：建築樣式關鍵反映了現代刑罰體系背後正在流變的思想。我們在此關注的是，關於建造現代監獄的知識發展，是如何因為學者在各國旅行而發生的。我們也希望揭示，各國為現代監獄所採納的特定建築形式，如何表現出他們各自想要的特定控制體系、以及特定的政治經濟考量。

一如我們在前面簡短提及的，在整個十八和十九世紀裡，新的監禁體系逐漸在某些案例之中實現，它們各自都是被特定的歷史條件所形塑的。建築師進行了自己的實驗，藉此回應創新的監獄設計潮流，而大多數建造出來的監獄立面，目的都是為了「傳達擔憂和恐懼，希望藉此讓囚犯洗心革面」（Johnston, 2000, p.31），並透過特定的空間安排，來促成新的監禁體制。隨著時間演進，賓州體系（也就是所謂的「隔絕」體系）和歐本（Auburn）體系（又稱「靜默」體系）這兩種特定的模式逐漸出現，在世界各地吸引了許多仿效者。在此，我們將向讀者介紹這兩個體系。

賓州體系

於一八二九年在費城建造的東部州立監獄，是為了解決費城沃爾納街監獄（Walnut Street Jail）過度壅擠的問題，後者從一七七三至一八三八年間，都是費城最重要的市立監獄。沃爾納街監獄原本也是因為費城高街監獄（High Street Jail）過度壅擠而興建的，但依然未能解決這個問題（Skidmore, 1948）。東部州立監獄使用了年輕英國建築師約翰・哈維蘭（John Haviland）特殊的建築實驗樣式，也就是中樞－幅軸（hub-and-spoke）的空間佈局（Dolan, 2007）；該監獄的建造，除了是為了緩解過度壅擠的問題之外，也是為了標注出刑罰改革的一個里程碑：它被視為美國第一座為了讓囚犯單獨監禁而設計的監獄。[7]意為監獄的「penitentiary」這個詞，源自賓州貴格會（Pennsylvania Quakers）的信念：懺悔（penitence）和自我檢驗，就是通往救贖的途徑。他們從宗教的角度，來詮釋犯罪的起源，將其歸咎於人類和上帝的分離。他們相信，一個設計良好的監獄系統，可以幫助囚犯再次遇見上帝，孤單地在牢房裡懺悔它們的罪惡（Hirsch, 1992, p.19）。在東部州立監獄裡的單獨監禁方式背後，貴格會根據這些信念所創立的費城協會（Philadelphia Society）就是很重要的推手（Michael, 2016）。

在單獨監禁的監獄裡，囚犯被防止彼此進行溝通。每個牢房的高處都有一個窗戶，還有床墊、水龍頭，以及一個被稱為「上帝之眼」的玻璃窗，提醒囚犯上帝總是在看著他們（Eastern State Penitentiary, n.d.）。然而由於收容的能力有限，這種設施只能容得下約三分之一的囚犯人數；其他囚犯則要擠在多人間裡。監獄裡幾乎不太考慮他們是否舒適。和之前的監獄一樣，

7　匹茲堡的西部州立監獄的建造，是實施所謂的賓州體系的第一次嘗試。然而在記錄之中，該監獄是個失敗的案例：其建築結構存在許多問題，比如牢房被視為太過陰暗狹小，進而導致囚犯情緒低落。一般認為，該監獄並沒有達成賓州體系的目地，並在一九三三年進行改建（Barnes, 1968; Han, 2006）。

東部州立監獄也開始變得骯髒、過度壅擠，而且囚犯經常會攻擊彼此。如果東部州立監獄規劃的目的，是為了解決沃爾納街監獄沒有處理到的問題，那麼這個實驗其實不算成功。雖然它作為賓州體系的一個案例而變得非常有名，但人們也留意到，想為囚犯建造單人間是所費不貲的（Han, 2006）。不過這種樣式還是受到了廣泛的仿效，影響了美國、南美洲、歐洲、俄羅斯、中國和日本等地超過三百座的監獄（Han, 2006; Wilson, 2008）。

歐本體系

建造一座以賓州監獄為範本的建築物所需要的花費，讓紐約州歐本的官員不得不尋找替代方案。歐本體系的名稱，指的就是對賓州體系進行修改的歐本監獄。除了土地和建造的成本之外，賓州體系也因為無法創造收益而不受青睞（McKelvey, 1977）。除了主要實務上的動機之外，替代的懲罰理論也關注體力勞動（而不只是獨自沈思）所具有的療癒力量，而這個理論促使他們採用「歐本體系」，「用靜默取代孤獨，用勞動取代內省」（Goldfarb and Singer, 1973, p.28, cited in Wener, 2012, p.31）。不讓人意外的是，有些作者會將歐本體系的監獄，比擬為十九世紀中葉的工廠（Johnson, 1987; Melossi and Pavarini, 1981）。

總的來說，不論歐本體系和賓州體系之間的差異有多大，有件事是相似的：它們都採用某種空間佈局和建築樣式來改變犯罪行為。那是一個偉大社會實驗的建築樣式，被設計來治療社會弊病、改變囚犯的天性（Rothman, 1995; Wener, 2012）。一如羅斯曼（Rothman）所指出的，「道德改善的可能性，某程度上取決於宏偉……建築物的建造，如此才匹配得上如此高貴的實驗」（Rothman, 1995, p.123）。

諷刺的是，根據當時美國的全國性研究，到了十九世紀後半葉，也就是日本開始從西方引進關於監獄設計的改革思想的時候（一如下面將會討論的），處理紐約監獄糟糕情況的力道，卻已經變得愈來愈低落（Rothman, 1995, cited in Wener, 2012, p.40）。

日本的刑罰改革

美國直到十九世紀的經驗都顯示，實施刑罰改革是一件昂貴的事情。究竟有多貴、應該由誰來支付這筆費用，從英國和美國的刑罰改革運動之初，就一直備受爭議；這場爭論，則在一八八〇、一八九〇年代傳到了日本（Ono, 2009）。十九世紀的最後十年裡，日本社會曾經對於建造現代監獄的財政支出是否應該由國家來負責的問題，進行過熱議。最後，立法機關在一九〇〇年通過一筆預算，在接下來的二十年裡引發了一系列刑罰改革的發展（Ono, 2009, p.128）。當日本帝國將治理版圖，擴展到諸如北海道、朝鮮和台灣等殖民地時，類似的討論也再次浮上檯面（Wang, 2015; Yosaburo, 1907）。

就是在這個財政辯論的背景之下，使用受刑人的勞力來建造現代監獄，就被視為一種降低成本的有效措施。此外，如果一個監獄可以作為一個自負盈虧的體系來營運，而不需要從國家獲得額外的財務支持，就是一種成就。第三章將更加詳細討論受刑人勞工的經歷；在此，我們將關注日本現代監獄的建築設計是如何發展的。

在全國各界要求廢除西方強權強加的不平等條約的壓力之下，刑罰改革被視為日本能否在法律層面取回權力的關鍵所在。這個考量在明治時期帶來了一系列刑罰改革的發展，尤其是一八七〇年代至一八九〇年（Ono, 2009, pp. 122-123）。一八七二年，明治政府發布了一份小原重哉（一八三四－一九〇二）的著作，內容是關於監獄的標準樣式。一八八〇年代，日本通過（舊）刑法；監獄的標準（監獄則）則在隔年公布。將西方的刑罰改革知識引入日本的過程中，小原一直都扮演著關鍵角色。在他的著作問世之前，日本的學者便已經間接學習到了西方監獄的特點，尤其是從林則徐和魏源等中國官員那邊學習到的——他們兩人的日記，都詳細記錄了他們一八五〇年代在美國的旅行。小原是第一個長時間在海外仔細研究西方監獄的日本學者。他在一八七一年二月二十七日前往當時仍是英國殖民地的香港，開啟了六個月的參訪行程；這趟行程，讓他寫出了

《監獄則圖示》（Shimatsu, 2005, pp. 216-217）。二十世紀初，這份文件成了日本和東亞其他地方的刑罰改革的重要參考依據，後來的台灣和朝鮮也加以援引。循此，我們可以看到亞洲各殖民地之間如何透過互動過程來學習，以及知識如何在這段期間跨國流動。

除了小原的著作之外，刑罰改革領域的外國專家也被雇用來協助實施日本的監獄改革。其中，最知名的就是德國顧問柯特・馮希巴赫（Kurt von Seebach，一八四五－一八九一），他同時也是被受讚譽的德國刑罰學家卡爾・克羅納（Karl Krohne）著作的支持者。馮希巴赫於一八八九年抵達日本，訓練日本的監獄官員（請見Botsman, 2005; Umemori, 2002）。馮希巴赫受邀擔任內務省的顧問，並在當時的監獄廳新全國訓練中心（New National Training Center for Prison Offices）固定講授關於刑罰學的課程。儘管馮希巴赫在日本停留的期間不算太長（他在北海道視察監獄時意外地染疫身亡），但一般都認為，他的思想對日本監獄體系的未來發展造成了重要的影響，比如他曾強調嚴格的紀律，以及不對受刑人施加必要之外的苦痛，藉此鼓勵他們洗心革面。馮希巴赫強烈地主張，建造新的現代監獄，就是讓受刑人能夠真正改過向善，從而降低囚犯人數的唯一方法。他也強調，要盡可能讓受刑人待在單人的牢房裡（Botsman, 2005, pp. 195-196）。

另一個值得一提的重要人物是小河滋次郎（一八六四－一九二五）。他是一位法律學者，為日本和中國的監獄改革都做出了很大的貢獻。他曾擔任內務省國立感化院的院長。小河提倡以更加人道主義、改革主義的方式來面對刑罰事務，並參與了一九〇八年監獄法的制定（Ono, 2009）。從一九〇八到一九一〇年間，他受邀擔任清國的獄務顧問。在他的協助之下，中國於一九〇八年根據日本的法典完成了新刑法的起草工作，而日本刑法的基礎，則是由小河這樣的日本法律學者引入該地區的德國法典（Dikötter, 2002, p. 50）。小河在中國當時剛成立的法學院裡，針對監獄法和獄政開班授課；他的思想在中國廣泛流傳。小河也協助清國皇帝擘劃了一座位於湖北的模範監獄。持平而論，當時的日本已經取得了巨大的進步：十九世紀中期，他們還得透過清國學者學習西方思想，然而僅僅五十年之後，他們便可以對清國進行傳授了。

在這段期間，其他學者則持續從更遙遠的地方引進其他思想，比如留岡幸助結束美國的考察之旅後，寫了一篇特別報告（Kōsuke, 1898）。日本也創立了一些機構，用以系統性地促進從西方學習，比如於一八八〇年設立、希望促進刑罰改革的大日本監獄協會（Great Japan Empire Prison Society）。根據該會的章程，其主要目標是推廣文明的矯正和懲罰方式，並延伸到如何改過向善。該會也希望保護青少年；就犯罪和懲罰來說，該群體被認定為特別脆弱。此外，該會也致力於翻譯西方著作，藉此提供歐洲和美洲的最新案例。該會也熱切希望日本能參加關於刑罰事務的世界博覽會，藉此讓日本參與國際間關於刑罰改革的對話。該期刊的創刊號，便刊登了來自瑞典、愛爾蘭和英國的案例（the first issue of the Great Japan Prison Society Magazine, 1880, pp. 15–23）。日本政府對各種監獄設計模式的採用，可以追溯到這些案例。

除了那些對建立刑罰改革的法律制度作出貢獻的人之外，明治時期的建築師也對監獄設計帶來了重大的影響，比如山下啟次郎。山下是司法省聘請的國家建築師，曾在一九〇一年以降、新監獄的系統性建造過程中扮演關鍵角色；現代監獄的設計能在特定的地方脈絡中實現，他的角色至關重要（Ono, 2009, p.135）。他帶領了知名的「明治五大」監獄的建造工作，這些監獄分佈在千葉、長崎、金澤、鹿兒島以及奈良。這些監獄代表了日本人根據西方概念想像監獄。時至今日，只有奈良監獄在原址被保留了下來，而金澤監獄已經遷至明治村博物館（一個展示明治時期建築的露天博物館）；至於其他的監獄，則被新的建築或計畫給取代了，最多只留下一部分原本的大門。

山下在一八九四年在日本建築協會（Association of Architects of Japan）的演說裡，強力對專家社群推薦比賓州體系更有成本效益的歐本體系；他還強調了日本人和歐洲人之間在社會本質上的差異，藉此批評賓州體系：他說，日本人一般都比歐洲人還要更多話、更好動，因此將受刑人彼此隔絕的作法，可能會造成意想不到、更加負面的心理影響（Yamashita, 1894）。他在演說裡，還介紹了建築師在設計現代監獄時，應該要考量的空間格局、分隔方式、間隔距離、衛生條件和建材。在這場演說裡，我們可以看到作為專家的山下如何鼓勵他的同儕們，為了他們仍在艱難前進的新國家，努力使用更合適的解決方案，儘管在當時的十九世紀末，建造現代監獄所需的經費依然都是各界熱烈爭論、而且懸而未決的議題。後來，山下花了不少時間旅行，參訪了歐洲的八個國家和美國；他於一九〇二年將他的見聞付梓出版，影響一九〇〇和一九一〇年代監獄的設計（Yamashita, 1902）。一些格局的特徵成為仿效的模範，包括交叉型、T字型以及放射狀型（請見圖1.1：山下根據他在歐洲考察之旅所做的其中一款設計）。山下也在柏林的一場國際會議中進行了一場詳盡演說，提出了監獄收容人數的理想密度；在日本，這是一個非常不容易回答的課題，因為日本監獄裡的人數，比歐洲、美國的監獄都要多出許多，而且當時日本的財政狀況也頗為艱難。

那個世代的改革者，恐怕不太可能將刑罰改革視為一種自我強加的文化殖民，更不太可能去思考這種文化殖民如何可能在日本接下來數十年裡的擴張之中，作為殖民強權的日本自我

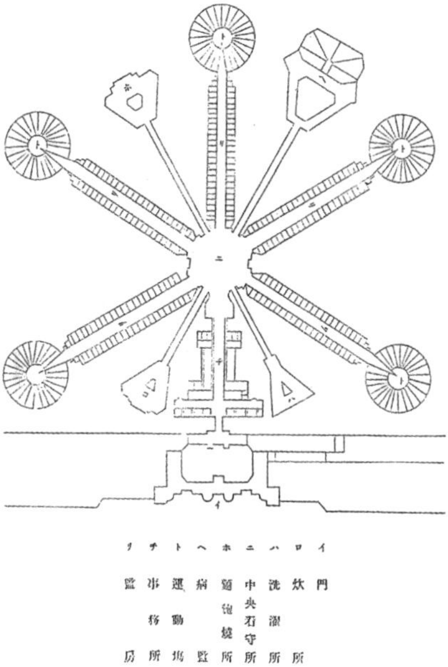

圖1.1｜山下在結束歐洲考察之旅後所記錄下的放射狀監獄。
圖片來源：Yamashita, 1902b

給複製。最初，這種模式是明治政府將主權擴展到北海道時出現的；一直到一八六八年之前，那裡都是一個遙遠的領地。日本政府一直要到長達三年的箱館戰爭（Battle of Hakodate）於一八六九年結束之後，才終於在北海道建立了一個廣泛的地方行政機器；在那之後，新的政府便開始推廣日本人從內地大規模移民去北海道，希望能開發這座島嶼上豐富的天然資源，比如煤礦和其他礦產。從一八六九年到一九三六年間，北海道的移民人口成長到了約三百萬人。就在這場大規模人口移動發生的同時，新政府也在這塊新領土境內設立了法院、監獄和政府機關。自一八七八年以來，參議院開始討論將重刑犯送往幾個與世隔絕的島嶼、或像北海道這樣遙遠領土的可能性。日本政府於一八八一年決定，被判處終身監禁、或被判決為重刑犯的人（也就是被判處十年以上徒刑的人），將被送往北海道的監獄，以維持內地的安全（Shimatsu, 2005）。總而言之，北海道一共興建了十座監獄，包括在札幌、小樽，以及後來變成知名博物館的網走監獄。從一九〇〇年開始，日本便愈來愈流行強調依據年齡、性別來分隔囚犯，並逐漸導致「特別監獄」的建立（Ono, 2009, p.131）。位於北海道的監獄，都被視為收容重刑犯的特別監獄，甚至直到今日，人們都依然對北海道的監獄抱持著這種印象。

一九二〇年代出現了幾個里程碑。其中一個，是將所有和監獄有關的政府機關重新命名，好和機構從事的「矯正事務」相配，而不再是「監獄」或「拘留所」；這個名稱上的轉變是從德國引進的，目的是為了避免監獄隱含的殘酷含義，並能以更加文明的方式理解懲罰。另一個里程碑則是從一九二二年起，也就是少年刑法（Juvenile Criminal Law）通過之後，日本政府為十八歲以下的受刑人建立了青少年監獄（Ono, 2009）。此外，為了強調營運監獄時衛生的重要性，法務部轄下還建立了一座負責刑務衛生、監督相關事務的官方單位。就建築形式來說，德國專家馮希巴赫帶來了貢獻，從一九〇〇年代至一九二〇年代間，更加強調使用磚或石材來建造監獄，一如我們在「明治五大」監獄，以及在朝鮮和台灣建造的監獄所看到的那樣（Watanuki, 2005）。一九二三年的關東大地震更是開啟了一場新的討論，內容是關於尋找更加耐用的建造方式，比如鋼筋混凝土；在一九三〇和一九四〇年代建造的監獄裡，我們就能看到這種類型。

日本及其殖民地的刑罰改革的遺產

雖然今日的日本很少有人體認到這點，但日本刑罰改革的另一個重要里程碑是從一八九五年開始，其在殖民地建立了現代的刑罰體系，而這個進程的開端，就是日本在甲午戰爭之後取得了第一個海外殖民地——台灣。日本在一八九五年十月底取得台灣之後，當時的台北縣（三縣一廳）行政長官提出要在台北建造一座監獄（Lin, 2014）。台北和東京在接下來的四年裡不斷討論，作為殖民地的台灣應該要採用哪一種法律體系來管理刑罰事務。雖然完整的細節會在第六章討論，但我們必須先在此指出，在治理殖民地的過程中，有意識地展演「文明」這件事一直都是個重要的概念，不斷被和其他更加實用性的考量並置和比較。這個現象和日本於二十世紀初，在世界強權的行列中處於轉變的獨特定位有關。有趣的是，日本殖民政府還透過參與刑罰事務的內部會議，盡可能地在媒體和國際博覽會上宣傳自己在刑罰事務上的成就，藉此有意識將自己展示為刑罰改革者。（殖民地的）現代監獄是在刑罰改革的國際政治出現之後，才開始成為不斷協商、介入的場域，而一個社會原有的司法主權，就是在這個場域裡被帝國主義挑戰的。比方說，台北刑務所就是外國使節和日本內地高官會固定參訪的示範計畫（第三章和第六章將有更多討論）。當監獄成為襲產和觀光的物件之後，這種參訪也被賦予了新的意義。

回到之前格瑞葛里的說法，後現代思想指出「要建構自我，首先需要他者的建構」（Gregory, 2004, 5）。台北刑務所展演了一個用來展示日本向現代化邁進的計畫；在朝鮮的日本殖民監獄也是如此。日本人在台灣發起建造另外十三座監獄的計畫——而台灣，則是一個「落後」的殖民地，但這種落後的地位，也就是日本自己在面對西方於東亞地區的介入時，努力想要擺脫的。監獄計畫的一個關鍵面向，是演示對「死亡」的控制，而這件事是當作殖民者表達對殖民地進行統治的核心方式。在「衛生現代性（hygienic modernity）」（Rogaski, 2004）這種在當時東亞被半殖民的地區非常流行的體制之下，日本人將控制死亡率和疾病盛行率，視為成功管理現代監獄的指標。在選擇如何設計監獄的時候，他們關注的是如何讓死亡率降到最低；因為這個原因而雀屏中選的設計，都會對囚犯的日常生活實施嚴格的管理。殖民監獄達到的「進步」程度，以及監獄如何透過改善衛生來達成進步，都是報章媒體經常會報導的主題，包括建造下水道系統、改善通風、建造運動場，以及設立農場以便為監獄的廚房、以及囚犯的飲食供應有益健康的食材（比如臺灣日日新報, 29 March 1925, Figure 1.2）。殖民政府甚至還將一份關於台北刑務所衛生改善的報告，送往在德國德勒斯登舉辦的國際衛生博覽會。根據台北刑務所前所長志豆機源太郎的回憶錄，該監獄因為在疫情控制取得的成就、以及在台灣如此濕熱的氣候下為囚犯提供健康的環境而獲獎（Shizuhata, 1936）。正是

(二) 大正十四年三月二十九日 臺灣日日新報 第八千九百三十七號

臺北刑務所の炊事場と志豆機所長

美食を攝るよりも榮養食を取れ
玄米常用で脚氣患者を出さぬ臺北刑務所

日本移民に代る北米の墨國移民
米人一般から歡迎されぬ
五十餘名の學者教育家の調査

圖1.2｜一九二五年關於囚犯健康情形改善的新聞報導。該報導強調台北刑務所衛生整潔的廚房、以及廚房供應的營養食物，改善了受刑人的健康狀況。該照片呈現出空間寬敞、通風良好的廚房，以及當時擔任刑務所所長的志豆機源太郎的相片（臺灣日日新報, 29 March 1925）。
資料來源：TTS Group 大鐸版臺灣日日新報。

台灣特殊的殖民地定位，讓台北刑務所和東亞的其他案例有所不同。

本章介紹了東亞脈絡下的刑罰改革，並關注日本特殊的角色、以及日本建造的監獄，這些監獄在中國、韓國和台灣都因作為殖民遺產而留了下來。在第二章，我們將會更加詳細介紹幾個殖民監獄的案例。但在那之前，我們有必要先在下一章討論關於襲產和記憶的學術研究，藉此發展出一個有用的分析框架，來理解這些歷史細節如何大量地被埋藏在記憶（或不去記憶）殖民監獄的後殖民實作之下。

2

殖民監獄的記憶級別

本章整理關於暗黑旅遊、記憶研究以及襲產研究的學術成果，希望建立一個討論懲罰和記憶的理論框架——懲罰如何（不）被記憶，以及記憶如何可能帶來、或持續某種懲罰。我們引入了一個被稱為「記憶級別（grades of remembering）」的框架，讓我們可以理解殖民監獄如何在東北亞的各地被以不同的方式對待。我們希望闡明，在刑罰地景被保存的過程中，監禁的地方和殖民實驗是如何被轉化成為「可用的監禁的過去」（usable carceral past），然而「矯正」的概念卻沒有被碰觸到（或者更糟——甚至是在未經批判的情況下被強化了）。哲學家阿維夏伊・馬格利特（Avishai Margalit）很有說服力地指出，「記憶是來自過去的知識；它未必是關於過去的知識」（Margalit, 2002,

p. 14）。記憶，是位於此時此刻的我們和過去之間的關係，而不是某個只關於過去的東西。我們想要探索，在建立這種和過去的關係的過程中，殖民監獄是如何參與進去的。

暗黑旅遊和殖民主義

《國際襲產研究期刊》（*International Journal of Heritage Studies*）（Foley and Lennon, 1996a, 1996b）曾於十年前的一期特刊裡，在死亡的脈絡之中關注襲產，讓「暗黑旅遊」這個詞彙開始變得普及。這個詞彙，指的是為了滿足人們想看到人性黑暗面的慾望，因而發展出來的觀光活動（Lennon and Foley, 2000）。隨著消費者對於體驗暗黑襲產的興趣日漸濃厚，關於暗黑旅遊的研究也變得愈來愈多（Hartmann, 2014; Bowman and Pezzullo, 2009; Seaton, 2009; Stone and Sharpley, 2008）。在所有場址中，監獄成了暗黑襲產中特別顯著的一個類型，吸引不少觀光客前去（Wilson et al., 2017; Strange and Kempa, 2003; Strange and Loo, 2001）。然而監獄可以是被爭議的地域，其中的詮釋必須避免太過光明或太過黑暗（Strange and Kempa, 2003, p. 401）。有些監獄旅遊案例涉及的未有定論的國內政治比國際關係還要多；有些監獄則主要瞄準國際的受眾。越南的火爐監獄博物館（Logan, 2009）和本書討論到的監獄都是例子。

於是，監獄觀光就是暗黑旅遊的一個特殊類型，近年來愈來愈吸引到學者的注意。學者和一般大眾對監獄旅遊漸增的興趣，證明了「監獄的重要性，而且在不同文化和民族裡，監禁的概念都是執行正義的最主要模式」（Wilson et al., 2017, p. 1）。然而，監獄旅遊並不是什麼新鮮事。早期版本的監獄旅遊，至少在十七世紀就已經出現了：在當時，前往仍在運作中的全控機構進行觀光的行為很常見（Andrews, Porter, and Briggs, 1997）。至於在現代，我們在第一章討論過的本頓維爾監獄，則是在一八四二年啟用之後就變成了監獄旅遊的知名案例（Wilson et al., 2017; Johnston, 2000, pp. 70–73），吸引了遠至大西洋和太平洋另一側的參觀者前來，學習現代監獄的建造和運作。

今日的監獄旅遊，指的主要不是前去仍在運作中的監獄，而是拜訪已經停用的監獄，而這個趨勢，也反映了許多在二十世紀之前建造的監獄都關閉了。在亞洲，大多數第一批的現代監獄，都是在十九世紀末或二十世紀初建造的。雖然很多比較早除役的監獄很快就成了再開發的標的，但也有愈來愈多的聲音呼籲保存監獄，目的則是為了保存那些監獄所代表的可被商品化、「可資使用的監獄的過去（usable carceral past）」（Morin, 2013）。此外，有些已經廢止的監獄也被視為重要的文化襲產，可以在教育、歷史理解上有所貢獻；其中許多都轉型成了博物館。在更廣泛的監獄博物館分類之中，由監獄變成的博物館

（亦即在之前的監獄遺址上的監獄博物館）可能會被視為是最真實的（Oleson, 2017）。

然而，詮釋和再現的政治，就是在已除役、作為「困難歷史地方（places of difficult histories）」的監獄裡最為外顯（Wilson, 2005）。這種場址在本質上很容易成為關注對象，受到各種利害關係者團體彼此競逐的需求的爭議；這些團體包括，自認在場址的詮釋和再現上是利益關係者的組織和個人（Wilson, 2008, 2005）。這種受爭議的詮釋和再現，可能會帶來他者化的過程（a process of othering），而這種他者化會發生在詮釋監獄歷史，以及再開發、和選擇性保存遺址的過程中，而且不論是在土地買出之前或之後，這種過程對周圍的社群來說一般都是不透明的。在對整個監獄場址進行總體規劃的脈絡之中，這種缺乏諮詢的現象，通常會在考量監獄的歷史重要性時不斷重複出現。監禁的物質實體（包括建築和懲罰的語彙），可以被大量重新詮釋成一連串偷窺癖（voyeurism）的空間，由刑罰的觀眾進行探索，卻沒有觸碰到「懲罰」的社會－文化建構，更遑論去建立關於懲罰的反省思考。

在此，蜜雪兒・布朗（Michelle Brown, 2009）關於懲罰文化的研究，便能幫助我們留意到詮釋監獄時將囚犯他者化的議題。布朗（2009）的研究，和大衛・嘉爾蘭（David Garland, 1990）關於懲罰如何運作、在什麼地方運作的研究一樣展示了社會是如何在日常生活裡，於多個層次中共同參與（complicity）了懲罰的實作，並描述施加苦痛的行為，經常會透過懲罰文化的運作，而被不加批判地正當化。位於已廢止的監獄裡的暗黑旅遊，可能也對監獄進行了主題式的建構，從而讓監獄成為獵奇的觀光客眼中的奇觀。如果我們對暗黑旅遊中出現的他人的苦痛重新進行思考，我們便必須面對一個令人難堪的事實：我們的社會生活和人類的存有，有一大部分是建立在排除和不平等之上的（Brown, 2009, pp. 29, 34）。有了這樣的理解，便能鼓勵我們從倫理的角度去思考和懲罰有關的襲產打造行為。

觀賞刑罰的人，在觀看他人受苦難時獲得的愉悅感，不只會牽涉倫理的議題，同時也牽涉到搬演本真性（staging authenticity）的問題。在很多案例裡，刑罰場所已經變成前台場域（front region），然而這些場域卻被規劃成看起來像是後台（back stages）（Walby and Piché, 2015a; Wilson, 2004），而這種作法，通常也會導致監禁的反敘事（counter-narratives）遭到抹除。有時，搬演的本真性在本質上是個「對監獄重新賦予任務（carceral re-tasking）」的計畫（Ferguson et al., 2014）。那導致已經廢止的監禁和懲罰場所，轉型「成為另一個事業（enterprise），而作為優勢概念和／或物質實作的監禁，則繼續遭到了複製」（Ferguson et al., 2014, p. 84）。一個重要、但比較少人研究的問題是，那些在監獄改成的博物館裡被傳遞的敘事，是如何被當地社會的地理和歷史所形塑，又是如何形塑那些社會的地理和歷史的（Schept. 2014）。愈來愈多的案例呈現出了公眾對廢止的監獄的各種不同反應，那些反應從認可到商品化和保存都有（Brown, 2009, p. 91）。在這些場所裡使用的對刑罰歷史的詮釋，在缺乏對懲罰意義的必要反省之下，可能會讓監禁的特定面向變得（不）可見，並可能中和了在這些懲罰性的當下（punitive present）非常普遍的對自由的剝奪行為（Walby and Piché, 2015a; Schept, 2014）。一如瓦爾比和皮切（Walby and Piché, 2015b）在他們對加拿大案例的觀察中所指出的那樣，這和懲罰性的國家的運作緊密關聯，尤其是和下面這件事緊密關聯：我們對過去的再現，如何有助於讓人們忽略今日刑罰和過往的連續性。

在有些案例裡，懲罰性國家是在殖民脈絡中被建構的，而且殖民者之所以建造現代監獄，是為了追求刑罰改革、將其作為殖民遺產；提到這些案例時，如果沒有對殖民主義進行批判性的重新思考，就無法對暗黑旅遊[1]的議題進行討論。一如前面提到的，從早期的階段開始，刑罰改革就和監獄觀光有所牽連，而監獄觀光就是暗黑旅遊的一種特定形式。在日本佔領區的案例裡，被刑罰改革的開路建築師打造成「暗黑旅遊」的監

1 儘管「暗黑旅遊」一詞和暗黑觀光（dark tourism）有些重疊，我們在此還是使用了這個詞彙，來特別呼應其殖民的意涵，關於這點，我們很快會在本章的稍後段落進行討論。

獄參訪觀光行程，則促成了朝鮮和台灣的現代監獄的建造，以及滿洲國後來一些監獄的擴建（比如旅順和瀋陽的監獄）。與此同時，一如我們在第一章提到的（之後也還會在第三章再次討論），像日本人這樣的殖民者，只要一有機會，就會參與刑罰事務的國際會議、在媒體和博覽會上展示國家取得的成就，藉此有意識地呈現他們對刑罰改革的理想。有趣的是，當這些殖民監獄紛紛變成襲產場址時，在這種參訪和展覽中所使用的凝視卻有了新的意義。然而，由於監獄觀光具有困難的本質（difficult nature），在曾被日本佔領的亞洲城市裡留下來的殖民監獄，便可能尤其困難。這是因為殖民者遺留下來的東西（包括監獄的物質性和懲罰的現代制度），即使是在殖民者離開之後，也未必會完全遭到屏棄。層層疊疊的歷史，通常會繼續累積數十年的時間，直到被廢止的監獄獲得再利用、被賦予新的功能。

確實，這些由殖民者興建的監獄（在某些案例裡，甚至是由多個殖民者一起興建的），都是苦痛和恥辱（和其他東西的）襲產的艱難場所。它們可以被視為「被爭議的襲產（contested heritage）」（Shaw and Jones, 1997）或「不和諧的襲產（dissonant heritage）」（Landzelius, 2003; Tunbridge and Ashworth, 1996）；這種場所，可以讓我們重新思考那些被自然化的、對於官方認可的遺產論述（authorized heritage discourse, AHD）的理解和實作（Smith,

2006）。一如蘿拉珍・史密斯（Laurajane Smith）主張的：

> 襲產是不和諧的——它是一個能創造出制度（constitutive）的社會過程，一方面攸關管制和正當化（legitimizing），另一方面又攸關於解決、爭論和挑戰各種文化和社會認同、地方感、集體記憶、價值觀和意義，而上面這些東西是流行於當下，而且可以被傳承到未來的。
>
> （Smith, 2006, p. 82）

就此而言，麥可・藍澤里烏斯（Michael Landzelius）提出了一個概念，以「去繼承的地下莖歷史（a rhizome history of disinheritance）」，去永久取代想像中的襲產嫡系（imaginary lineage of heritage），藉由去中心化和顛覆那些不斷使用襲產的主體，來挑戰那些建制的事物（Landzelius, 2003, pp. 211–212）。有愈來愈多關於在後極權（post-totalitarian）脈絡中進行襲產打造的學術研究（Harris, 2011; Stangl, 2008; Forest et al., 2004; Forest and Johnson, 2002），也呼應了藍澤里烏斯的理論化工作。在許多案例裡，一個社會很難透過政治轉型來面對不久的過去，尤其是當這些不久的過去依然存在於現在，而社會大眾也都是這些過去的一部分時——不論那些過去是如何發生的（Forest et al., 2004）。換言之，（不）記憶極權體制的政治，便無可避免地攸關於對犯罪行為進行定義，也攸關於責任的歸屬。長期以來（對襲產）的忽略行為本身，或許也和那些被遺忘的襲產一樣，值得一次徹底的研究。換言之，讓殖民監獄被打造成襲產的歷史過程，就是對殖民主義的批判思考可能存在的位置，而這也正是本書想要探究的。

因此，已廢止的監獄作為殖民者遺留下來的東西，便是我們可以用來檢視，有多少殖民遺緒至今仍存的場域。一如許多殖民學者（比如Bhabha, 1994; Spivak, 1988）指出的，殖民主義在今日世界各地的敘事和社會組織裡依然非常活躍。維奇·查特蘭（Vicki Chartrand, 2017）的研究便能幫助我們理解這點，他指出，殖民邏輯和框架是如何持續到今日都存在著，也指出刑罰觀光如何助長了這個過程：「對於像監獄這樣的文化制度的紀念，將原本在歷史上是一個比較複雜、而且是論述上的生產，給同質化和簡化了」（Chartrand, 2017, p. 678）。查特蘭（2017）結合了史碧華克（Spivak）關於他者化的理論——西方殖民者會藉由他者化這種殖民技術，將被殖民者建構成落後的他者，藉此將西方知識和制度訂為唯一的準則。

生活在曾被日本佔領的地區裡的人們，也經歷了被建構成從屬階級的類似過程，因為日本認為自己已經脫離了亞洲，成為「西方」的一部分。日本人興建的監獄也助長了這個他者化的過程。像這樣的他者化過程，就位於我們稍早提及的雙重的他者化感（dual sense of othering）之下；此外，當今日以觀光為導向的詮釋和再開發計畫，將這個隱晦的他者化過程延續了下來，而這個他者化過程又太急著將廢棄監獄標註為後殖民的產物（卻沒有注意到類似的監獄在後殖民的社會裡依然普遍存在），這個他者化過程便經常沒有被觸碰到。換言之，日本人帶來的知識體系，直到今日都依然在運作著。在這些監獄裡，他們經常會戲劇性地呈現，日本典獄長當年是如何濫用法律、虐待囚犯的，而這種常見的作法，某個意義上來說似乎在暗示一件事：唯一錯誤的地方就是日本人本身，而不是他們帶來的知識和他者化技術。這種錯誤的歸咎方式，可能會讓我們無法看見，即使在殖民統治結束後，這些他者化的過程都仍持續存在著。一如有些人提到過的，他者化的邏輯，以及這個邏輯所助長的「大監禁（the great incarceration）」（Wacquant, 2014; Beiras, 2005; Foucault, 1979），可以從「使用歷史上的刑罰路徑和紀念方式的刑罰旅遊」反映出來，而且「那些刑罰路徑和紀念方式斷言了日常生活的自然性和必要特徵」（Chartrand, 2017, p. 678）。我們主張，如果我們希望理解、而不是抹除許多殖民監獄在殖民時期結束之後都仍在運作的這個事實（當這些監獄被改為襲產場址時，這個事實很少被考慮進去），那麼透過殖民理論的角度來對他者化過程進行批判性的重新思考就非常重要。

同樣地，Clarke et al.（2014, p. 221）也曾指出，我們有必要

「將暗黑旅遊概念化為和後殖民旅遊屬於不同範疇的定位和部署，而非作為研究的標的。」本著這種精神，如何不侷限於將襲產旅遊視為經營項目的實用討論，以及如何將作為暗黑襲產的監獄的打造和重新賦予功能，重新放置在殖民和後殖民的脈絡中，就是很重要的事情。為此，我們有必要注意在殖民統治之下建立的監獄，其對「移動性」和「無法移動性」的使用，也有必要以歷史的視角，將我們理解這些除役的監獄如何再次成為參訪目的地的方式，放在後殖民的脈絡之中看待。對於（無法）移動性的關注，能讓我們用更批判性的方式，去理解在監獄、和監獄之外，透過殖民實作來剝奪自由的行為。一如Clarke et al.（2014, p. 222）提及的，「為帝國的優勢主體所提供的移動性，不平等地反映在受帝國力量控制的人們的『消散』、移動、重新部署和被迫移除（'dispersal,' displacement, re-deployment, and forced removal）上面。」因此，我們有必要在檢視現代監獄的打造時，將從屬階級的旅行者（subaltern travelers）和大都會的旅行者（metropolitan travelers）區隔開來，並留意在現代歷史上的不自由勞工的大量移動，如何有一部分，與作為奴隸和被運送的囚犯、而不是作為探險者的旅行者有關。關於這些現象的歷史細節，我們將在第三章裡討論。在此，我們只會指出，監獄與觀光有關的這個面向，如何在今日廢止監獄的襲產化過程中，大大地遭到了忽略，因為今日我們所知的觀光活動，基本上已經抹除了其在歷史上具有的辛勤工作（travail）的含義[2]，而「人們在歷史上的非自願移動，提醒了我們一件事：旅行這個概念的核心，就是辛勤的勞動」（Clarke et al., 2014, p. 223）。這個提醒，能讓我們警覺地記住，旅行這件事所帶有的暗黑本質嗎（尤其當我們要處理的，是建立在監獄管理人員和囚犯的辛苦勞動之上的殖民監獄）？使用「辛勤勞動」的概念去理解「旅行」，在處理後殖民社會裡的監獄觀光課題時似乎特別重要。一如Clarke et al.曾有力地提出的問題（2014, p. 224），如果可以對廢止的監獄有這種更深層的理解、將它們視為暗黑襲產，便能更好地引導我們看見，暗黑旅遊的實作，如何「突顯了一個迫切的後殖民主體性議題，亦即：既然旅行者的意識，被其從殖民時期繼承下來的東西所影響著，那麼這種意識，要如何能對過去殖民的暴力進行評判呢？」

一如前述，監獄場址通常已經經歷了被重新賦予功能的過程，而這個過程，也已經在旅行者到來之前，便選擇性或矯正性地重塑了從殖民時期繼承下來的東西。由於今日關於這個主題的大部分文獻，談的主要都是歐美的案例，因此被日本佔領的亞洲地區，作為帝國和殖民主義的一個重要邊陲，其案例便

2 譯按：旅行的英文為travel，該字源於中古英語的travelen和travallen，帶有「艱辛地旅行」和「辛苦工作」之意；travail在今日的英語裡仍為「辛勤工作」之意，在法語裡則為「工作」之意，而未必帶有「辛苦」的意涵。

顯然受到了忽略。因此我們認為，我們所檢視的幾個案例至關重要，能拓寬殖民脈絡中的暗黑旅遊的學術研究範圍。

在說明了刑罰襲產／旅遊的殖民向度之後，我們接下來將會轉向記憶研究，藉此呈現記憶的複雜性，而記憶也正是殖民監獄襲產化的重要元素。

後殖民領域裡的記憶倫理和襲產

> 由此，集體記憶指的就不是歷史、紀念或個人信念，而是它們之間的關係。
>
> （Schwartz and Schuman, 2005, p. 200）

> 亞洲的記憶問題很難處理，因為違背榮耀的行為，比違背尊嚴的行為還要更能引起迴響，而羞恥的情緒，則比罪惡的情緒還要重要。
>
> （Schwartz and Kim, 2010, p. 6）

一如上方所引述的幾段話，記憶是複雜的，而且可能會帶來問題。皮埃爾·諾拉（Pierre Nora）對於一九三〇年代法國面臨的危機的討論，批判地指出了國族（nation）、歷史和記憶，是如何在一個全新的、將記憶和歷史統一在一起的監禁狀態之中，重新獲得了自主權，而他的這個主張，值得我們在此進一步引述。諾拉提到：

> 將國家（state）和社會聯繫起來的現象，逐漸取代了將國家和國族聯繫在一起的現象——與此同時、也因為同樣的一些原因，歷史如何驚人地，從它已經成為的記憶的傳統，轉變成為社會的自我知識（self-knowledge）。由此，歷史便能夠突顯許多種類的記憶，甚至將自己變成過去各種心理狀態（past mentalities）的實驗室〔…〕隨著社會取代國族的位置，透過過去、以及透過歷史進行的正當化行動（legitimization），便屈服於透過未來進行的正當化行動。人們只能認知、崇敬過去，並為國族服務；然而未來卻是可以被準備的：因此這三個名詞便重新獲得了它們的自主權。國族不再是一個目標，而成了被給定的事物；歷史現在成了社會科學，而記憶則是純粹屬於個人的現象。
>
> （Nora 1989, p.11）

也正是在一九三〇年代這個時期，對襲產更深刻的理解感受，鞏固了對歷史權威的支持——而且是來自國族的支持。直到今日，諾拉所稱的記憶場域（lieux de memoire），包括博物館、歷史遺跡、襲產場址和週年紀念在內，全都是重要的場址，而現代民族國家則會在這些場址上，透過過去來從事正當化的工作。

在所有場址之中，博物館就是一種虔誠的機構，其功能為「另一個時代的界碑（boundary stones），也就是永恆的幻象」（Nora, 1989, p. 12）。一如諾拉進一步指出的，「它們標注著一個沒有儀式的社會裡的儀式（mark the rituals of a society without ritual），標注著一個弭平了個性的社會的整體個性，也標注著獨特性的標誌、一個社會裡作為群體一分子的獨特性的標誌，而這個社會經常會認為每個個體，都是一致和平等的」（ibid.）。尤其，由監獄變身而成的博物館便扮演了雙重的角色：它既是襲產的場址，也是博物館。如果這些監獄是由殖民者留下來的，那麼這種雙重的角色，就尤其值得我們留意；那會進一步扭曲國族、歷史和記憶的動態，因為「國族是被給定的」這種自然化的理解，在這些地區裡並不是一個連續的流動狀態。我們今日甚至還被鼓勵去思考，這個世界就是被給定的，而每個個體無可避免地，都是這個全球社群的一分子。

然而一如瑪嘉莉特（Margalit, 2002, p.9）提到的，人類（還）不是一個記憶的社群。在他關於記憶的倫理的重要著作裡，瑪嘉莉特提出了一系列重要的問題，藉此探索記憶是如何形塑人類關係的：

> 我們是否有義務要記住過去的人們和事件？如果有的話，這個義務的本質是什麼？記憶和遺忘，是不是在道德上進行讚許或責怪的合適對象？那個「我們」是誰？或者說，對集體的每個成員都賦予記憶這個義務的，某種散布在許多人之中的「我們」的感覺是什麼？
>
> （2002, p.7）

瑪嘉莉特將倫理（ethics）和道德（morality）區隔開來，並指出有個記憶的倫理存在著，卻幾乎不存在記憶的道德，而且我們必須將記憶的倫理，放在錨定於人們共享的過去的厚重關係這個脈絡之中，然而在作為一個社群的國族裡，這種共享的過去未必總是存在。換言之，一個社群的成員不應該只是因為遺忘就遭到責怪——他們只有在因為遺忘而導致了負面的結果時，才可能是應該遭到責怪的。

為了對抗這些挑戰，襲產和博物館就是重要的記憶裝置（因為它們能促進集體記憶），透過這些裝置，我們就算不能一起經歷，至少也能建造一個共享的過去，也因此透過這些裝置，國家希望每個人都有記憶的責任。世界遺產，以及更晚近一點的，由聯合國教科文組織創造的世界記憶（Memory of the World），就是希望將全世界的人類，變成同一個記憶的社群的最著名例子。然而一如瑪嘉莉特對我們的提醒，從哲學的觀點來看，「一個共享的記憶的責任，落在記憶社群裡的每一個人身上，他們必須去確保記憶會被保存下來。但並非每個人都有義務要記住所有的事情。」（Margalit, 2002, p. 58）我們也必須記住，每個人其實只經歷了發生過的事情的一小部分，不論是來自他們自己參與事件時的記憶，或是來自他們關於記憶的記憶。為了達到共享的記憶（shared memory），而非只是由記憶集結而成的普遍的記憶（common memory），溝通是必要的：然而，在許多企圖將國族打造成一個社群的案例裡卻缺少了溝通；至於那些企圖將全世界融合成一個社群的案例，就更不用說了。

如果討論的是和政治衝突與轉型有關的記憶，那麼上述關於記憶的哲學問題，就會變得更難回答。一如保羅・格瑞迪（Paul Gready）的主張，政治轉型是「一個備受爭議，而且在本質上是未完成的過程」（ Gready, 2003, p. 2）。過去基本上依然存在於現在，而這很可能是因為「來自過去的型態，在今日通常會被重構（reconfigure），而不會被徹底改變」（ibid.）。想建造新的未來，就需要處理過去、和過去交手（（Dawson, 2007, p. 5）。然而，人們對過去（尤其是困難的過去）的情感有很多種，而這些不同的情感可能是彼此衝突的，而且會再次造成創傷和衝突。格蘭姆・道生（Graham Dawson）對人們在和困難的過去達成和解的過程中所呈現出的猶疑和矛盾進行了檢視。道生更加關注大眾記憶（popular memory），而不是摩里斯・哈布瓦赫斯（Maurice Halbwachs, 1992）理論化的「集體記憶（collective memory）」，後者將對於個人記憶的關注，移轉到社群建立的集體記憶框架之上——而我們對這種社群的理解，通常主要就是民族國家。道生使用被稱為「大眾記憶」的概念，檢視了個人和集體之間的關係，以及國家（通常是透過制度性的傳播）如何和萌生自公民社會的各種形式的記憶（神話、口傳歷史、生命故事和其他形式的個人記憶）互動。記憶如果要有生命力、並能起到作用，就必須在從私領域到公領域的各個社會場域裡流傳：對於研究者來說，追蹤記憶如何在流傳的過程中被挑選、再現和轉化，就比找出一個共通、沒有爭議，而且大家都能同意的記憶還來得重要。在處理愛爾蘭的歷史衝突的案例裡，就存在著希德・古寶（Heather Goodall, 1994）所稱的「國家安排的遺忘」或「制度性失憶（institutional amnesia）」的作法。這些作法當然招來了批評。然而這不見得代表那些作法便因此遭到了挑戰或替換。相反地，這些作法並沒有消失，至今仍在持續強化創傷作為一種需要被遏止、甚至需要被抹除的東西。

為了提供一個更加動態的分析、將創傷視為一種過程來進行關注，道生以美蘭尼・克萊因（Melanie Klein）建構的「精神分離（psychic splitting）」為基礎，發展出他的創傷理論。就此而言，道生並不把創傷視為一種在所有脈絡中都不會改變的精神狀態，而是將其視為

> 一個持續進行的心理過程，其特徵為幾個彼此對抗的動力：一方面要分離和防止令人非常震驚和痛苦的經驗，但另一方面又要講述和結合它們，而其結果可能會受到正在改變的文化和歷史情況的影響，但也會根據內部的心理因素而變化。
>
> （Dawson, 2007, pp. 65–67）

因此，對於倖存者而言，將他們的創傷經驗形塑成敘事的形式，就是在重新進行一場未完成的鬥爭，而這件事不會像國家通常描述的那樣順利或直接了當。從克萊恩學派的角度來看，倖存者的敘事需要其他人有對等的意願，去聆聽和分擔苦痛的負擔，如此一來，言說的主體才不會在苦痛太難承受的時候，轉而使用否認的方式（Dawson, 2010, p. 67）。某程度上來說，這個分析也呼應了瑪嘉莉特曾強調的概念：如果希望一個共享的記憶起到作用，那麼溝通就至關重要。

現在，我們必須將目光轉向東北亞幾個特定的記憶議題，而這需要處理某些可能和西方脈絡不同的文化情緒。首先，怨恨和羞恥的情緒尤其值得一提，這種情緒將讓我們研究案例的地緣政治裡的暗黑襲產概念顯得更為特殊。我們認為韓忠善（Jung-Sun Han，音譯）對於「暗黑襲產」這個詞彙的闡述（2017）在此頗有幫助。一如韓忠善所主張的，暗黑襲產可以用兩個方

式來理解。一方面，它

> 指的是「羞恥的襲產」……其含有現代日本的帝國主義侵略戰爭、以及隨之而生的戰時暴行的記憶，很少有日本人會以此為傲，而且大多數日本人都選擇遺忘。另一方面，它指的也是「怨恨的襲產」，而戰時日本部隊（Japanese wartime labor regiment）的受害者，則在這種襲產之中面對痛苦的過去，並追尋當代的正義。
>
> （Han, 2017, p. 2）

韓忠善（2017）將朝鮮人的戰時經驗，比擬為歐洲猶太人對納粹罪行充滿恨意的記憶，並關注朝鮮人感受到的「回顧性的怨恨（retrospective grudge）」——尤其是那些依然居住在戰後日本的朝鮮人。韓忠善引用了尚・亞梅利（Jean Améry）關於「怨恨」的著作，並討論了一個充滿恨意的社群可能會懷有的渴望，雖然這些渴望或許不太可能成真：「回到過去，並撤除發生過的事情。」然而怨恨的這種荒謬感，卻可以扮演一個道德上的功能，因為它可以抵抗「自然的」時間感（Han, 2017, p. 1）。

雖然大多數經典的記憶研究都是歐洲導向的，但有些學者近期主張，記憶的地緣政治也是重要的——不只是一個變種，也是因為不同導向的記憶和信念系統的存在，而這種記憶和信念系統變組成了民族和其社會。特別是在東北亞，記憶議題的複雜性和記憶過量有關，和一些地區記憶欠缺的情形正好相反。更重要的是，「這種過量是負面的：無法遺忘的創傷，將阻止民族和現在的問題和解。」那也是「事實無法解決」的事情（Schwartz and Kim, 2010, p. 2）。於是這個問題，就和國家行為者如何在現在行動更有關係，因為它們不斷有意識地將他們自己，和不久的過去聯繫在一起。

金和施瓦茲（Kim and Schwartz, 2010）曾在他們編輯的論文集裡，將集體記憶視為一種知識的普遍形式，並主張東北亞地區的集體記憶領域，和西方存在著某些根本差異（Schwartz and Kim, 2010, p. 4）。他們強調韓忠善所指出的怨恨，但著重於國家行為者和文化，如何助長了東北亞的一個特定的記憶問題，這個問題深深地建立於戰爭遺緒之上（尤其是第二次世界大戰），而戰爭的暴力則「喚醒了一些沉睡已久、關於之前羞辱的感受」——那些羞辱是由殖民侵略造成的，而日本就是和西方合作、和亞洲作戰的侵略者（Schwartz and Kim, 2010, p. 5）。重要的是，施瓦茲和金（Schwartz and Kim, 2010）主張，亞洲的記憶問題不只有關侵犯人權（一如猶太浩劫），它與讓一個國家蒙羞的外國入侵更有關係，而這種入侵也留下了怨恨的記憶，需要進行一個艱難的任務，那便是：名譽回復（명예회복）。這樣的名譽回復，在當代的韓國一直都是個非常重要的任務（(Shindong-A,

2007; Kwon, 2006）。

即使是正式道歉，也未必能有助於名譽回復。一如金和施瓦茲（Kim and Schwarts, 2010）指出的，存在於東北亞的榮譽和羞恥社會（honor and shame societies），就算不會要求、至少也會鼓勵社會成員，使用不同於尊嚴和罪惡感的社會（societies of dignity and guilt）的方式去思考未來，因為負面的歷史事件，會顯露出弱點或無能之處，並帶來羞辱感、而非罪惡感：連結上恥辱、憎恨的亞洲記憶問題的複雜性，可以在本書接下來幾章討論的刑罰襲產中看到。暗黑襲產主題的共通主題，會出現在監獄這樣的場域裡：殺戮、戰爭、監禁、隔離等經驗，全都可以在監獄裡看見（Logan and Reeves, 2009）。尤其是由殖民者興建的監獄，經常會被視為和恥辱的歷史有關，這些歷史會對國族群體帶來苦痛和怨恨。在此呈現的案例研究裡，有個重要的問題關切一件事：記憶問題是如何連結上那些透過某些再利用計畫而被改造來服務特定國族主義利益、或變成傳播場域的監獄案例的呢（Meskell, 2002）？

記憶殖民監獄的級別

一如史特蘭吉和肯帕（Strange and Kempa, 2003, p. 402）所指出的，被保存的監獄是如石頭一般堅硬、無聲的見證者，它們見證的是過去的政權對那些違法、或看起來帶有威脅或可疑的人準備進行的事情。其中最黑暗的計畫，可能是將它們關起來、不對遊客開放，而非去面對那些仍然存在的挑戰，比如詮釋監禁、懲罰和強迫隔離。

然而，現在有個趨勢，是要對這些被保存的監獄的詮釋方式蓋棺論定，而要抵抗這種趨勢並不容易。大多數作為困難襲產而被保存下來的監獄，都在殖民主義、以及後殖民政權強力矯正過去（甚至抹除過去）的陰影之下被管理著。正如黃舒楣（Huang, 2017b, p.668）曾指出的，「那些和監獄有關的死亡和苦難的多重歷史面向，被選擇性地接受或遺忘了，而這取決於襲產的使用方式，以及那些記憶代表的是哪些人。」面對這些不同的案例，我們找不到一個絕對的、或者適用於所有案例的模型，而是會遇上一個記憶實作的光譜，而一如我們所主張的，這個光譜可以透過記憶級別（見圖2.1）來更好地理解。

以下，我們界定了記憶的三個等級，藉此畫出和刑罰襲產相關的記憶級別：不記憶（no remembering）、選擇性記憶（selective remembering），以及矯正式記憶（corrective remembering）。第一個類別，指的是不被認定為刑罰襲產場域的案例；它們的歷史價值被忽略，而那些案例也逐漸被人遺忘。大多數這些案例，都

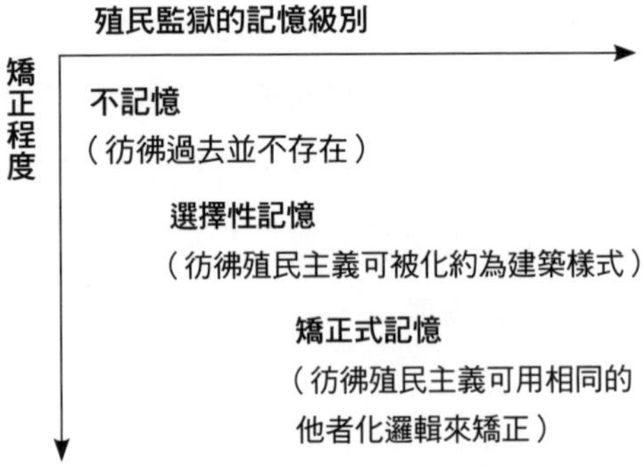

圖 2.1｜殖民監獄的記憶級別。圖片來源：由黃舒楣繪製。

在開發壓力之下遭到拆除，並成為都市再開發計畫的一部分。第一個類別似乎頗為直觀，而第二個類別則採取了一個特別的途徑，這個途徑有點類似基恩斯（Kearns）、約瑟夫（Joseph）和文（Moon）（Moon et al., 2015; Joseph et al., 2013; Kearns et al., 2010）在關於精神病院再利用的研究中所稱的「策略性遺忘和選擇性記念（strategic forgetting and selective remembrance）」。人們之所以採取「策略性遺忘」，通常是為了避免聯繫上與建築物的困難過去（difficult past）有關的那些污名；而如果在地居民訴求保存至少一部分原址記憶的話，那麼採取「選擇性記憶」也是有必要的。第三個類別採用了「矯正」這個詞彙，以作為懲罰的委婉說法，藉此強調懲罰的邏輯，是如何經常在刑罰襲產的重新打造過程中被再次使用，好讓記憶能被某種目的論的方式被呈現出來。對於一些人而言，第三個類別看起來可能有點像是第二個類別的子類別，因為「選擇性記憶」這個說法，意味著抱持著特定意圖的**策略性**記憶，而那些意圖則是某個利害關係者團體訴求的目標。然而，我們將透過接下來的討論、以及第四至第六章討論的東亞刑罰襲產場址案例，來展示這兩個類別為何並不相同。

不記憶

那些遍佈於各個日本殖民地、曾佇在城市外的殖民監獄，有許多都在戰後的年代裡遭到了拆除，以便為都市擴張提供空間。等到殖民監獄開始被重新評判為潛在的襲產場址之時，這些監獄多數都早已遭到了拆除，並在一九七〇至一九九〇年代的商業計劃中被重新開發——隨著東亞的經濟成長，當時重新開發的壓力也與日俱增。在某些案例裡（比如台灣的案例），殖民監獄直到被拆除之前的幾十年裡，一直都持續被當作監獄使用著；有些戰後的政治犯就被關在那裡，不過這些前殖民監獄也未必只是關押政治犯的監獄而已。這些前殖民監獄，見證了那些戰後政權在某程度上成為獨立國家之後民主化的艱難過程，也在一連串的政權變動過程中累積了新的政治意義。比方說，在朴正熙、以及後來的全斗煥執政期間，西大門刑務所便曾關押著政治犯。換言之，東亞國家的困難記憶未必是跟著第二次世界大戰一起終結的；冷戰時期的內部和外部衝突，仍持續在前殖民監獄周遭的都市地景之中顯影。此外，在許多案例裡，這些監獄並沒有被人們記住太多——至少在台灣和韓國，人們對這些監獄的記憶並不足夠。這些政治壓迫的場域被拆除之後，不斷變動的政權之下的監禁記憶也隨之飄散而去。

選擇性記憶

在少數幾個逃過拆除命運的前殖民監獄裡，有些在過去幾十年來，已經吸引到某些正在興起的、對於保存殖民襲產的興趣。這種監獄可能就會成為保存的標的，以及選擇性記憶的場址；它們在改造之後有了不同的用途，然而關於它們過往的記憶卻少之又少。我們將採用這個類別，來討論殖民襲產被部分承認的方式——亦即，在大多數案例中，都只有那些建來支持高階典獄人員日常生活的附屬建築物會被承認為襲產，而不是監獄建築本身。至於相關的襲產是否真的被人們記憶了，則是另一回事。在現有的轉化再利用案例裡，所有案例在轉化為新用途的過程中，都沒有明確提及關於殖民地刑罰實作歷史的記憶。關於紐西蘭和英國的精神病院史蹟（Joseph et al., 2013; Kearns et al., 2010, p. 734）的記載中的「策略性遺忘和選擇性記念」，和這種**選擇性記憶**就有些類似。這種作法可能會盡量減少提及過去的用途和事件，也就是「只關注過往用途的內在要素（intrinsic components），比如在建築樣式上比較特殊的建築物」（Joseph et al., 2013, p. 140），而不是將整個設施看作重要歷史場域的這種選擇性記念。除了刑罰襲產場域之外，韓國還有一些類似的案例，也呈現出了選擇性記憶，比如京城市廳（Gyeongseong City Hall）的案例就是如此（Lee, 2019）。[3]一如約瑟夫和其他共同作者（Joseph et al.）所主張的，一旦改寫的機會到來，這種選擇性記念的旋律，可能就會變成在呼應策略性遺忘的寂靜（Joseph et al., 2013, p. 140）。他們的研究檢視了一座被改成住宅的精神病院，並展示了建築物和建築物被處置的方式之間的選擇性連結，是如何在利害關係人和當地居民之間，關於該地方命名（該地過去的用途，對當地人來說長期以來都是個陰影）的協商之中發生的。

約瑟夫和其他共同作者（Joseph et al., 2013）指出了**策略性遺忘和選擇性記憶的特點**：**策略性遺忘**經常會選擇避免一個建築

3 自從二〇〇一年起，有些至今依然留存的殖民時代官方或公共建築，開始被指定為「登錄遺產場址」。它們在被轉化成不同的日常用途之後仍被使用著，但在其公開的資訊裡，卻幾乎看不到建築物在日本殖民時期的歷史。被呈現出來的資訊，處理的是比較中性化的建築資訊，而沒有闡釋日本統治的痛苦故事。比方說，京城市廳的建築便獲得了再利用，直到二〇〇〇年代為止都作為首爾市政府繼續存在著，後來才在二〇〇三年登錄為遺產，並在二〇一二年改為一座公共圖書館。今日在圖書館四樓還有一個小型展覽展示著建築相關的資訊，並討論該建築物在日本殖民時期的用途。詳見Lee（2019）。

物之前帶有污名的附加含義，而選擇性記憶則會用來保留某些在建築樣式上特別出色的建築物，而這些建築物只是作為過往用途不那麼重要、而且不被承認的遺跡，以此回應地方上對於保存地方感的訴求。一如他們所指出的，這種場域之所以是「邊緣案例（edge cases）」：

> 不只是因為它們位於城市的邊緣，也是因為它們作為一種「邊緣」空間，以至於過往用途的陰影必須被接納、轉化或者壓抑。被我們稱為策略性遺忘的壓抑，就是將精神病院空間重新想像為住宅開發案中最常見的方法。
>
> （Joseph et al., 2013, p. 151）

最近在上海的另一個案例研究，也為策略性遺忘和選擇性記憶的過程，提供了一個謹慎的檢視；在該案例中，不安的襲產（uncomfortable heritage）場址轉變成一個高檔的購物中心（Pendlebury et al., 2017）。我們所檢視的案例，尤其是在台灣的案例，也顯示出類似的選擇性記憶策略，我們將在第六章討論該案例彰顯的特定認同政治。我們將在那裡描繪，透過為地方重新命名、對再利用的建築物重新定位等方式的選擇性記憶過程，該過程關注建築物在建築上的獨特價值，即使沒有完全抹去不提建物過去的用途，至少也是避免提及，因為這些過往可能太過於困難，而很難被好好記憶。在我們的研究中，我們評估了這個概念在什麼程度上，適合用來描繪東亞刑罰襲產場址的特徵，這需要審慎檢視記憶是如何被最小化的。

矯正式記憶

在一些案例裡，殖民監獄其實是以相對完整的方式被保留下來的。然而這種殖民建築的轉化再利用，依然沒有對殖民時期和後殖民年代給予相同份量的描述。相反地，這種描述更偏重戰後的年代，並關注於刑罰改革作為一種後殖民的監獄運作的成就，間接強化了國家在面對不斷變動的國內和國際政治時取得成功的敘事。這種保存可以被視為**矯正式記憶**，其表現出了一個意圖：透過矯正述說過去的方式，來服務現下的利益，藉此直接或間接對**他者**、而不是我們施加懲罰。

我們之所以採用「矯正」一詞，主要有兩個原因。首先，我們在此討論的刑罰襲產，主要都被設計為監禁和矯正的空間，儘管有些人可能會主張，「矯正」根本只是「懲罰」的婉轉說法。根據韋式辭典（Merriam Webster dictionary），「矯正（corrective）」的意思是某些為了糾正問題的東西：一個讓事物變得更好的手段。現代監獄的建築據說就表現出了這種目標：在特定的空間安排之中監禁罪犯，藉此矯正他們。其次，「矯正」被借用來指涉對記憶的選擇性宣揚、甚至重寫（通常是由國家來做這件事），藉此追求特定的政治議程：比如上面討論到的名譽回復這樣的議程。在這些案例中，光記憶是不夠的——它必須是矯正式的記憶，能讓襲產在經濟上和政治上都是更加正確的。當監獄被賦予新功能的過程，牽涉到監獄所在的整個地區的再開發，並出現原居民和建物的大規模搬遷時，我們也許還可以加入矯正的第三個意義。黃舒楣（Huang, 2017）在其他地方主張，政府不考慮殖民史和戰後的大規模移民，就抹除襲產、驅逐佔地者的方式，也是將監禁寫入地景、並將受懲罰的人「他者化」的另一種方式。因此，我們有必要批判地追溯地方記憶，不論是在監獄高牆之內、還是之外，藉此找到提供襲產倫理的可能性，讓我們或許可以據其反抗都市再造過程中的懲罰文化。

重訪殖民監獄裡的亞洲記憶問題

在中國，旅順的俄國－日本監獄則被轉化成一個政治正確的地方，日本侵略者的罪行在那裡遭到了強調，以此對比愛國人士受到的苦難。這些元素（罪行和苦難）對於試圖恢復國家榮譽而對過去進行重述的行動，都是至關重要的。在南韓，已經有超過三十座日本殖民時期興建的監獄遭到拆除了，大多數都是在戰後的年代裡，因為重建或再開發而拆除的：只有西大門刑務所被留了下來，改造成為一座歷史博物館。這個歷史博物館展示的是獨立運動，並將其和日本在殖民時期帶來的殘酷和暴力行為進行對比。我們主張，旅順和首爾的這兩個案例，都呈現出了某種矯正式的記憶。

在台灣，各個殖民監獄後來的身世則很不一樣。它們大多數都遭到了遺忘，而這種遺忘主要有三個路徑：完全抹除或忽略、轉化或挪用，以及選擇性的保存。第二次世界大戰結束後，日本殖民政府留下的基礎設施全數都被移交給了國民黨的中華民國政府。由於一九四九年的國共內戰，國民黨政府被迫遷往台北。當時各種治理安排的過渡性質，讓他們在至少十年的時間裡，有理由持續當時的現狀，幾乎一如日本人留下來的狀態。在此值得一提的是，發生在東歐的前極權主義國家對襲產的重新省思——該省思關切多重公眾（multiple publics）在接受、以及不去繼承殖民襲產時的角色。比方說，有些困難地方和東德的記憶有關，可能就會被其他人認知為，這些地方是在兩德統一之後緬懷東德（Ostalgie）的表現（Till, 2001, p. 284）。台灣人是否有也空間，去討論他們如何有意識地繼承或／和不去繼承殖民襲產的某些面向？為什麼這些場所，沒有像韓國和中國的案例那樣，被當作見證了國恥的困難襲產來對待？提出台灣作為一個特定案例，並與韓國、中國的敘事進行對話，本書可以為上述的亞洲記憶問題（Kim and Schwartz, 2010），提供一些替代的記憶方式。

今日世界上大多數已廢止的監獄，都仍持續處於這種被人遺忘、被記憶，以及被臨時置於不同記憶級別之中的過程，藉此服務特定的目的。多數這類場所的轉化再利用，都不太鼓勵人們去面對關於監禁、懲罰和強迫隔離的正常化理解，然而這些理解依然是當代社會中經常被忽略的面向。我們在本書接下來檢視的每一個監獄裡，都能看見這個議題，它們各自有著不同的記憶級別，從選擇性記憶到矯正式記憶都有。以亞洲脈絡中的刑罰襲產來說，已廢止的監獄似乎都被看作記憶的地方來對待——監獄是戰爭罪行的機器——展示出了對苦難和殘酷的擬人化詮釋，而國家則將敘事導向一個特定的目標，也就是恢復因為殖民而喪失的名譽。雖然前述的效果，是透過將已廢止的監獄轉化成歷史博物館達成的，但它也涵蓋了一個事實：至少在十九世紀和二十世紀上半興建的現代監獄裡，監獄同時也是絕對機構，而國家和懲罰的文化過去曾在這些機構裡運作著，未來也將持續在那裡不斷進行日常的運作。我們並不是要指出什麼方式才是特別正確的，但我們確實希望闡明現代監獄被忽視的面向。此外，我們也想知道，記憶是否可以有更加包容的方式，能夠同時反映殖民主義和國族主義——這兩件事，都在它們於東亞緊密相關的歷史建造之中，使用了現代監獄。

3

帝國境內監獄的流入與流出

走進西大門刑務所的其中一間展覽室，參觀者會在展櫃裡看見一塊舊紅磚。展櫃一旁的文字，解釋了殖民時期存在於朝鮮的囚犯勞工種類。那段文字不只提供了關於西大門刑務所（也就是京城刑務所）的資訊，也提到了另一個過去位於首爾麻浦區的監獄，因為該監獄的囚犯會製作紅磚。這些文字提醒了參觀者，我們現在仍可以在這些曾組成西大門刑務所磚牆的紅磚上，找到「京」（京城，亦即日本人在殖民朝鮮期間為首爾賦予的名字）這個字的壓印（個人觀察，2015年四月）。換言之，那段文字強調了一件事：如果沒有被殖民者「強迫雇用」的囚犯勞工，西大門刑務所是無法被建造出來的。西大門刑務所本身也使用了囚犯勞工來生產紡織品、或從事印刷產業。記

圖3.1｜旅順日俄監獄外、生產磚塊的窯。黃舒楣，攝於2017年，4月。

錄這件事的展品和文字說明都傳達了一個訊息：殖民監獄裡很常見的強迫勞動，彰顯出了日本佔領行為有多麼殘酷。類似的展覽，也可以在旅順的日俄監獄裡看見：那裡用來生產磚塊的窯，依然屹立在監獄博物館周圍的遺跡之中，但只有一個簡單的標誌，記載了該遺跡原本的用途（請見圖3.1）。

雖然這些物件和遺址都顯示殖民監獄裡使用囚犯勞工的事實，但日本人其實並非唯一會系統性使用、運輸囚犯勞工的殖民者。實際上，（無法）移動性和現代監獄的形成是一體的，而現代監獄就是民族國家用來限制移動的一個工具，也是形構國家與公民自由的一個重要面向。與此同時，透過現代監獄的運作，民族國家擘劃使用「移動性」來服務其自身的需求，例如將大量囚犯送往需要勞動力的帝國邊陲地區。為了服務這些目的，民族國家也將不是囚犯的人力資源送到國外，去監督各種計劃之運作。於是監獄就像其他場所一樣，也是大量人口前往的一個目的地、或交會之十字路口：它們證明了日本帝國是個年輕、現代的民族國家，正在各個西方強權之間努力展演自己剛奪得的統治權，而他們使用的方法，就是在自己的領土和殖民地上控制（無法）移動性。在這個現代化的過程裡，我們也可以看見帝國如何依靠思想、人員、物質和資源的移動性來運作。有鑒於社會科學領域正在興起的移動性典範（mobilities paradigm），我們的研究亦希望顧及那些跨越固定社會類別的關係性連結，藉此追隨流動中的各色移動物（Sheller and Urry, 2006）。

在本章裡，我們首先將回顧帝國如何隨著懲罰和矯正概念而發展出囚犯勞動計畫。接著，我們將討論帝國境內各地監獄的流入與流出，而這件事和刑罰勞動的培養以及其移動性有關。

刑罰勞動的歷史回顧：懲罰和矯正

> 人被送到監獄本身就是種懲罰，而不是為了去那邊接受懲罰。
>
> （Sir Alexander Paterson, 引用於Ruck, 1951, p. 13）

> 監獄是一個為了懲戒而監禁罪犯的地方。他們之所以被置於那裡，是出於對他們的愛和仁慈，而不是因為任何想要對他們施加暴行的慾望。監獄是用來懲戒他們，而不是讓他們受苦的。之所以施加懲罰，是因為那是無可避免的，也是因為那是將邪惡事物從國家抹除的一種途徑。執政當局在對待囚犯時，應該要憑良心地遵守這個原則。
>
> （日本第一份明文監獄規範中的陳述，於一八七二年公布；引用於Shikita, 1972, p. 11）

一如上面的陳述裡所指出的，日本明治年間的刑罰改革打從最初，就有著諷刺意味、存在於懲戒和仁慈之間的張力。於是乎，思考「勞動」如何作為一種合理的矯正（矯正也是對懲罰的婉轉稱法）手段就是一件有趣的事情。這種將懲罰視為矯正途徑的現代看法，和歷史上的「無可矯正（incorrigibility）」理論形成了對比——後者被用來合理化將多次累犯的囚犯送往流放地的行為。隨著十八世紀「環境主義」的實證主義者思想，逐漸被十九世紀末對於「習慣性犯罪」漸增的恐懼給掩蓋過去，這種「無可矯正」的觀點也變得非常主流。一八八五年，法國通過了放逐法（Relegation Law），讓累犯可以被送往海外流放，而不是進入都會區的監獄接受矯正，這件事也「意味著公眾對道德工程的功效，信心已經受到了大幅的侵蝕」（Zinoman, 2001, p. 33）。換言之，當時的國家已經開始以「無可矯正」之名，來運用刑罰勞工的移動性。

將囚犯運往流放地這件事，其實在更早之前就已經開始發生，而且流放的地理範圍很廣。在英國，一七一七年的海盜法（Piracy Act）便已建立了一個制度，將罪刑較輕的囚犯送往北美洲、為期七年，以此作為一種替代的懲罰方式。即使是比較嚴重的刑責（比如死刑），也可以透過皇室的特赦而轉為流放。由此，流放成了處置罪犯的常見方式（Turner and Peters, 2017, p. 102）：直至一七七六年為止，據估計英格蘭送了約三萬名囚犯到美洲。一七八七年，為數七百五十人的第一批罪犯，在亞瑟·菲利普（Arthur Phillip）的指揮之下被送往了澳洲（Hirst, 1995, p. 237）。據說在整個十八、十九世紀期間，還有其他十六萬名囚犯被送到了澳洲（McConville, 1995, p. 121）。流放至新南威爾斯的行動於一八四〇年終止，但該殖民地在當時的人口，已經有三分之一是由這些罪犯和前罪犯組成的（Hirst, 1995, p. 238）。雖然國內罪犯的流放在十九世紀中的英國已經不再流行，但同個時期裡，罪犯勞工被送往大英帝國殖民地的人數卻大幅增加，因為在印度和東南亞的殖民地經濟亟需要人力（Arnold, 2007; Brown, 2007）。這些被流放的囚犯被指派粗重的工作、挖溝渠、整地和修繕道路。強迫性的囚犯勞動或許是在十九世紀迅速成長，但它擁有更深的根源：東印度公司從一七七三年，就開始在使用這種勞工了（Arnold, 2007）。除了滿足經濟需求之外，刑罰勞工的流放也被用來向被殖民者展示殖民者的威力（Arnold, 2007, p. 189）。從數據來看，來自南亞的罪犯是大英帝國境內人數最多的，從一七八七年至一九四三年間，有多達八萬人被流放到了海外（Arnold, 2007, p. 188）。

不過當日本在十九世紀末、二十世紀初採用了相同的作法時，那其實是個有點自相矛盾的試驗。一方面，日本希望在刑罰改革時採取最跟得上時代的措施，藉此跟上西方的文明懲罰概念；然而另一方面，當日本這麼做時，這種做法已經逐漸在西方被禁止了（除了殖民地之外）。日本已經培養出了一種道德哲學，藉此支持他們使用囚犯勞工，而這個哲學可以追溯至德川幕府在十八世紀末建立的濟貧院[1]和矯正院（houses of correction）（Shikita, 1972）。日本的理論家後來大量引用了約翰．霍

1　譯按：workhouses，一種為無維生能力的人提供工作機會和住宿的機構。

華德這位監獄改革家的著作，後者曾在十八世紀宣稱「讓人們勤勞起來，他們就會變得正直」（Howard, *The state of the prisons in England and Wales 1777*, 引用於Shikita, 1972）。在這個理論基礎之上，日本發展出來的勞動方案被設計為具有以下功能（Shikita, 1972, p. 17）：

（一）培養勤勞的工作習慣

（二）改善受刑人的勞動技巧

（三）作為一種職業訓練

這些監獄勞動的功能，直到一九三〇年代都一直沒有經過辯論確認。這種方案被視為有其必要性，可以支持一個高度工業化的社會，而日本自從明治維新之後，也確實一直都在企圖成為那樣的社會（Shikita, 1972, p. 17）。

日本的勞動方案也受到了西方濟貧院模式的影響，在十八、十九世紀歐洲政治自由化、快速工業化和都市化的脈絡下，濟貧院是國家在制度性照護上進行的第一個實驗，最初是十六世紀末在北歐城鎮設立的（Sellin, 1944）。在倫敦，十六世紀的濟貧院某程度上模仿了倫敦布萊德威爾（Bridewell）的第一個矯正院模型，這座矯正院關注社會秩序，並成為其他英國城鎮裡類似機構的一個範本。一五七六年，一條關於懲罰流浪漢、救濟窮人的法案開始實施，並在英格蘭和威爾斯的大部分省份都建立了濟貧院。一六〇九年詹姆士一世的法律明定，每個英格蘭的郡都必須擁有一座矯正院。接著，從十七世紀開始，濟貧院成為了輕罪犯的拘留設施，原本的用途則逐漸消失。最後，監獄法於一八六五年正式將監獄和矯正院結合在一起（McConville, 1995; Wener, 2012, p. 1）。然而，矯正院的要素依然可以在後來整體發展出來的監獄中看見，尤其是在早期的現代美國監獄（Hirsch, 1992, p. 18）。

十八世紀期間的刑罰改革過程，見證了地方的身體處罰、和將囚犯運往海外等作法的式微，而這個趨勢也和監禁愈來愈流行的現象重疊。國家之形成，就是在這個緩慢的「文明過程」中浮現、逐漸取代封建制度的（Elias, 1939 [1978]）。與此同時，濟貧院作為一個和監獄不同的平行體系，其數量的增加也呼應了輕罪犯人數的增加，而輕罪犯這種類別，是不應受到體罰的（McKelvey, 1977）。有些學者採取了悲觀的看法，將濟貧院的發明視為一種機制，能將貧民變成階級鬥爭中的被動者，是十九世紀悲慘狀況的縮影：「他已經放棄了鬥爭，並接受敵人所提供的碎屑」（Crowther, 1983 [2017], p. 3）。

起初，大多數濟貧院都是在地方範圍裡運作的，而關於如何運作濟貧院的知識，也未必是對外分享的：因此個別機構對於「工作」的理解也是不一樣的。有些更關注如何透過讓囚犯在包商下面工作，來達到自負盈虧、甚至還能賺錢；在澳洲的一些濟貧院，則會限制唯有四肢健全的囚犯、可以工作的兒童才能進到院裡（Crowther, 1983 [2017], p. 27）。確實，澳洲的行政長官便將濟貧院的勞動，重新定位為以紀律鍛鍊為主、而非利潤導向，儘管十九世紀初的許多地方政府，依然都希望達到某種自給自足的狀態。令人意外的是，這些十九世紀的機構代表著對刑罰勞動的務實思考方式，即使是在作為機構的濟貧院被吸收進現代監獄之後，都依然存在著。儘管後來有愈來愈多人認同，囚犯應該擁有獲得適當報酬的權利，但直到今日，當社會大眾要求監獄必須符合成本效益，而全國的勞動市場又在面臨結構性失業問題、因此對大多數無技術勞工的需求有限（監獄最可能提供的，正好就是這類無技術勞工）的時候，我們依然需要特別呼籲才能確認這些權利都獲得保護（Van Zyl Smit and Dünkel, 1999）。

當粗重工作成為濟貧院和監獄運作的一部分、以此作為懲罰／違法者管理的一種替代模式時，濟貧院和監獄這兩個起初有著不同目的之機構便多少開始重疊，甚至於十九世紀末融合為一（Wener, 2012）。於是粗重工作開始被視為一種矯正罪犯行為的正當方式。然而，麥克康維爾（Sean McConville）卻將「粗重工作」這種說法，視為十九世紀英格蘭的一種懲罰方式，而他的這個看法也提供了一個不同的詮釋：他的研究顯示，早期多將粗重工作視為一種施加苦痛的方式，而非透過工作讓罪犯勞工洗心革面的方式。「『粗重工作』不只意味著辛勤工作；它還意味著監禁的強化」(McConville, 1995, p. 132)。

就在英國出現這個發展的同時，一個世俗的信念也在逐漸萌生(尤其是在美國)：一如羅斯曼(David J. Rothman)所觀察到的，社會問題是可以被醫治的，而這也有助於正當化刑罰勞動的管理，將其視為一種治療方式，而與前述的英國人「無可矯正」想法有所不同。諷刺的是，美國理論家之所以想要施行刑罰勞動，是因為可以用來矯正囚犯，而英國的流放作法(最後依然有刑罰勞動的元素)，起初則是出於**無可矯正**的信念。換言之，雖然他們起初對於該怎麼處置囚犯的看法完全相反，但最後卻取得了一樣的結論：刑罰勞動。

一如前面提及的，南亞和東南亞的流放地，一直到第二次世界大戰結束為止，都一直是大英帝國流放殖民地囚犯的地點，而這種作法也是英國自己對流放國內罪犯的措施進行重新省思之後，一個延續許久的殘留物。類似地，日本為了追求現代化和殖民成就，在保留流放作法、以及使用刑罰勞工這些事情上，也落後於歐洲的作法。一如我們在第一章所討論的，從十九世紀中開始(特別是將罪犯流放至北海道的措施)，日本便將刑罰勞工使用在拓展殖民事業、追求工業化這些目標上。一八八一年在北海道建造的監獄，為明治年間建造的大多數監獄設下了標準的範本，同時也設下了一個多數明治時期機構都採用的範型：使用刑罰勞工來建造道路、疏濬河流，開挖煤礦和硫磺，藉此拓墾人口不足的地區。

確實，存在粗重勞動的監獄在明治時期以前的年代就已經存在了（比如建立於一六一〇年代的東京的小伝馬町監獄），而刑罰勞動的另一個源頭，則可以上溯至一七九〇年石川島上的勞改營。不過一直要到十八世紀末，德川幕府才開始更系統性地建立濟貧院和矯正院（Shikita, 1972）。一九三〇年代，正木晃（Akira Masaki）設計了一些法令，以確保能帶來一個進步的處置制度，進一步地將日本的勞動方案制度化、並進行分類（The Ordinance for the Prisoner's Progressive Treatment, 1933）：「由四個囚犯的級別組成，每個級別都能給予該級別的囚犯更多的優待，並授與更重的責任」（Shikita, 1972, p. 16）。勞工的運送就是四個級別中的其中一個。直到一九一〇和一九二〇年代幾場國際會議公開批評了運送罪犯的制度，日本才開始檢視將刑罰勞工送去遙遠的流放地的作法。

在日本佔領區裡對刑罰勞動提出異議

在回顧了勞動如何成了刑罰矯正的中心（而且在很多案例裡會牽涉到「移動」）之後，我們現在要來檢視日本在殖民地推動所謂刑罰改革議程，所帶有之其他目的。自從改革運動開啟之後，提議者便一直努力在人道原則、以及（透過提供比監獄外更糟的條件，也就是較劣待遇原則）帶來懲罰感的需求之間試圖取得平衡，當時很多人都批評新監獄裡的囚犯受到的待遇太好了。一九三〇年代，永井柳太郎這位下議院議員（他同時也是內閣閣員）的評論便很有代表性——他將收容每個罪犯的成本（十三・一円），和一位農民的平均生活支出（十四円）進行了比較，並稱兩者幾乎一樣的金額就是社會衝突的來源。類似這樣的評論推進了關於需要對罪犯施加痛苦感受的討論，而這個概念有部分也是來自英國的「較無資格（less eligibility）」的說法——該說法強調，由於罪犯所做的罪行，他們不配獲得完整的待遇（Lin, 2014, pp. 248–249）。在日本殖民地（比如台灣和朝鮮）裡的此類衝突案例，其辯論顯得更加激烈。甚至還有人呼籲，應該在殖民地裡實施更加嚴格的較劣待遇原則，因為被殖民的社會本來就比殖民者的社會還要更低等。

這種不滿的聲音，對上了現代懲罰不應該施加苦痛（不論是肉體上或精神上）、而是應該剝奪好處的主流概念。監禁是剝奪自由；死刑是剝奪生命。因此，在過往，正統的監獄（也就是矯正機構）主要是建立在現代國家控制個人行動自由、以及（更爭議性地）控制個人勞動力的力量之上。在文明懲罰的名義之下，囚犯一直以來都持續在各個殖民地裡，被迫於監獄裡（有時則在監獄外）工作。這可能是帶有爭議性的，因為儘管他們承諾刑罰勞動「除利潤作為目的之外，也能對囚犯灌輸勤勞、紀律性和莊重等布爾喬亞的習性」（Gibson, 2011, p. 1058），但一如刑罰學者正木晃曾指出（引用於Schmidt, 2002），殖民地裡的這些大多數措施，更多時候是為了減輕監獄對國家財政預算造成的負擔。

實務上，將強迫勞動作為懲罰一部分的作法，也涉及一個**矯正性實作、以及用來讓監獄更能自給自足的策略**。我們將會在後面說明，有時候當後面這個目標在主導前者（甚至完全取代前者）時，整個圖像就會變得有點混亂。與此同時，日本殖民監獄的運作，其實是為了對抗西方施加的「治外法權」，而在這個監獄的運作過程中，我們可以看見殖民監獄的治理，是如何在懲罰和實用主義這兩個彼此矛盾的原則之間試圖取得平衡。由於有些人認為應該要讓殖民地財政獨立，因此這個取得平衡的企圖也特別具挑戰性，尤其日本在日俄戰爭中取得勝利之後，自己也在背負和戰爭相關的債務（Harada, 2016）。

重要的是，為了管理各個殖民地的監獄，殖民官員必須經常出差、為帝國提供服務。於是在某個意義上，被剝奪移動自由的就不只是罪犯，也包括監獄裡的官員和官僚。我們認為，如果要描繪日本帝國殖民監獄更幽微的圖像，這個脈絡便很重要，而這個幽微的圖像也未必會符合瑪麗・吉布森（Mary Gibson）在《關於監獄誕生的全球視角》（*Global perspectives on the birth of the prison*, 2011）裡所給出的二元圖像——她在該書裡引用了非洲（Bernault, 2003）和越南的案例（Zinoman, 2001），以「強迫勞動的中心性（centrality）」，將非西方的監獄和西方的監獄區別開來。如果將那些在台灣、朝鮮和旅順等殖民監獄流動的官員也一起放進來觀看，這個故事比只將強迫刑罰勞動視為矯正性實作或用來提升監獄自給自足的策略還要更加複雜得多。

移動中的人員和物質

在日本的殖民監獄裡，會移動的不只是囚犯而已。官員們也會被分配到殖民地的職位，或被短期派遣過去協助建立新機構。日本派遣了知名的監獄建築師前往台灣，為現代監獄的設計、建造擔任顧問。其中，山下啟次郎作為明治時期最重要的監獄建築師，其貢獻我們已經在第一章討論過了。山下直到今日都依然享有名聲，被認定為設計了日本五大重要監獄的建築師，其中包括近期被指定為襲產的奈良少年刑務所。然而很少人知道，山下也曾在台灣幾個主要監獄的建造中做出貢獻，其中包括台北刑務所、台中刑務所和台南刑務所。

在接下來的篇幅裡，我們將會描繪各式各樣移動中的人員和物資，這些人事物讓日本殖民地裡的現代監獄得以被建造出來、並維持運作。

在各個監獄之間移動的監獄官員

很少有人注意到日本殖民地之間存在著互動（有時還是高度具有影響性的）：後殖民研究通常會著重殖民者和被殖民者之間的權力動態，但不太會去注意殖民地之間的動態。在我們的這個脈絡裡，這種殖民地間的互動，可由知名的殖民地官員後藤新平（Goto Shinpei）為例來說明；他曾在一八九〇年出版了《國家衛生原理》（*Principles of National Health*）。後藤先是擔任台灣的民政長官，接著又成為南滿鐵路的第一任總裁。根據小熊英二（2011, p. 183），後藤和那個年代的其他人一樣，都是因為想克服自己相對弱勢的出身，而前去殖民地闖蕩、找尋機會（以後藤的例子來說，他位於岩手縣的家鄉，在當時是遠離權力中心的地方）。許多應徵台灣監獄職位、後來又在不同殖民監獄之間轉調的人，情況也都是如此。

栗原定良（Kurihara Sadayoshi）這位來自廣島的監獄官員，就是另一個前往殖民地、為帝國服務的人。根據日治台灣的職員登記，直到一九〇六年四月之前，栗原曾在台灣的多個監獄服務過（比方說，他曾在一八九九年於台南監獄擔任秘書），接著又成為旅順監獄的第一任長官，升了不小的官。在他任期內（從一九〇七至一九一三年間），栗原遇過最知名的囚犯，可能就是先被監禁、後來又遭處決的安重根，也就是在一九〇九年十月二十六日於哈爾濱刺殺日本政治家伊藤博文的朝鮮愛國者。這場刺殺行動的歷史背景、以及安重根「遺留下來的遺緒（legacy）」，我們將會在第四章進行更詳細的討論。在此，我們將只會關注栗原和安重根的互動，以及歷史的偶然性如何導致栗原以處決的監督者身份被人們記住（Yoshimura, 2007）。

有趣的是，我們可以留意日方在描繪栗原時存在的一些差異。根據良原（Yoshihara）這位住在福岡的口說歷史紀錄者，栗原對於安重根的愛國之心非常感動，因此對他很好，比如會提供香菸給他。良原描述道，在執行死刑之前，栗原曾問安重根有沒有任何遺願：結果安重根希望能身穿白袍（在韓文裡就是所謂的壽衣），這是韓國一種榮耀死者的傳統方式（可參見第四章）。據說栗原當時要求自己的祖母和姊妹們一起，日夜趕工製作那件白袍，而那也就是安重根在一九一〇年三月二十六日被處決那天穿的衣服。栗原後來辭去了工作，因為在不斷擴張的日本帝國之下的龐大官僚體系之中，他感覺到孤單一人的自己愈來愈無力。他回到了自己的故鄉廣島，最後於一九四一年在那裡過世。當栗原在今日旅順日俄監獄的博物館裡，被官方指認為第一任監獄主任時，展覽敘述文字並沒有討論他和安重根那不尋常的互動。「栗原是監督這場歷史性處決的人，」當那些作者們和策展人一起拜訪博物館時，那位策展人曾如此提到。安重根自己的紀念館，則是在一九七〇年於首爾成立；

在那座紀念館裡，官方的敘事指出，那件獨特的白袍，是由安重根的母親、而不是栗原的家人製作的。此處的重點，並不是要證實白袍究竟是誰做的，而是要呈現出：同樣一起事件，在不同場址裡提出的敘事並不一致，而這也展現了記憶如何移動、並導致了不同的再現方式——有鑒於移動性在建立殖民懲罰機器的過程中的重要角色，這也是無可避免的結果。

從《台灣刑務月報》（*Taiwan Journal of Penal Affairs*）裡，我們可以找到紀錄，證明官員會前往不同的殖民地，頻繁拜訪、觀摩各監獄的運作。比方說，旅順日俄監獄的另一位主管，便曾在一九四一年七月前去台灣，拜訪位於台北、花蓮和台南的監獄（Taiwan Journal of Penal Affairs, 1941）。關於懲罰的知識之所以能在不同殖民地之間流傳，就是透過這種人員的移動達成的（Taiwan Journal of Penal Affairs, 1941）。

曾去過監獄的訪客

訪客則是第二種在殖民監獄交流過程中移動的人們，其中包括西方和日本的訪客——他們試圖評估殖民地裡所謂的現代監獄是否適切地運作。來自日本的這類訪客希望透過剛建好的現代監獄，來向西方人展示他們現代化計畫的成就。尤其，藉由陪著西方人前去像台灣和朝鮮這樣的殖民地遊覽，日本也能將自己和台灣、朝鮮區隔開來，把台灣和朝鮮投射為落後的他者，藉此將自己從負面、落後的西方的他者角色解放出來（Sakamoto, 1996；亦可參考本書第二章）[2]。由於戰後檔案的遺失，官方的檔案庫裡並沒有系統性的記錄留存下來，而我們也必須改從殖民時期台灣最具影響力的報紙，也就是《台灣日日新報》的報導[3]，來追溯再現給大眾知道的監獄內的活動。有趣的是，該報紙刊登了很多關於監獄裡各式活動的報導，意味著監獄是當時公共討論的核心議題，或至少，這就是殖民政府希望看到的現象。

為了更詳細地檢視這點，我們可以看看一位英國官員拜訪殖民地台灣的行程。一八九七年十二月十六日，英國副領事（一位名叫漢普頓〔Hampton〕的官僚）前去參觀老舊、臨時的台北監獄。新的台北監獄當時仍在興建中。根據《台灣日日新報》的報導，這位副領事詳細觀察了監獄設施、衛生和提供給囚犯的飲食（Taiwan Nichinichi Shinpo, 16 December 1897）。在當時，衛生尤其是個熱門的議題：就在這位副領事來訪的兩週前，《監獄衛生法》（Prison Hygiene Act）才剛剛生效，而在接下來的幾年

2 明治初期的知名學者福澤諭吉，便反映了希望透過讓「日本」認同混種化（hybridizing），並打造一個「亞洲」的形象、讓其遜於一個混種的日本，藉此來抵抗西方的想法。請參見Sakamoto（1996）。

3 《臺灣日日新報》的前身是《臺灣新報》（一八九六－一八九八年）。後來於一八九八年在時任總督的建議之下，與《臺灣日報》合併。關於進一步的細節，請參見聯合報資料庫（n.d.）。

裡，報紙裡也經常可以看到新的衛生措施的報導，比如讓囚犯洗藥浴，以及對囚犯的衣物和餐具進行徹底消毒（臺灣日日新報, 16 December 1899; 26 November 1899）。外國要人參訪台灣的另一個案例，發生在一九二七年六月十六日：當時美國駐台北領事館的副領事參觀了台北監獄（臺灣日日新報, 16 June 1927）。

其他來自日本的官員也會拜訪台灣的監獄。一八九七年十一月十五日的《台灣日日新報》，便記錄了台北監獄時任監獄長為一位官方訪客進行的導覽。這位訪客在看到了囚犯製作的精緻織品、以及監獄裡乾淨衛生的設施之後，認為台北監獄甚至比日本本土的監獄還要好（Taiwan Nichinichi Shinpo, 25 November 1897）。從今日的角度來看，大眾媒體會對這類參訪進行報導、還做了這樣的比較，是一件頗有意思的事情。

我們可以在當時的媒體上看到，西大門刑務所也曾在一九二〇年代接待了一些外國訪客。根據韓國歷史學家崔雨錫（Choi Woo-seok，音譯）的研究（2012），外國人前往朝鮮的西大門刑務所的官方參訪，曾出現在《每日新報》的版面上（該報社為日本的朝鮮總督府的一個機構，和《臺灣日日新報》類似）。

一九一九年在朝鮮全境爆發的三一獨立運動結束後，參與運動的人立刻遭到了監禁，而朝鮮的囚犯人數，也在一九一九年陡升至九千零五十九人。其中，西大門監獄的囚犯人數甚至來到了三千三百一十九人（Choi, 2012, p. 203）。有傳言指出，日本人當時對朝鮮囚犯很不好（這種傳聞，在當時京城的韓國大眾和外國傳教士社群內部傳得特別廣）。因此，有些外國傳教士（比如根索〔John F. Genso〕和布朗〔Arthur Judson Brown〕）便調查了日本對朝鮮囚犯的殘酷壓迫，而他們收集到的資料也被送往美國，以便讓國際社會注意到日本帝國在朝鮮的統治作為（Choi, 2012, p. 205）。

面對愈來愈多針對囚犯處境的批評聲音，《每日新報》（韓文）和《京城日報》（英文）都經常刊登文章，描繪住在西大門監獄裡的囚犯的生活。比方說，一篇標題為〈拜訪西大門刑務所〉的報導，便強調友善的監獄官員如何改變了朝鮮囚犯的態度，並將監獄裡的工廠視作「技術機構」來評價（Seoul Press on 11 May 1919, quoted in Choi, 2012, p. 207）。然而，在世福蘭斯醫學院（Severance Medical School）擔任教授的傳教士碩菲爾德（F. W. Schofield），卻語帶諷刺地指出，該文章在描述的似乎不是西大門刑務所，而是其他地方（Lee, 1962, pp. 93–96）。為了應付外國人愈來愈多的質疑，日本的朝鮮總督最後同意讓外國傳教士參訪西大門刑務所，而這場參訪行程，也出現在了《每日新報》上。

史密斯（Frank Herron Smith）牧師就是其中一位參訪西大門刑務所的外國訪客（Maeil Sinbo, 12 June 1919）。他對監獄裡的最高長官讚譽有加。透過諸如「完整的設施」和「乾淨的牢房」

這樣的陳述，他的評價間接認可了一件事：監獄官員們似乎對囚犯們很好。然而，韓國歷史學家Choi卻指出，考量到他在政治上支持日本對殖民地的主權，他的評價很可能是偏頗的（Choi, 2012, p. 209）。由此，下面這個說法可能並不為過：關於這些外國傳教士前往西大門刑務所進行特別參訪的報導，目的就是為了合理化殖民統治。

從其他地方前去台灣的其他類型的參訪，則是為了教育官員關於懲罰和矯正的知識。比方說，一組來自淡水支廳約三十名的代表就參訪了台北刑務所（臺灣日日新報, 19 February 1934）。稍早之前，五名來自艋舺的地方仕紳和市廳官員參訪了台北刑務所，目的則是為了考察囚犯是如何生產有利可圖的產品；他們的目標是取得靈感，好幫助艋舺的地方居民改善家庭經濟（臺灣日日新報, 12 May 1924）。

台北刑務所最特別、或許也是最出人意料的訪客，則是前去參加柔道、劍道比賽的參賽者——那些比賽會在演武場裡舉行，而演武場則是專門用來練習日本武術（包括弓箭、柔道和劍道）的地方。這些體育項目被視為武士道精神的象徵、以及他們對天皇的效忠，在皇民化運動（一九三〇年代中至一九四〇年代，一個用來讓人民變成天皇的優良子民的運動）期間尤其受到推廣（Ching, 2001）。[4] 皇民化運動在時任總督小林躋造的統治之下達到高峰。就算在小林抵台就任總督之前，殖民地監獄就已經藉由讓監獄官員經常參與柔道和劍道比賽的方式，而成為皇民化運動展演的場域。

在台北刑務所裡，演武場的特色是日式的山牆屋頂以及抬高的地板，建築師還在地板下方安裝了陶甕，藉此創造出特殊的聲音效果，能對殖民地社會表達出陽剛性和日本官員的權威（台灣刑務月報, 1938, pp. 25–26）（請見圖 3.2）。武術練習的場合不只有監獄工作人員會參與：有些比賽的規模很大，會有來自各個監獄、警察局、海關等機構的工作人員和社會大眾，甚至還有職業選手獲邀從東京前來挑戰本地的參賽者。這種類型的比賽會吸引媒體的報導。有次台北刑務所裡舉行的劍道比賽，吸引到了超過兩百人參加，其中包括八十位選手輪流挑戰專業選手（臺灣日日新報, 14 February 1916）。

隨著如此多元的訪客前去參訪監獄，關於監獄的思想和知識也在不同的地方之間流動著。前去參加比賽的訪客，會帶著榮譽感和愛國主義離開；與此同時，這些比賽也作為一種展示，能對囚犯和大眾呈現他們統治殖民地的自豪和權力。外國

4　關於殖民時期日本的體育政策，請參見 Bang and Amara（2014）、Podoler（2008）、Ok（2005）和 Riordan（1998）。

圖3.2｜台北刑務所的演武場。圖片來源：《臺法月報》第二十九卷第四號（一九三五年四月五日），國立台灣大學圖書館提供。

訪客則會帶著日本人很想讓西方人留下的文明印象離開，而這些印象其實是根據日本刑罰學者之前去仿效西方（包括十九世紀在倫敦或英國殖民地建造的監獄）的考察旅行而形塑的。

小河滋次郎（我們曾在第一章介紹過他）就是透過這類移動，完成他關於刑罰學的研究，他的研究後來也形塑了台灣和其他殖民地的法制化監獄。此外，小河曾在一九〇五年受邀至北京，在為政府官員新建立的刑罰學校講課。一九一〇年，清政府開始將官員送至歐洲，參與關於司法和刑罰事務的國際會議。在小河的建議之下，清政府在該年建造了一座模範監獄。中華民國於一九一二年取代清領政權的不久之後，司法院長也宣布過一個很有企圖心的計畫：在全中國境內建造至少三百座現代監獄，並訓練至少兩千名官員，以確保在新誕生的國家裡對監獄進行現代化。相較之下，旅順日俄監獄和台北刑務所早在一九一〇年之前，就已經是以現代監獄的形式在運作了，它們的相對先進是殖民統治的結果。以台灣的案例來說，日本人實施的法律大部分都在一九四六年之後，由戰後的國民政府繼續沿用著（National Archives Administration, 2000, p. 18）。換言之，一些關於監獄的跨境交流的遺緒，依然在現代的社會裡運作著。

跨境運輸的商品和物資

刑罰勞動通常會伴隨著許多在不同地點間移動的物件，比如本章開頭提到的紅磚。這類建築材料的製造，在建造新的監獄建築時很常見。比方說，在台北刑務所裡，工作坊起初製造的是政府本身下訂的物品，因為政府當時正在進行大型的基礎設施計畫、建造許多官方建築。當時台北刑務所的囚犯，便生產了大量的磁磚和磚塊。他們也從事切石和木工等工作，以支援台北的政府建築物的工程，比如總督官邸和台灣博物館。在一些案例裡，囚犯會直接被送去工程現場工作。另一個需要監獄勞工的重要場域，則是監獄的農場。囚犯會兩人一組、或多人被銬在一起，在田裡種稻、蔬菜、養豬，供應自己的伙食。

監獄也會和私營廠商合作，對監獄外的市場提供商品。以台北刑務所為例，監獄裡甚至還有一個倉庫在陳列展品，對有興趣的商家展示監獄生產的產品和技能。監獄和私部門之間的夥伴關係有兩種形式：第一種是單純的訂購－供應的夥伴關係。監獄擁有生產設施，獨立負責根據訂單進行生產。第二種夥伴關係，則和私部門牽連更深。仰仗充沛的廉價勞動力，監獄會接受訂單，使用商業夥伴提供的機器和材料來進行生產。在一些案例裡，私營的商家甚至會提供技術指導者，針對特定細節對囚犯進行訓練（Shizuhata, 1936 [2009], pp. 359–360）。

台北刑務所靠著囚犯勞工所賺取的利潤非常可觀；當時的新聞報導稱，那些利潤完全足以支應監獄的營運成本。支持一座監獄的基本開銷，每個月要一百日圓，而台北刑務所當時一個月可以賺到一百五十日圓（臺灣日日新報, 16 July 1917）。然而根據林政佑（2014）的研究，從一九二一年至一九三五年間，台北監獄的收入其實並沒有比成本高。雖然他們宣稱監獄有盈利的說法可能言過其實，但依然值得注意的是，政府如何透過自己強力控制的媒體，選擇對社會大眾呈現出這樣的說法。有鑒於囚犯生產力很高的這個既成說法，會出現台北刑務所的囚犯自願對一九二三年關東大地震受災者進行捐助的報導，也就不太令人意外了。根據報導，當時一共有六百零八名囚犯捐了錢（臺灣日日新報, 29 September 1923）。雖然我們仍無法證實這則報導，但報導本身依然意味著，他們不只有意將這個殖民地裡最大的監獄，描繪成一個生產力十足的地方，而且也表現出矯正機制帶來的成果。在一九三三年和一九三四年裡，監獄生產活動所帶來的收入，一共有將近三十八萬日圓（Taipei Prison, 1935, p. 4）。當時的朝鮮也可以看到類似的報導。這類報導指出，監獄勞工帶來的收入愈來愈多，就是帝國的一項成就（京城日報, 2 April 1936）。一九四〇年代，報紙裡也經常可以看到來自台灣和朝鮮的囚犯，無私地將自己透過監獄勞動為帝國創造出的收入，貢獻給國家提升國防水準（Lin, 2014, p. 245）。

除了可以賺錢之外，有意思的事情還有「品質」這個詞彙在台北刑務所裡被當成了生產的一個口號。一九〇九年，東京的皇室訂購了一些由台北刑務所的囚犯所製作的傢俱和行李箱。這件事被刑務所方視為天大的榮耀。那些傢俱是用樟木做的，而樟木在台灣是代表性的樹種，以防蟲、耐用而聞名（臺灣日日新報, 14 April 1909）。隔年，台北刑務所又接到了來自鐵道大飯店和台灣博物館的訂單，製作各式木製傢俱和展櫃。有意思的是，當時的媒體報導都關注監獄製作的產品和利潤，並將其描繪成刑罰改革進步的象徵。

於是在一九二〇年代和一九三〇年代初，來自私部門的訂單占了監獄生產活動的很大一部分，尤其是在皮革處理、藤編

（用於傢俱、嬰兒車和行李箱等）和印刷這樣的領域。我們可以從一本名為《刑務所台灣用語集》的手冊，找到生產過程的細節；該手冊提供給獄方人員使用，讓他們可以管理、監督不懂日語的台籍囚犯（Imada, 1933）。

在所有手工藝品之中，藤編在台北刑務所裡尤其受歡迎，並逐漸被推廣到台灣的其他監獄裡。其業務主要是受來自福岡的一個業主委託，這名業主在台北擁有一間店面，並和東京知名的三越百貨公司合作、販賣台北刑務所供應的產品，藉此逐漸擴展他的事業。最受歡迎的產品包括藤椅、儲藏用的藤盒，以及藤製行李箱，當時的輪船上也能看到關於這些藤製品的廣告（Shizuhata, 1936 [2009], pp. 365–368）。另一個展現台北刑務所產品品質的證據，則是獄方曾在一九二六年於東京的全國監獄產品博覽會（由法務省召開）上獲得了各種獎項（Shizuhata, 1936 2009], pp. 360–362）。這種全國性活動顯示出日本人希望對國內民眾和整個世界展示他們的刑罰治理成就。

除了消費性產品之外，還有些訂單的內容是軍用物資，從而將監獄裡的囚犯勞工，和更廣泛的殖民地治理連結在了一起。一八九八年監獄的第二任所長之後，台北刑務所便開始負責為整個台灣島的警官、鐵路會社職員製作制服和鞋子。在佐久間左馬太擔任總督的期間（一九〇六－一九一五年），殖民政府對台灣本地的居民進行了幾場戰爭，讓政府對軍用物資的需求大增；其中有些物資，就來自台北刑務所。有一次，台北刑務所裡的囚犯必須在二十四小時之內，製作出一百七十頂帳篷，以支援前線部隊（Shizuhata, 1936 [2009], pp. 372–373）。這個例子，為我們展示了運用刑罰勞工的黑暗面。

礙於版面限制，我們不可能在此針對本書討論的三個監獄，講述監獄裡的刑罰勞工所生產的所有物品。然而值得注意的是，類似的生產史（儘管隱而未顯）也存在於旅順日俄監獄和西大門刑務所裡。目前正在旅順日俄監獄展示的印刷機，就是監獄裡生產活動的物質襲產的一部分。一如台北刑務所的案

圖 3.3｜旅順日俄監獄博物館裡的印刷機。圖片來源：黃舒楣於二〇一七年四月拍攝。

例，旅順日俄監獄的印刷業務主要是因為官方需求而起的，這些需求包括：名錄簿、型錄、帳本和各級學校教科書的印製。二戰結束之後，旅順共產黨接收了機械式印刷機，並將其交給旅順的出版業者和人民日報，直到被更先進的印刷機取代為止。那台印刷機後來被列為國家一級文物，成為旅順日俄監獄館藏的一部分（請見圖3.3）。截至目前為止，台北則沒有可以展現當時生產活動的類似展覽，因為台灣並沒有類似的歷史博物館；關於這點，我們將會在本書稍後進行討論。不過可惜的是，這些留存至今的物件很少經過系統性的研究；很少有人關注囚犯勞動所帶來的物品和物資的移動性，或是歷史上促成這種生產活動、以及需要這些物資的重大事件。

移動中的囚犯勞工

和前面兩種移動相比，囚犯勞工的「移動性」則顯得更加黑暗，至今依然是東北亞地緣政治裡一個爭議性的主題。隨著一連串工業遺址成功列入聯合國教科文組織世界遺產（比如日本明治時期的工業革命遺址：鋼鐵、造船和煤礦），強迫勞動的議題也再次成為區域性的爭論重點。其中，端島（軍艦島）的案例便引來了大量的社會關注，因為韓國人對於該遺址的襲產價值論述裡，並未承認使用朝鮮籍強迫勞工來建造人工島和海底煤礦這件事，感到非常失望（Gil, 2015; Kirk, 2015; Takazane,

2015）。接續幾屆南韓政府都曾要求日本承認日本帝國統治期間曾使用過朝鮮籍的強迫勞工，但日本斷然拒絕了這些要求，並說「那個時代，和日本從一九一〇年至二戰結束時統治朝鮮時，朝鮮勞工在日本雇主手下工作的時期沒有關係」（Kirk, 2015）。

二〇一七年上映的韓國電影《軍艦島》，在某個意義上便對日本再現工業襲產的方式，提供了一個反論述（counter-narrative）。其描繪了在這個特殊的工業襲產地景的背後，於二戰期間曾經存在過的強迫勞動的殘酷之處。這座島嶼的綽號是「軍艦島」，因為其外型很像日本的軍艦土佐號，而端島的外型則來自於其特殊的建造形式：一組用來容納煤礦裡強迫勞工的水泥高樓。「軍艦島」一共住有八百名朝鮮人，他們是被迫在日本的二十三個煤礦場、鋼鐵廠和造船廠裡工作的五萬八千名朝鮮人的一分子。據估計，從一九三九至一九四五年間，這些被迫在端島工作的勞工之中，有一百三十四人在工作期間身亡（Hwang and Lee, 2017）。

然而我們必須釐清一件事：目前這些爭議論及的強迫勞工，並非所有人都是囚犯勞工。強迫勞動的僱傭行為，和將囚犯送去勞動、以此作為懲罰／矯正一部分的行為，兩者並不一樣。工業化期間（一八七〇－一九〇二年）的強迫勞動，和戰時（一九三〇年代中期至一九四五年）的強迫勞動也有所不同。在此，為了反映本書的主題，我們關注的是囚犯勞工運送的歷史變化，而不是要更廣泛地處理戰時強迫勞動的主題。

一八七〇至一九〇二年期間，將刑罰勞工送去執行殖民和工業化事業的整體趨勢，確實和明治維新是有關係的。起初，將這些長期坐牢的囚犯運往他方，被視為一種在西南戰爭（一八七七年）之後維持內部安全、以及解決既有監獄過度擁擠問題的手段。時任的內務卿大久保利通曾於一八七七年提議，將囚犯送往北海道這個邊疆島嶼（Miyamoto, 2017）。結果，一八八〇年的刑法便引入了流刑（流放）和徒刑（結合勞動的流放）。將囚犯送去北海道的作法，於一八八一年隨著樺戶監獄的設立而正式開啟，接著又在一九八〇年代，隨著空知、釧路、網走和十勝的刑罰設施的啟用而進一步擴大。在北海道，樺戶和網走監獄的囚犯被送去從事填海和務農的工作。被送去空知和釧路監獄的囚犯，則在煤礦和硫礦場裡工作（Miyamoto, 2017）。九州的煤礦場也有使用刑罰勞工的現象，比如福岡的三池監獄，就和三池煤礦場存在合作的關係。

三池監獄成立於一八八三年，而福岡大牟田礦業的發展，則可以上溯至十八世紀（（Norman and Woods, 2000, p. 59）。一八七二年，煤礦國有化擴大了大牟田礦業，並將大牟田變成一個繁榮的企業城鎮。很快地，三井這個日本帝國中最大的工商集團，於一八九九年取得了煤礦的控制，並將其改名為三井三池煤礦。在運作的前五十年裡，這個煤礦都在持續剝削著囚犯、將他們視為廉價的勞動力。這個礦場運作的初期，高度仰賴附近三池監獄的刑罰勞工。然而對於虐待、以及勞工條件的關切，很快就變成國際討論的焦點，這讓日本中央政府的政策制定者，愈來愈不願意繼續使用被迫勞動的刑罰勞工。到了一九〇二年，除了少數幾個例外之外，幾乎所有監獄都不再使用這種被強迫勞動的礦工（Miyamoto, 2017）；三井的三池煤礦則是少數仍維持這種做法的例子。然而隨著煤礦產業變得愈來愈大，勞工短缺成了一個很大的問題，於是他們把腦筋動到了來自殖民地（包括朝鮮和台灣）的刑罰勞工上面。朝鮮的囚犯勞工被送往三井三池煤礦場填補人力空缺，而使用台灣囚犯勞工的計畫最後則是沒有實現。我們在殖民政府的檔案記錄裡，找不到從台灣運送囚犯前往三井三池煤礦的明確計畫，但當時台北刑務所的所長志豆機，曾在他的回憶錄記錄下他對這個提議付出的心力，以及他對計畫未能實現的失望。志豆機曾被派往三池煤礦，視察那裡的環境和運作狀況：「幾乎就要批准了，百分之九十九吧，」他如此寫道，但計畫最後遭到內務省官員的否決。[5] 根據志豆機的回憶錄（Shizuhata, 1936 [2009], pp. 315–324），

5 根據總督府保存的旅行登記記錄，他曾計畫於一九〇八年四月啟程（pp. 320–321，志豆機並未給出明確日期）。

日本政府最主要的擔憂，和從台灣送去日本工作的囚犯在法律上的模糊定位有關。日本內地的法律，可以用在殖民地的臣民身上嗎？那些臣民，照理來說應該是適用專屬於殖民地的另一套法律系統的。類似這樣的考量，最後導致該計畫無疾而終。根據宮本（Miyamoto, 2017）的研究，另一個原因則是國際社會和日本國內在一九一〇年之後，反對在工業事業（包括採煤）濫用囚犯。

礦坑裡的囚犯數量，在大正年間（一九一二至一九二六年）逐漸減少。三池煤礦裡雇用囚犯勞工的現象，最後在一九三一年，也就是國際勞工組織於一九三〇年通過關於強迫勞動的公約之後消失。三池監獄接著也遭到解散，而所有的囚犯則被移轉到了熊本。由此，我們或許可以認為，三池監獄就是專門為了維持三池煤礦而創建的。在那之後，三井三池煤礦找到了另一個廉價勞動力的來源：來自奄美群島（琉球群島的一部分）的勞工（Miyamoto,2017）。

這些來自殖民地的囚犯被納入、被排除的暗黑歷史，多數都在（暗黑）襲產的打造過程中被排除在外。一直要到二〇一五年的七月，也就是南韓與日本在德國召開的世界遺產委員會（World Heritage Committee, WHC）上達成共識之後，日本的政府代表才承認這段暗黑歷史的存在，並同意在二〇一七年十二月之前於端島設立告示，明確陳述這段強迫勞動的歷史。這個舉動，在日韓關係是一個歷史性的發展：日本首次承認曾強迫南韓人民接受惡劣的工作條件。南韓不再反對將那些日本遺址登錄為世界遺產的立場，於二〇一五年七月五日發布的聲明中表達了同意，這個決定標示著「記住受害者的苦痛和磨難、療癒歷史疼痛的傷口，以及應以反省的態度面對令人遺憾的史實。」（FP/AP/UNESCO, 2015）然而，日本派駐聯合國教科文組織的代表佐藤地後來卻澄清，他們在描述朝鮮勞工在島上的角色時，使用的詞彙是「被迫工作」，而非「強制勞動」（Gil, 2015）。這種話術意味著，日本國內仍持續在否認這些暗黑的歷史。

這種忽略了爭議性勞動的現象，也不僅限於朝鮮人在端島的歷史。三池的案例也牽涉了朝鮮、中國和日本國內的囚犯勞工。日本將這些工業遺址列入聯合國世界遺產名單時，選擇性地排除了三池監獄的遺跡（儘管這個監獄明明是當時該地區勞工的主要來源），藉此避免承認這段爭議性的歷史。三池監獄的遺跡主要由其外牆組成，今日仍存於大牟田的三池工業高等學校的校園裡，但這個遺跡從一開始，就沒有被納入世界遺產的提名範圍之內，而一些煤礦坑、三池港以及三井擁有的鐵路，卻被列入了世界遺產的登錄範圍內。相較之下，當地社群反而比國家還要更公開地承認了該地區的暗黑歷史；在聯合國教科文組織的登錄討論過程中尤其如此。福岡教育委員會和大牟田教育委員會製作了標示、指認了這個遺址，而這個標示現在還依附在三池監獄的牆上（這堵牆大約有六百公尺長）。[6]多年以來，地方社群已經花了不少心力去保存囚犯在礦坑裡勞動的歷史，比如由中學生製作的海報裡，便提及了礦坑裡曾使用過監獄勞工（Miyamoto, 2017）。

如果將大牟田的三池監獄和軍艦島這兩個案例放在一起看，我們似乎可以說，在「矯正」類似場址的暗黑襲產、以便打造更好的關於過去敘事的過程中，刑罰勞動和工業化之間的連結就算沒有被完全掩蓋，也總是遭到了壓抑貶低。有人可能會想問，如果前所長志豆機的計畫最後獲得了批准，那麼在這個世界遺產場址的登錄過程中，是否也會提及台北刑務所的角色呢？和韓國人的反應相比，現代台灣的觀察者又會如何回應這個場址的登錄行動呢？當然，我們無法回答這個假設性的問題，而作為旁觀者的台灣人，也應該要慶幸這件事最後沒有發生。然而，在理解歷史、以及理解暗黑襲產的監獄備受爭議且流動的本質中，這種假設性的問題或許依然很有意義。

「文明化」刑罰事務、以及確保足夠的勞動力來驅動工業化，這兩個需求彼此之間存在著衝突，而刑罰勞動的使用、以及日本監獄的擴張，都在各地刑罰勞動的管理之中，造成了一

6　可以在學校的網站上瀏覽那些標示：http: //www.miike-coalmine.org/ireihi/kangoku.html

些前後矛盾的作法和彼此衝突的概念。尤其，如果我們考量不同時期的各種朝鮮刑罰勞動的作法，也能讓我們看見藏在刑罰勞動管理之下的邏輯，如何隨著日本帝國不斷升高的軍事化過程而發生演進。根據日本朝鮮總督府於一九三九年的統計，整體來說，有百分之二十七的監獄受刑人，曾在日本的朝鮮統監府時期（一九〇五－一九一〇年）參與過刑罰勞動，而到了一九三〇年代末期，這個比例則竄升至百分之九十八（Japanese Government-General of Korea, 1939, p. 355, quoted in Lee, 2018, p. 68, footnote 4）。這個陡升反映了一些實用的因素，以及帝國愈來愈軍事化的現象。首先，日本佔領期間，朝鮮監獄飽受過度擁擠之苦。不論是從平均一間牢房裡的人數、還是監獄工作人員與囚犯的人數比來看，朝鮮的囚犯人數比例都比台灣和日本還高（Lee, 1998, p. 113）。為了有效控制囚犯、管理刑罰體系，日本刑罰主管機關擴大了刑罰勞工的使用（Lee, 2000, p. 52）。其次，一九三一年的九一八事變爆發後，朝鮮殖民地的監獄也開始成為國家的工廠，為滿洲國和關東軍製作軍用物資（Lee, 2000, p. 54）。當日本刑罰主管機關於一九二〇年代和一九三〇年代中進行這些動作的時候，也是想將朝鮮囚犯轉變成有用的、盡職的日本帝國臣民（Lee, 2018, p. 74）。

在人道考量讓位給實際考量的戰爭期間，管理囚犯勞工時內蘊的衝突也變得更加嚴重。到了一九四〇年代，在日本軍事主管機關的要求下，朝鮮的刑罰勞工被送往更遠的地方，於監獄之外生產軍用物資。一九四三年，為了回應「國家緊急事業」漸增的軍事需求，大約有兩千三百名囚犯（大約是一九四三年所有朝鮮囚犯總數的百分之十）被送到中國的海南島（Lee, 2018, p. 87; Kim, 2003, p. 112; Lee, 2000, pp. 57–58）。

從一九四三年至太平洋戰爭末期這段期間，被送去海南島的八批刑罰勞工被稱為「南方保國隊」（Lee, 2018; Yang, 2015; Kim, 2003; Lee, 2000）。從日本帝國政府的角度來看，海南島在地緣政治上的地位很重要，可以作為進攻東南亞、太平洋地區和中國大陸的戰略基地（Kim, 2003, p. 105）。為了在戰爭時期將海南島變成主要的軍事基地，日軍從一九三九年開始強迫動員當地人（漢族和苗族），並強迫來自中國、台灣、朝鮮半島、海峽殖民地（馬來西亞和新加坡的勞動者，送去日本的工業企業裡（Kim, 2003, p. 107）。在所有理由之中，日本帝國政府之所以更喜歡使用刑罰勞工的原因，是因為這類勞工容易控制（Lee, 2018, p. 69）。日本朝鮮總督府的法務局和日本帝國海軍進行協商之後，朝鮮籍的刑罰勞工便開始被使用在各種工程計劃（包括在陸水的機場和道路）和礦坑之中（Lee, 2018; Yang, 2015; Kim, 2003）。有三百名朝鮮籍、兩百名台灣籍的刑罰勞工，被送往陸水地區興建機場（Lee, 2018, p. 93, see footnotes 61 and 62）。

日本政府對那些被選中前往工作的囚犯保證，他們會獲得良好的工作環境（有米飯和乾淨的住宿供應），而且在海南島完成六個月的工作之後，還可以獲得假釋（Kim, 2003, pp. 110–111）。但實際上，朝鮮籍的囚犯勞工必須忍受漫長的工時和食物短缺，因此很容易罹患各種傳染病，比如瘧疾和霍亂（Kim, 2003, pp. 113–117）。一些口述歷史則證明了日軍對朝鮮刑罰勞工的虐待行徑，而且日軍在二戰戰敗時，還曾在海南島屠殺刑罰勞工（也就是埋葬了上千名朝鮮囚犯、勞工的「千人崗」）（Yang, 2015; Kim, 2003; Kim, 1999）。被送去海南島的兩千三百名朝鮮刑罰勞工之中，只有一百一十二名於一九四四年獲得假釋，而終戰後返回朝鮮的，也只有六〇六名（Kim, 2003, p. 119）。日本政府一直不願提供關於其他勞工的記錄。有些韓國人和日本的民間組織，從一九九八年開始便努力尋找他們的下落（Huh, 2017; Sato, 2010）。這個持續努力的行動，有部分被記錄在西大門刑務所歷史館於二〇〇四年秋季舉辦的關於海南島的朝鮮刑罰勞工的展覽裡。

至於日佔新加坡裡，從一九四二年二月到一九四三年十二月，至少有十三批戰俘，從樟宜戰俘營被送往日本統治下的大東亞共榮圈的各個角落。許多戰俘在抵達台灣、旅順或婆羅洲之前，便死在「地獄船」上，而身體相對健壯的人則被送往泰國或日本，在鐵路、造船廠、工廠、煤礦和銅礦之類的地方工作（Corbett, 2008, pp. 114–115）。「我們應該要運用戰俘，好讓本地人瞭解到大和民族是更加優越的。」上村美湖將軍曾在一九四二年六月二十五日做出這樣的表述（Corbett, 2008, pp. 113–114）。一般咸信，將戰俘戰略性地運送至日本的殖民地，有助於呈現日本在戰爭期間獲得的勝利。殖民地裡的平民太過孱弱，以至於很難被當作勞工濫用：根據安德伍德（William Underwood, 2015）的研究，一九四四至一九四五年期間，有將近四萬名中國男人和男孩曾被誘拐至日本，在一百三十五個地方為日本企業從事非常折磨人的工作。在更長的時間裡，大約有七十萬名朝鮮人曾被迫在艱苦的戰時條件之下，為日本的私營產業做苦工，其中包括前述幾個今日已登錄為聯合國教科文組織世界遺產的場址。我們有必要指出，這些人數可能混雜了戰俘、刑罰勞工，以及在不同時間點從各地被強制徵召而來的平民勞工，而精確的比例，則需要根據更廣泛公開的歷史紀錄、進一步研究才能得知。然而我們依然可以說，在日本佔領的各個地區之間使用刑罰勞工的歷史轉型，展示了當殖民監獄變成人肉戰爭機器的來源時，可能產生出最邪惡的事物。

在理解監獄襲產的過程中邁向移動性討論

在本章裡，我們關注了歷史上監獄的運作中，移動性是如何被運用的。我們看到了各個社群是如何在特定類型的場址中

（也就是監獄）受到移動性的影響，而當我們在檢視監獄被打造成襲產的過程中，這可能也是需要考量的一件事。我們特別關注監獄、將其視為一個特殊的環境，反省勞工在殖民監獄裡被安排的方式，希望藉此可以鼓勵我們去處理一件事——現代監獄過去是建立在國家對（無法）移動性的控制之上的，而且至今依然如此：在刑罰體系的管理之中，移動性一直都是〔…〕一個實務上的考量」（Moran et al., 2012, p. 449）。這個考量並不只存在於過去的殖民時期而已。此外，這或許可以啟發關於現代主體、以及他們在工作移動性定位的另類思考。討論殖民監獄運作中的移動軌跡，提醒了我們現代化的代價。

此外，透過我們來自日本佔領區的案例研究，我們呈現出了如何透過勞動將囚犯和平民改造成對日本天皇負責任的主體，並對太平洋戰爭做出貢獻，而這個目的，也和英國、歐洲最初希望改造罪犯的概念大相徑庭。

不過，一如我們將在接下來三章裡看到的，要在理解監獄襲產的過程中討論移動性，確實是充滿挑戰的——殖民監獄大多被視為單一的場址，儘管人員和物質明明都在流進、流出監獄。因此，我們可以看見各個場址被國家化，並觀察到特殊的邊界在構造殖民記憶時被創造了出來。我們希望對移動性的關注能夠有助於打破這種向內看的敘事，並促進人們將這些場址視為一個跨國的網絡。

此外，既然社會仍在實驗使用刑罰勞動，我們便很難直截了當地去記憶它們。相反地，我們總是將刑罰勞動詮釋為殖民者施加的壓迫形式，並以為強迫性的強制勞動會隨著殖民者離去而一起消失——然而事實並非如此。彼得斯和頓納（Peters and Turner, 2017）的提議在此便很有幫助：我們可以採用移動性的概念和移動的方法，來提升我們對被當作觀光景點的廢止監獄的討論。一如彼得斯與頓納所指出的，和其他領域相比，以移動性來切入討論監禁的現象出現得比較晚，因為「人們會假定，監獄經驗的定義就是**無法移動性**」（Peters and Turner, 2017, p. 633）。換言之，監獄經驗一般被理解成固著的、無法移動的，因此囚犯的自由和能動性被認為是大幅限縮的。然而一如我們在本章所展示的，認為移動性和監獄無關的想法，在歷史上並不正確。因此，挑戰的關鍵就是去關注移動性是如何被運用的、服務了誰，以及因為什麼目的而被使用。重要的是，我們必須揭露曾在過去受苦的人們所受到的不義對待，而這也需要更多的跨境研究和行動。此外，在討論作為刑罰勞動襲產的監獄時，在監獄裡、和在監獄外的「工作」的懲罰面向，以及在將監禁、和對日常生活的控制正常化的過程中，掌控「移動性」的權力如何變成關鍵要素就相當重要。為了提升我們對和這些監獄交纏的歷史的理解，我們可以採用一個更批判性的取徑，來檢視國家是如何持續運用類似的策略，在當代的社會裡營運監獄，以及其他類似於監獄、受完全控制的機構。

4

旅順日俄監獄：處於「殖民性」路口的意外襲產

大連－旅順的殖民都市脈絡

旅順日俄監獄見證了中日甲午戰爭和日俄戰爭，如何在二十世紀上半導致大連－旅順、以及後續的朝鮮遭到殖民：這座監獄直到一九五五年，才歸還給了中國。在那個襲產保存不是優先事項的時代裡，這座監獄被保存了下來，並在中俄兩國因為一九六九－一九七一年的珍寶島事件而關係緊張的背景之下，被改造成為一個博物館（Yang, 2000）。共產黨將這座廢止的監獄，當作戰爭罪行的證據、以及物質性的宣傳標的來使用，藉此在一九七〇年代動員、組織反俄和反日的情緒。我們認為，這種殖民遺緒的「意外的襲產化」，以及長年以來對監獄所有權愈來愈多元的聲稱（而且這些聲稱有時還會彼此競爭），需要獲得更多的關注。

大連－旅順無疑是座美麗、現代化的城市。更精確地說，今日的旅順是大連市轄下的一個區。人們將遼東半島的南端稱為大連－旅順地區，散布在該地區地景之中的殖民建築，表明了那裡的複雜歷史。有些人可能會覺得有點驚訝，因為日本在一九八〇年代曾經出現過一首流行歌曲，對這座城市進行了讚頌，歌詞描寫的是該城市帶點憂鬱的海岸地景，並透過街上的有軌電車、年輕人時尚的穿著，來描述那裡的現代性。然而一九八〇年代的大連－旅順不太可能是那首歌曲裡描述的樣貌，而這也正是本章的主題——旅順日俄監獄出現的背景脈絡。

> 這裡是大連，這裡美極了。
> 就算是在車站廣場，我都非常興奮。
> 沿著相思樹大道漫步
> 時間神奇地停止了
> 〔……〕
> 搭上一輛有軌電車。
> 每個年輕人都非常時髦。
> 星海的白沙灘。

老虎灘的藍色大海。

〔……〕

（大連の街から，中山大三郎，由伊藤Yasuna翻譯）

事實上，這首歌勾起的印象不太可能真的存在，因為旅順日俄監獄周遭的地景，直到今日都依然被軍方控制著。由於旅順依然是重要的軍事據點，因此外國人在旅順停留時必須向警局進行登錄，而筆者們於二〇一七年春天在旅館登記入住時，也曾體驗過這種特殊的狀況。他們並沒有要求進行檢查或付款，我們只需要填寫一張冗長的表格，整個過程顯示出某種維安管控，提醒我們這裡依然是座特殊的城市（圖4.1）。

然而這個短暫的登錄經驗，卻讓我們得以親身體驗東北亞動盪的政治。二〇一七年是中韓正式建交的二十五週年，但這年並不平靜。薩德反飛彈系統（Terminal High Altitude Area Defense, THAAD）[1]宣布部署，以及隨之而來中韓之間前所未見的衝突，都為東北亞地區蒙上了一層陰影（Tao, 2017）。此外，美、韓、日三國也在四月初完成了不太尋常的聯合軍演，在中國引起了很大的關注。在這個騷動的政治氣氛之下，旅順日俄監獄

1　美軍於南韓設置的終端高空防禦飛彈，曾於二〇一七年末引起爭論、以及來自中國的批評。

圖 4.1｜旅順日俄監獄。同個翼樓使用了兩種不同建材，具象化地呈現了曾統治這座殖民城市的兩個政權——青磚來自俄國時期，而紅磚則是日本人後來加上的。圖片來源：黃舒楣於二〇一四年十月拍攝。

卻描繪了一個不太一樣的故事，而中國也在其中意外地將一座廢止的殖民監獄，變成一個帶有跨國含義，有潛力動員過去、藉此在當代地緣政治中施力的襲產。

旅順於十九世紀末開始接受殖民統治。一八九五年的甲午戰爭結束後，中日雙方簽訂了馬關條約；根據該條約，日本取得了對台灣和遼東半島的控制。然而在俄羅斯、法國和德國的所謂「三國干涉」之下，日本被迫將遼東半島的控制權歸還給中國。俄羅斯接著很快便控制了旅順，並建造亞瑟港（Port

Arthur）。一八九七年十一月，沙俄迫使清政府簽署旅大租地條約（「旅大」指的就是旅順和大連）。在這段期間，旅順被當作俄國在遠東重要的海軍基地。

俄羅斯帝國於一九〇五年戰敗後，日本得以將影響力延伸至東北亞，包括重新取得對旅順的控制權，以及建立旅順海軍基地作為重要的軍事據點——該基地可以確保日本通往滿洲和華北的海上戰略通道。日本很在意自己在西方眼中的形象，而且一如考納（Rotem Kowner, 2001）指出的，日本也強調自己在戰爭中的軍事行為是合宜的，希望藉此提升正面的形象。島津直子（Naoko Shimazu, 2009）主張，日本政府是試圖透過在戰爭中的「人道國族主義」（humanitarian nationalism）行為（比如在松山戰俘營對待俄國戰俘的方式），來打破外界對中世紀野蠻日本的東方主義式認知。然而這種「人道國族主義」的建構，卻和今日旅順日俄監獄裡那充滿敵意的再現、描繪日本人不人道殘暴行為的景象，形成了強烈的對比。

旅順曾被俄羅斯和日本雙重殖民的痕跡，可見於旅順日俄監獄的建造。當日本於一九〇五年從俄羅斯人手中取得旅順日俄監獄時，這座監獄尚未依照阿列克謝耶夫（Yevgeni Ivanovich Alekseyev）（俄國太平洋艦隊的司令，後來成為租借地的俄國總督）的計畫完工。日俄戰爭期間，那裡曾臨時被當作戰地醫院使用，後來日本人繼續完成了工程，並將監獄擴大為擁有兩百

圖4.2｜旅順港。旅順港見證了一九〇五年的日俄戰爭，以及滿洲於接下來數十年歷經的殖民統治。由於在軍事地理上的重要性，旅順港一直到一九九六年才對外國人開放。
圖片來源：黃舒楣於二〇一三年十月拍攝。

七十五個牢房，由七百二十五米長、四米高的圍牆環繞的複雜設施。旅順日俄監獄可以容納兩千名囚犯，和一百二十名監獄工作人員。這兩個政權遺留下來的不同痕跡，可以從他們使用的不同顏色的建材看出（請見圖4.2）。

第二次世界大戰之後，蘇聯佔領了旅順海軍基地，旅順監獄也包括在內。蘇聯一直到一九五五年，才將其歸還給中華人民共和國。那座監獄連同港口周圍的設施，一起被歸還給了中華人民共和國的海軍，直到一九七〇年代之前都繼續被使用。在襲產保存還不受重視的年代，這座監獄卻被保存了下來，並在一九七〇年代初被改裝成為博物館，之所以會有如此發展，多因為本章開頭提到的偶然的地緣政治變化。一方面，他們試著把幾個場址和地標（包括處決室或處決場、監獄墳場、醫院等）組合成一個連貫的地方敘事，藉此將監獄詮釋為死亡的地景，這個敘事也能促使人們透過死亡來記憶監禁，強調那些死者追求的價值和品德。另一方面，近年來人們在監獄裡尋找朝鮮獨立運動人物安重根遺骨的行動，也為理解旅順監獄特定的國際和政治特性，提供了一個批判性的視角，而旅順監獄可能成為更多由國族主義引發的衝突、以及透過紀念和溝通來和平對話的交匯處。在本章接下來的篇幅裡，我們將會討論這個意外襲產是如何在旅順日俄監獄被打造、競逐和重塑出來的。

旅順監獄的「意外襲產化」

我們需要理解一件事：這個由監獄改成的博物館的意義，已經隨著時間、隨著中國於冷戰期間在幾個主要政治實體之間的轉向而有了變化。在那個歷史保存和文化觀光都不怎麼流行的年代裡，中華人民共和國政府決定將這個設施，變成一個培養愛國主義的教育基地。這個場址在一九七一年重新對公眾開放，被當作兩個帝國（俄羅斯和日本帝國）佔領旅順－大連的物質證據來對外展示。一九六〇年代末和一九七〇年代初正是冷戰的轉折點。一如楊奎松（Yang Kuisong, 2000）主張的，一九六九年牽涉中俄邊界的珍寶島事件，導致中國在外交上從俄羅斯轉向美國，而這個變化一直以來都沒有受到應有的重視。旅順監獄就是在這個脈絡之中，被當作俄羅斯持續侵略中國的證據——儘管後來出現的史料指出，其實是中國主動開啟了珍寶島的衝突，而不是中國受到了俄羅斯的攻擊。

與此同時，一九五〇年代和六〇年代對戰爭片漸增的興趣，也促使中國人生產對抗日本宣傳的反敘事，其中包括了物質性的敘事。事實上，日本第一波的電影榮景，就是因為描寫日本在一九〇四至一九〇五年的日俄戰爭中獲勝的電影而大獲成功，進行巡迴放映的從業人員得以取得資金，建造日本的第一批製片廠。戰爭片在一九五〇年代和六〇年代非常流行，推動了新東寶和東寶這類製片廠的發展。此時期頌揚二戰烈士的電影，雖然避免了過度的好戰精神，但也為後來日本頗受歡迎的新國族主義興起種下了種子（Gerow, 2006; Standish, 2000）。這些電影也引起了中國的關注，因為它們經常將日本人描繪成受害者，而不是侵略者。我們和旅順日俄監獄博物館副館長周女士訪談時，她也提到過一個知名的例子：一九六八年的電影《山本五十六》，就美化了山本五十六這位日軍指揮官（與周女士的訪談，二〇一七年四月三日）。值得注意的是，《山本五十六》近期還有重拍的版本，於二〇一一年上映。

在慶祝監獄博物館三十週年的手冊《滄桑歲月》（Guo, 2001）裡，博物館的其中一名前策展人曲傳林回憶道，一九七〇年代支持中華民國、抱持國族主義立場的佐藤政府，如何導致了中日之間的緊張關係：前首相佐藤榮作曾多次拒絕來自中華人民共和國的使節出訪。有些人也責怪佐藤支持《昭和史的轉折點：軍國主義者》（*Turning point of showa history: The militarists*）（一九七〇年）這樣公開羞辱中國的戰爭片。在那之前，還有其他電影描繪了日俄戰爭：《日露戰爭勝利的秘史：敵中橫斷三百里》（一九五七年）、《明治天皇和日露大戰爭》（一九五八年）和《日本海大海戰》（一九六九年）描述了幾場海戰、以及攻打亞瑟港高地的場景。

在冷戰期間衝突漸起的這個脈絡下，旅順監獄逐漸成為一種資源，讓中方可以用來保衛國家利益，同時免於鄰國對領土和文化所有權進行聲張的侵擾。這個想法是由旅順大連革命委員會發起的。這個委員會選了三個場址作為推廣愛國主義的焦點，其中包括：旅順監獄、錦州的萬人塚等。監獄除役之後，一個臨時的工作小組隨即成立，開始進行研究。他們花了二十天的時間（一九七一年三月六日至二十六日）對曾於戰前、戰後在監獄裡服務，以及曾在那裡服刑的人進行訪談。就在同一年，這座前監獄有史以來的第一個展覽（展覽主題為「帝國主義的罪行」）開幕了，而根據前述調查的一系列修復計畫也同步展開。

重要的是，愛國主義也可以被描述為「國家國族主義」（Guo, 2004, p. 29），而在中國，這個說法並沒有固定的含義。隨著共產黨對自身的考量，其含義也已經有所改變。研究中國的學者郭英杰比較了一九五〇年代和今日的愛國主義定義，指出對社會主義和中俄結盟提升工人階級地位的關注，已經被國族驕傲（根據文明和傳統的成就來決定）、國家安全或國家團結，以及和平統一給取代了（Guo, 2004, p. 29）.）。郭英杰進一步主張

> 透過這樣命名國族，定義「愛國主義」的內涵、決定行動和愛國行為之間的連結，黨國（Party-state）希望創造出一種集體認同，讓個體成員可以用符合黨需求的方式將彼此連結在一起。這種集體意識，將個人置於由黨所表達的集體目標的義務之下。
>
> （Guo, 2004, p.30）

這種將國家、民族和黨結合成為普遍的愛國概念的作法，讓中國的案例和其他民主社會裡的愛國主義表述有所不同，和典型民主政體習以為常、被視為普世價值的自由的概念，顯然

也是存在衝突的。我們會在第七章回來談這個潛在的衝突。

一九九〇年代的特殊之處在於，提倡愛國主義在當時的中國再次成為一件重要工作。一九八九年的天安門鎮壓之後，時任中國領導人江澤民發起了一系列愛國運動，中國共產黨還出版了〈愛國主義教育實施綱要〉。這個趨勢在一九九六至一九九七年，也就是中華人民共和國迎來香港主權移交、並在台灣海峽進行導彈試射時達到高峰（Guo, 2004, p. 25）。與此同時，黨國也開始在全國各地提倡「愛國教育基地」的建設和翻修，這些教育基地「的形式是博物館、紀念館或歷史遺址。〔……〕自從一九九六年九月，每個小學和初中學生都被要求在畢業之前，參訪四十個必訪、或可選訪的教育基地」（Guo, 2004, p. 26）。旅順日俄監獄就是這類場址的其中一個教育基地，在過去的二十年裡不斷獲得愈來愈多的資金挹注——不過值得注意的是，早在中華人民共和國於一九九五年正式將這座前監獄指定為愛國教育場址、以及今日的遊客浪潮湧入之前，旅順日俄監獄博物館就已經在接待大量的學生參訪團體了。

從一九九〇年代末期開始，旅順日俄監獄便獲得了許多官方的登錄認可。這座前監獄被列入國家遺產名錄，而其作為愛國教育場址的地位，隨後也在二〇〇七年被遼寧省政府改為國防教育中心。需注意的是，直到一九九六年之前，旅順都是禁止外國人進入的，即使是在那之後，外國人進出旅順依然有諸多限制：在軍港於二〇一〇年完全開放之前，只有少數的國際旅遊團被允許透過安排，參訪旅順的北部地區。地方政府一直要到近期，才開始關注基於殖民襲產的觀光發展。

這座廢止運作的監獄建築起初由市委宣傳部負責管理。宣傳部在市裡設置了四個單位：大連自然博物館、旅順博物館、大連展覽館，以及大連文化宮。後來這整個部門都被整併在旅順博物館轄下，而旅順日俄監獄則開始專注於更近代的歷史，尤其是二十世紀的歷史；與此同時，旅順博物館則專注於旅順和東北地區的古代史。

必須注意的是，旅順日俄監獄於文化大革命之後，也曾發表過一些反省式的觀點，檢視了館方於一九七〇年代初舉辦第一場展覽，以及當時稍嫌誇大的敘事。由第一代館員孫厚淳（2001〔1997〕）撰寫的其中一個章節，便回憶了第一批口述歷史的收集，是如何在僅僅二十天之內完成的，當時每個館員都分別和超過四十名報導人進行了訪談。館員後來也認為，在他們收集到的珍貴紀錄裡，其實存在著一些誇大不實的部分，不時描述日本人極端殘暴的行為。孫厚淳記錄了館員後來如何檢討、糾正這些誇大不實敘事的經過。比方說，有傳言指出，日本人會將囚犯的屍體放入某種機器中提煉脂肪。「我們對埋葬場進行挖掘、找到完整的遺骨之後，就知道那個說法不是真的，」孫厚淳回憶道。「當然，如果我們保留那些說法，就能讓日本的佔領行為變得更令他們難堪。但我們覺得，在提供準確的歷史紀錄這件事情上，我們必須更負責任一些。」（Sun, 2001[1997], p. 29）由此我們可以看見，歷史的再現從來就不是靜態的，反映了人們對歷史主動進行再現、以便服務現下利益的方式。歷史、紀念和襲產三者有著緊密的關係，但它們並不是同樣的概念。我們或許可以說，旅順日俄監獄主要被認定為戰爭和侵略史的證詞（物），而不是文化襲產。一直到我們於二〇一七年拜訪博物館的時候，旅順日俄監獄的所有館員都是歷史專業出身、而非研究襲產的；這也解釋了為何那裡的關注一直主要都是集中在旅順－大連的現代史，而沒有將監獄本身視為一個建築襲產。此外，還有件頗明顯的事情是：這個場址見證了一座廢止監獄的「意外襲產化」，因為這座監獄原本之所以會被保存下來，是為了服務一九六〇年代末、一九七〇年代初的冷戰議程。

現在，我們將轉而討論監獄裡的建築物於一九七〇年代和一九八〇年代期間的混合使用。二戰結束後，旅順監獄直到一九七〇年代初之前，都在軍方的管轄之下，地方政府和這座監獄只有相對次要的關係。就在這座監獄被選為地方政府宣傳和發揚愛國主義的重要場址之後，負責的委員會決定清除兩個牢房的翼樓和大廳，而旅順海軍則繼續使用建築物的某些部分，作為職員和家屬的居住空間。根據周副館長的說法（二〇一七年四月三日訪談），多年以來，旅順日俄監獄博物館的館員都在進行協商，希望接下整座監獄的管理權，並將旅順海軍移到其他地方，但這個協商過程花了超過十年，直到一九九七年才終於完成產權移交。同樣重要的是，監獄建築的其中一個部分，曾在一九八〇年代初被國家安全部當做臨時的拘留中心，對文化大革命後第一波「嚴打」對象進行拘留，因為文革期間有許多年輕人在返回城市之後，都參與了城鎮地區的衝突。

> 不過（臨時拘留中心）沒有持續太久。把一個拘留中心放在一個參觀者會去的博物館旁邊，終究不太適當對吧？反正之所以會有這樣的事，就是因為當時的法治還不夠嚴格。等到一切恢復秩序之後，那個臨時的拘留中心就關閉了。
>
> （與周的訪談，二〇一七年四月三日）

事實上就在同個時期，也就是一九七〇年代末、一九八〇年代初，旅順日俄監獄的一些牢房也曾被當作博物館員的宿舍來使用。一如策展部門的前主管潘先生的回憶：

> 我們當時在那裡（現在的辦公室裡）住了將近九年，一直到一九八九年為止。來自同個大家庭的人，會住在同個

房間裡。在巔峰時期，大約有十個家庭住在旅順日俄監獄裡。就算是醫務室和死刑室也都有人住。

（與潘的訪談，二〇一七年四月四日）

這個評論在某程度上，也描繪出了博物館初期的非正式性。

旅順日俄監獄是當時流行的現代監獄佈局的一個很好的例子，特色在於放射狀的翼樓、以及讓囚犯勞動的工坊。監獄裡有十五個工坊，能讓囚犯在裡頭進行各種生產活動，尤其是製磚、印刷、鐵工、裁縫和軍備生產。這些建築大多都完整保存下來，只有在一九七〇年代為了改善動線而遭拆除的二號樓例外。博物館員對於監獄建築群能幾乎完整被保存下來都感到很自豪，認為那代表這座監獄即使過了這麼長的時間，都仍忠於原來的樣貌。

在今日的旅順日俄監獄裡，展覽強調著殖民政府如何設置了工坊，強迫囚犯為軍隊製作鞋子、寢具和衣服。「他們強迫囚犯一天努力工作超過十小時，生產軍事物資」（展覽文字敘述）。根據一九三六年的《監獄管理要點》（The Prison Management Essentials）的資料，工坊於該年提供的利潤為八萬六千日圓，在當時相當於四萬袋麵粉的價格。展覽裡也引用了前典獄長田子仁郎的記憶：「從一九四四年至一九四五年，工坊、磚窯和菜園的利潤超過五十三萬日圓，數以百計的囚犯工作至死」（作者從展覽中記錄下的文字敘述，二〇一三年十一月二十日）。這個主題呼應了本書第三章的討論，雖然明顯帶著不太一樣的論調：展覽的其中一個部分，對訪客展示了囚犯在監獄外勞動時，被迫配戴的沉重鐵球、鐵鍊和腰鍊，藉此呈現刑罰勞動的殘忍一面。在磚窯、果園、森林或菜園裡工作的囚犯，會被要求戴上這些東西，以防他們逃跑。

今日的旅順日俄監獄則被博物館方比擬為奧許維茲（Auschwitz）的集中營（請見圖4.3）。訪客依然會進入監獄博物館，以此作為四十五分鐘導覽行程的一部分。每個房間都有一個特定的主題，有些通往牢房的走廊則變成了展示戰俘證詞的廳廊。整體而言，這個場址的呈現方式都強調日本人「駭人聽聞的暴行」和「罪行」，呼應了所有中國人都很熟悉的歷史論述——在這類描述裡，日本長期以來都被描繪成一個不人道的國家。旅順日俄監獄裡的展覽，傾向將所有囚犯都描繪成愛國人士：他們或者是中國共產黨的黨員，或者是抗日戰士（西大門刑務所裡也看得到類似的解釋性描述）。由中國中央電視台製作的旅順日俄監獄的最新紀錄片，詳細描述了一個和該監獄有關的「烈士」群體，他們曾在一九三五至一九四〇年間，以縱火的方式參與過一系列攻擊。據說這些人接受了俄羅斯的訓練和建議，故意在大連和旅順周邊的許多工廠、倉庫和其他戰略性的軍事用地裡縱火，那些地方當時是日本人儲備戰爭物資的

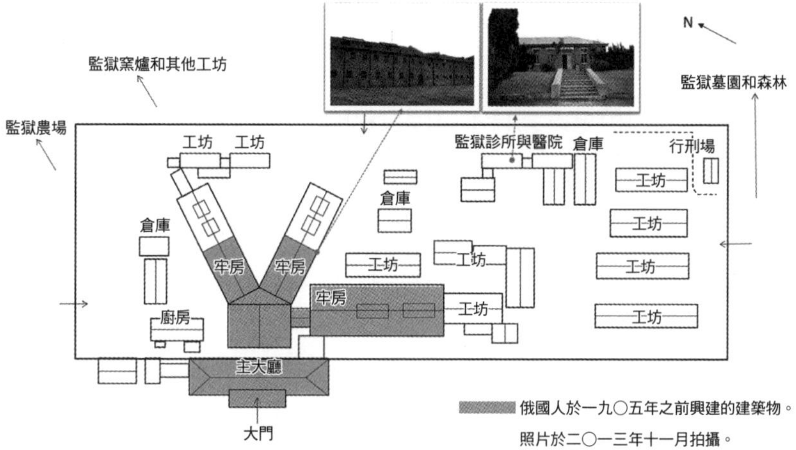

圖4.3 旅順日俄監獄被改為博物館之前的平面圖。
資料來源：黃舒楣繪製

處所。他們的目標是癱瘓中國東北的日軍。這些烈士之中，有九人於一九四二年在旅順日俄監獄裡遭到處決。

「虐待」是呈現這類愛國人士時的重要主題。旅順日俄監獄的「刑求廳」，就提供了許多囚犯被毆打致死的敘事。從一九〇六至一九三六年間，旅順日俄監獄裡據報有一萬九千六百名囚犯。他們曾被施加過各種處罰，包括坐水凳（waterboarding）、鞭刑和絞刑。根據關東州廳的統計報告書，從一九〇七至一九四〇年間，他們執行過超過四十四萬三千次鞭刑，至少一百五十名囚犯被凌虐致死（Cheng, 2012, p. 144）。除了這些有意為之的暴行之外，還必須加上一直存在的不人道條件，比如粗劣的伙食和監獄過度擁擠等。展覽直接對這些暴行進行了控訴，和我們稍早看到日本試圖投射的「人道國族主義」形成對比，因此確立了這個監獄園區作為爭議場域的定位。

然而監獄博物館以外的故事，卻很少被談論。今日如果你在監獄裡漫步，或許會對周遭荒涼的景色感到訝異。雖然監獄西北側的一個小型區域已被開發成住宅區，但其餘的地景依然點綴著菜園、破屋、老磚房和工廠。如果仔細點看，你或許能在工廠的後面發現磚窯的遺跡；這些遺跡曾經是監獄園區的一部分，刑罰勞工會被迫在那裡為仍在持續擴建的監獄製作磚塊。然而今日如果沒有當地嚮導的話，你可能會和我們一樣，很難找到它們。除了一塊放在現場的牌子代表官方確認，這座窯爐現在的狀態，其實很難讓人感受到它被指定為襲產的身份。窯爐周遭散佈著垃圾，還有人顯然在那裡蓋了臨時廁所。這座窯爐現在的狀態，似乎無法與這座監獄目前受到的關注程度成正比。整體而言，旅順日俄監獄的周遭環境距離官方國家遺產的地位還有段差距。從東面進入監獄，或許是維持狀況最好、也是最容易抵達的路線；訪客可以循著元寶街進入監獄後方的山區。然而如果是從北面或西面前去的話，周遭地景會顯得混亂一些，沿途散落著房舍、人去樓空的工廠廠房、田地、墓園以及菜園，只能藉由羊腸小徑前往監獄。

旅順日俄監獄周遭環境的管理是有問題的，而這似乎也指出了這座港口城市至今仍被大量軍事設施給佔據。因為這座博物館周邊的許多土地，至今仍然屬於中國人民解放軍的財產，博物館無法直接和他們交涉，因此無法對周遭環境進行全面性的檢討規劃。監獄周遭以外的整個地區同樣不存在保存計畫。換言之，我們幾乎可以說，當代的旅順被它軍事化的過去和現在給「囚禁」起來了。

我們在和旅順日俄監獄的館員訪談時，得知博物館方正在擬定一個計畫，打算將遺產場址的範圍擴大到至少二十萬平方公尺，將一部分舊公墓和菜園給涵蓋進來——他們把這個計畫，稱為「大歷史遺址計畫」。該計劃並不包括仍受軍方控制的區域，因為他們認為短期內想整合那些區域非常困難。館員對於和私人開發商協商、取回舊工廠所在的土地一事，倒是顯得更有信心一些，這是因為依照文物保護法，這類土地是不能任意開發的。然而有個問題依然存在：這些「大歷史遺址」的涵蓋範圍，將會如何擴展監獄的敘事呢？當我們參訪旅順日俄監獄的周遭環境時，我們遇到了一位老人，很好奇地問我們在舊磚房附近做什麼。他一得知我們的目的之後，便興奮地談起自己如何在監獄隔壁長大，以及俄羅斯人如何蓋起他身後的房子作為電訊站之用，二戰之後又變成一座學校。他在分享這些資訊時的熱情似乎表明了一件事：他的故事很少被述說過。我們心想，不知道還有多少這樣的記憶仍未被收集到，而這些記憶又是否可能會永遠湮沒在歷史之中。

旅順日俄監獄的國際化

一個在冷戰期間建立起來的愛國場址，能在二十一世紀裡面向國際受眾嗎？一本名為《滄桑歲月》裡的照片，能讓我們快速瀏覽曾到訪旅順日俄監獄的幾個重要訪客，而這提供了回答上述問題的一個開端。從一九七〇年代開始，出現在旅順日俄監獄的外國訪客就變得愈來愈多、類型也愈來愈多元，過去十年來尤其如此。值得注意的是，該博物館主動選擇呈現的第一批訪客，是來自北韓軍方的成員（一張攝於一九七七年一月三十日的照片可以為證）。一九八〇年，一批來自九州的訪客在周祥令館長（編按：周愛民副館長的父親）的導覽之下，前來觀看遺址裡和戰爭有關的襲產。

從一九九〇年代開始，我們可以看到旅順和南韓的幾個博物館有愈來愈多的互動。南韓的政治人物從一九九二年開始參訪旅順日俄監獄。從那時開始，韓國的獨立紀念館便在財務上對旅順日俄監獄提供支持，改善關於韓國的愛國義士安重根的展覽（請見第三章）。《世界日報》（由統一教基金會資助）於一九九六年創建旅順愛國烈士基金會之後，人們對於紀念安重根也愈來愈有興趣，而當時的旅順日俄監獄館長依然是周先生（田野筆記，二〇一七年四月四日）。韓國政府開始投注資金，調查安重根和金九這些標誌性獨立運動人士在中國的活動足跡——他們投注的這些心力，可以被視為在搜尋和韓國獨立運動相關的海外襲產場址，而這也反映了人們對於日本殖民時期朝鮮人在中國進行的獨立運動漸增的興趣。由於旅順和安重根、殖民和日本帝國主義之間的關聯，旅順成了韓國人很感興趣的地方，而旅順和韓國之間的跨國互動，也因此變得愈來愈多。

這種對旅順的興趣解釋了為何從一九九八年開始，從韓國前去旅順的知名訪客會變得愈來愈多。有趣的是，有張照片裡是時任旅順日俄監獄舊址博物館館長（趙中華）和時任大連文化局副局長，一起前往首爾，拜訪安重根紀念館，兩年後則輪到南韓的獨立紀念館館長前來參訪監獄博物館。同一年，金九紀念館（韓文原名是白凡金九紀念館，該紀念館當時仍在籌備階段）的館長和韓國駐中大使也參訪了監獄博物館。他們之所以對旅順日俄監獄感興趣，絕對不是因為中國的愛國主義，而是因為像安重根或金九這樣的韓國烈士，在二十世紀初曾在那裡活動。這些韓國運動人士在中國組織的抵抗運動，見證了這兩個同樣從帝制轉型為現代國家的國度，都經歷著來自西方和日本的殖民和壓迫。遼東半島和緊鄰的滿洲地區，成了備受競逐、殖民行動發生的領地。在某個意義上，旅順變成跨國行動的戰場前線；而我們似乎也可以說，旅順直到今日都依然是如此。

針對愛國主義的訊息應該如何面向國際受眾這個問題，博物館的看法是：愛國教育具有普世價值。一如副館長所提到的，「任何一個國家，都必須要有愛國教育。〔……〕愛國主義在本質上就是國際化的。」（與周訪談，二〇一七年四月三日）我們經常看到某個國家的詮釋和其他國家的詮釋之間存在張力，但周副館長的說法卻似乎不是如此。周副館長認為，博物館不一定需要對國際受眾傳達特定的訊息，因為展覽所展示的史實就能傳達訊息了。作為本書的作者，我們原本認為，和其他場址流通、交換展件應該是相對近期才出現的課題，然而周館長卻給出一個出人意料的說法，挑戰了我們原本的假定：

> 說到流通和交流，其實我們從最一開始的時候，就會把展覽送到鄉村地區展出。從一九七一年開始，我們便一直堅持要將這段重要的歷史，帶去給偏遠地區的農民知道，好讓他們了解國家受過的恥辱和苦痛。我們也和其他博物館（亦即滿洲地區的九一八歷史博物館，和哈爾濱的七三一部隊博物館）交流過。
>
> （與周訪談，二〇一七年四月三日）

相較之下，官方的國際交流啟動得就相對晚一些。一直要到二〇一三年開始，旅順監獄才首次和韓國獨立紀念館合作，而這要歸功於現任館長對國際交流的重視（與周副館長的訪談，二〇一七年四月四日）。該次合作帶來的第一場展覽，內容是關於韓國獨立運動的運動人士，尤其是中國地下組織的參與者。就在同一年，旅順日俄監獄也和西大門刑務所歷史博物館合作，展出一場由後者籌劃的展覽。二〇一四年，旅順日俄監獄首次將展覽移師至莫斯科的衛國戰爭博物館，而該展覽後來又於二〇一六年移往首爾展出。與此同時，旅順日俄監獄也持續和其他國立博物館進行交流計畫，比如二〇一六年曾和侵華日軍南京大屠殺遇難同胞紀念館合作。在過去的五年裡，每年都有四場這類的交流展（包括從其他博物館過來旅順日俄監獄的展覽，也包括旅順日俄監獄在其他地方進行的展覽）。

和南韓博物館的交流，尤其變得更為頻繁。我們有機會參觀一場於二〇一六年被移往西大門刑務所展出、名為「苦痛與戰爭」的展覽。根據周副館長和策展部門的主管關先生，旅順日俄監獄曾於二〇一七年計畫和濟州抗日紀念館合作，紀念九一八事變（盛京事變）。旅順日俄監獄希望透過這類活動，在國際社會打響自己的名號，並提升博物館的專業能力。

旅順日俄監獄和其他與戰爭相關、或由監獄改裝而成的博物館之間，愈來愈常看得到跨國交流，但這個現象也帶來了一個問題：愛國主義在成為襲產化和紀念的國際主題時，究竟可以延展多遠？此外，旅順日俄監獄於一九七〇和八〇年代所經歷的國際化，和當今正在崛起成為經濟政治強權的中國所正在進行的更廣泛、更晚近的襲產國際化相比，顯然是很不一樣的。接下來，我們將會透過安重根這個重要的案例（他就是將旅順和韓國連結起來的關鍵人物），來進一步討論這個議題。

在安重根的案例中尋找死亡襲產

雖然相對晚近才出現策展國際化，但旅順日俄監獄和其他的監獄博物館間的跨國交流，其實早在很久之前就已經開始了。有很大的原因和我們想要特別討論的重要人物有關：安重根。

確實，旅順日俄監獄近期都歡迎其他國家與他們一起頌揚對抗殖民政權的烈士，確認日本在道德上的罪行。從二〇一三年五月十八日至八月三十日，除役的旅順日俄監獄成了中韓合作策劃的特展「韓國人在中國的抗日武裝鬥爭」之展覽場地。這個展覽將當年的朝鮮囚犯呈現為烈士，召喚了跨國的愛國情緒，這種情緒同時包含了日本在朝鮮和中國的殖民統治。在旅順日俄監獄裡展出的朝鮮人之中，最重要的莫過於一九一〇年三月二十六日在那裡遭處決的安重根。訪客穿過監獄的大門和走廊之後會遇到的第一個展間，就是專為安重根設置的一個特別展室。安重根之所以會被逮補，是因為他於一九〇九年十月二十六日在哈爾濱射殺了伊藤博文（參見第三章）。伊藤是日本帝國憲法的領銜創建者，也是日本的第一任首相和第一任朝鮮統監。他也籌備了一九〇五年的《日韓保護條約》（又名《乙巳條約》），正式確立日本對朝鮮半島的兼併。因為這個原因，安重根暗殺他被韓國人和中國人視為一個英雄行動，但日本人則將安重根視為暴力罪犯。

為了紀念安重根、將他奉為中韓兩國都尊敬的崇高英雄，旅順日俄監獄從一九七〇年代末開始，就一直維持著一個專屬於他的展間（與博物館前館員潘先生訪談，二〇一七年四月四日）。潘先生回憶道，該展覽起初頗為簡單，展示了安重根的幾張照片、他的書法作品，以及他書寫的文件（訪談，二〇一七年四月四日）。時至今日，他的展間變得更加充實，包含一個被重新打造的房間，用來呈現安重根被處決前所經歷的狀態，訪客也能在桌上看見他使用過的筆。訪客還可以在牆上看見他的書法作品，安重根在那些作品裡表達了自己希望恢復朝鮮主權的心願。由於安重根的遺體未被尋獲，因此特別以他的書法作品作為紀念他的方式，旅順日俄監獄裡也立著一尊安重根的塑像，藉此紀念他離世一百週年。這種對安重根的跨國紀念，讓日本政府頗為不滿（Torresk, 2013）。日本不斷對此進行抗議，指出備受爭議的襲產如何惡化高度敏感的外交場域（Rauhala, 2013）。

實際上，從安重根被處決那天開始，人們就一直在尋找他的遺體。行刑的前一天，也就是一九一〇年三月十日，安重根寫了一封遺書給他的兩個弟弟，表達希望遺體被送回韓國家鄉。一九一〇年三月二十六日，死刑於早上十點執行；在官方的記錄裡，他死亡的時間是十點十五分。日本官員不顧安重根的遺願，決定將他埋葬在監獄的公墓裡，那座公墓也是監獄的一部分。我們已經在第三章提到，據說安重根當時穿著一襲白色的韓服，手裡拿著一本聖經。他的弟弟不被允許參與處決和埋葬的過程，而且不得取回他的遺體。他們只被允許在遺體旁進行短暫的哀悼，接著便被迫在三月二十六日下午五點搭上前往大連的火車（金月培、潘茂忠，2013，頁361）。接下來的兩天裡，關於安重根死亡和埋葬的報導便傳遍了整個日本和滿洲地區，比如《大阪日報》（一九一〇年三月二十七日）、《東京日報》（一九一〇年三月二十八日）和《滿洲日報》（一九一〇年三月二十八日）都有相關報導。

安重根在北韓和南韓都被視為愛國義士。雖然今日似乎是南韓在極力尋找安重根的遺體，但在一九八六年第一個前往旅順監獄、試圖開挖尋找安重根遺體的，其實是北韓。這個現象和一件事有關：安重根出生於黃海道，而黃海道今日就位在北韓。時間回到一九四八年，當時韓戰（一九五〇至一九五三年）仍未爆發，金九這位朝鮮獨立運動的領導人物，對北韓領導人金日成提議合作搜尋安重根的遺體。當時金日成回覆道，搜尋工作將會非常困難，應該要等到朝鮮半島統一之後再開始。當時和金九一起前往平壤的安宇生（音譯），也就是安重根的姪子，為了便於與北韓合作搜尋，於是決定留在平壤。然而安宇生一直要等到一九八六年，也就是安重根就義屆滿八十週年的三年前，才終於獲得了機會，參與由中國主導的一場開挖行動。然而該次開挖最後未能找到安重根的遺體（金月培、潘茂忠，2013，頁365）。

在南韓，官方對安重根的紀念則始於一九五〇年代晚期。一九五九年，首爾設置了一尊安重根的塑像；三年後，時任總統朴正熙（一九六三－一九七九年在任）在一場紀念安重根就義五十二週年的集會上發表演說，呼籲南韓人民需努力往統一的方向邁進，好完成安重根的遺願。在中國，對安重根的紀念可以二次大戰為分水嶺。在民國時期，安重根被中國的民族主義者視為一個重要人物，可以激勵中國人起身抵抗日本人。然而這個紀念的動力在二戰結束之後卻消失了，在這個脈絡之中，安重根作為一個標誌，就不那麼有用了。不難想像的是，一九四九年之後，以及文化大革命開始之後，關於安重根的進一步討論並不常見（Kim, 2014）。然而，就在這個混亂的時期結束後沒多久，《安重根擊斃伊藤博文》這部電影於一九七七年至七九年間在中華人民共和國流通，引來了不少關注（Kim, 2014），這也導致中國東北的人們對於紀念安重根愈來愈感興趣。一九八九年十月，中國吉林的社會科學院為了紀念安重根逝世八十週年，籌劃了第一個關於安重根的學術會議。中方和韓方的代表首次聚首，參訪了旅順監獄（金月培、潘茂忠，2013，頁365）。接著在一九九一年，韓方又安排了一次參訪。一九九三年，韓國政府正式對日本政府提出要求，希望日方協助尋找安重根墳墓的確切位置。然而日本政府的回覆是：他們沒有確切的資訊可以提供。就在同一年，韓國也正式要求中華人民共和國協助進行開挖，但得到的回應卻不怎麼熱切。中國政府回覆道，安重根出生於北韓，因此在籌劃開挖工作時必須格外謹慎。一九九三年和一九九四年的前導研究完成後，中國於一九九五年表示願意協助搜尋，但該年進行的開挖工作未能找到遺體。時任中華人民共和國副主席胡錦濤，表達了他對未來搜尋活動的支持（Ajunews, 2009）。在一九八〇和一九九〇年代期間，安重根顯然成了一個民族主義的符號，在國內政治和國際政治上持續發揮作用。即使是在日本，一九六〇年代反對美日安保條約的抗議活動中，有些日本學者也主動討論了安重根的歷史，藉此喚起人們對軍國主義的記憶（Kim, 2014）。與此同時，日本的民族主義論述則批評，韓國教科書對伊藤博文的描繪是「不正確的」。作為回應，有些韓國的民族主義者建議韓國政府將安重根的肖像印在韓國的紙鈔上，一如伊藤的肖像也被印在某些面額的日本貨幣上那樣。

到了二〇〇一至二〇一〇年間，在韓國對中國東北直接投資漸增的背景之下，中韓之間的政治和經濟合作也變得愈來愈密切（Kim, 2014）。這件事對安重根的事情也造成了影響。與此同時，日本和北韓並沒有從這個跨境的動態之中消失。二〇〇二年十一月，韓國的國家報勳處和幾位學者前往旅順進行了一場官方考察參訪。二〇〇四年十一月二十九日，也就是東協高峰會期間，時任韓國總統盧武鉉（二〇〇三至二〇〇八年在任）正式要求中華人民共和國在安重根的案件上進行合作，而這個舉動也激起了一些辯論。盧武鉉政府延續了前任總統金大中（一九九八至一二〇〇三年在任）鼓吹的「陽光政策」，於二〇〇五至〇六年間，至少主持了三場針對安重根的兩韓互動。這些互動促成了兩國在安重根遺體的搜尋行動上進行首次的官方合作。二〇〇六年六月，兩韓達成了一項協議，將聯手要求中國提供協助，以準備安重根就義一百週年的紀念活動（預定於二〇〇九年舉辦）。南北韓之間針對這個議題的第四次會議則在開城舉行，並促成了二〇〇八年四月的大規模開挖行動，不過很不幸地，該次開挖依然無法找到安重根的遺體。

從二〇〇八年那次嘗試失敗之後開始，中國政府就再也沒有正面回應過任何南韓研究者後續的請求。南韓政府也明確表示，除非找到具有說服力的文件，否則將不會再發起任何其他大規模的開挖活動。近期最值得注意的行動，是韓國報勳處於二〇一三年五月再次參訪了旅順博物館的監獄墓園。同樣是在這段期間，安重根的第一個紀念館終於在中韓兩國辯論之後的二〇一四年於哈爾濱設立（Kim, 2014）。有些人主張，這個動態意味著中韓之間的關係變得更加緊密了（Rauhala, 2013）。毫不令人意外的是，日本對於「在事情有定論之前就進行紀念」的作法表達了抗議（Hofilena, 2013; Torresk, 2013）。紀念館於二〇一四年開幕之後，日本政府的一位發言人曾說安重根是一位「恐怖分子」（BBC News, 29 January 2014）。相較之下，南韓的外交部長則說，韓國希望這座博物館能「為建立在正確歷史意識之上的真正和平與合作鋪建道路」（ibid.）。很顯然的，即便在安重根逝世百週年的紀念活動落幕之後，這場辯論都依然尚未落幕；有鑒於該地區政治經濟的緊張情勢，這些爭議也不太可能很快就能解決。

Kim（2014）主張，人們愈來愈傾向於將安重根視為一個被區域化的案例，讓他從二十世紀上半的一個國族標誌，變成一個在中國東北、和東北亞地區受關注的案例。從襲產的角度、以及外交的意義來看，這個看法或許也是正確的；這個概念，我們將會在第七章進行更詳細的討論。不過，那些曾參與安重根遺體搜尋行動的人也仍未放棄。其中，金月培博士這位經濟學家兼自學的歷史學家，便曾在哈爾濱待了五年、在旅順待了七年；他盡可能不放過任何一個可能的機會，持續進行搜尋。儘管曾經贊助搜尋行動的南韓政府，從二〇〇八年搜尋失敗之後就撤回了大筆的資金，但金博士和他的同事仍持續搜尋至今，間接讓旅順日俄監獄和幾個韓國大型博物館，得以針對獨立運動這個主題進行交流。在我們的訪談裡，周副館長指出了金博士近年在促進中韓交流一事上所扮演的重要角色（與周訪談，二〇一七年四月二日）。在我們參訪期間，金博士依然充滿熱情地在講述搜尋行動，以及搜尋者取得的最新資訊。但他也擔心，隨著時間流逝，埋在木桶中的遺體可能會變得更難辨認、更難找到（與金月培訪談，二〇一七年四月四日）。

透過安重根的案例，我們可以明顯看見安重根、以及關於安重根的困難地方和困難記憶，也讓滿洲地區困難的地緣政治變得更加困難，而朝鮮殖民的終結、以及在中國東北所謂「傀儡國」的終止，都未能解決這個困難的地緣政治。而這也顯示了安重根的案例，可以在南北韓和中國的旅順之間擔任居中調節的角色。在本章的最後一部分裡，我們將會討論日本人是如何與旅順日俄監獄裡殘留的滿洲遺緒斷開連結的。

被遺忘的日本戰爭襲產

我們目前已經呈現了旅順日俄監獄，如何透過展示懲罰的活動，來描繪戰爭罪行和日本的殘暴。然而這座博物館的館藏，還有一些其他東西是在這個敘事框架之外的。在一個名為「帝國主義戰爭罪行」的展間裡，訪客會看見幾個日本人用來紀念一九〇五年打贏日俄戰爭的紀念物。這些由日本人自己打造的紀念物，是如何被用來談論日本、以及如何可能被用來討論中國的恥辱呢？這是中國人能輕易承襲的「襲產」嗎？

人們今日在這個展間裡看得到的展品，包括某些日本將軍乃木希典（日俄戰爭中一位重要的軍事領袖）的紀念物。這些展品之中，還有些紀念物是為乃木的兒子建造的——他的兒子於一九〇四年十一月三十日在戰爭中陣亡。有些紀念物則記錄下了由大阪商人組成的旅行俱樂部的捐款，該俱樂部直到一九二〇年代，都在持續贊助日俄戰爭的紀念活動。還有一件破損的水雷，據稱是日本海軍在戰爭期間用來攻擊俄軍的。還有一個紀念物被打造成香爐的形狀，曾於一九三〇年代被置於一座山丘的頂端，紀念因日俄戰爭而陣亡的兩千兩百多名日軍士兵。某個程度上來說，這些紀念物向我們揭示了，其實早在這個博物館建立的很久之前，對戰爭的紀念就已經開始了——早在戰爭還未結束之前。只不過紀念的主體隨著時間而有了變化：從自豪於擴展疆域、贏得戰爭的日本人，後來變成了中國人展示出被侵略的苦痛、以及自己的國家如何被日俄兩國蹂躪成戰場（表4.1）。

如果沒有聽到已退休的博物館展覽組組長的說法，我們可能就無法理解這些關於日俄戰爭的紀念物。二〇一七年四月，我們遇見了一位前策展人，他曾經搶救了一批紀念日本在日俄戰爭（一九〇四－〇五年）中戰勝的紀念物。這位男子現在已經高齡七十好幾，他當時講述著自己如何嘗試在一九七〇年代初，將這些散落在山丘頂上的紀念物，從狂暴的紅衛兵手上搶救下來。

> 我們盡可能地把可以找到的東西都保存下來，然後試著在不被紅衛兵訊問的情況下，將它們帶回辦公室。幾乎是本能〔……〕你隱約知道，如果所有（日本人留下來的）東西都被搗毀了、讓我們沒有東西可以和別人講述，那會是很可惜的一件事。
>
> （訪談，二〇一七年四月四日）

這位已退休的策展人員，和我們分享了他救援行動中的急迫性，這個感受不斷推動著他，儘管他根本沒有時間思考這些東西是誰的紀念物，以及那些紀念物可以為博物館做些什麼。

表4.1｜旅順日俄監獄簡史

年份	
一九〇二年	俄國政府開始建造旅順監獄。
一九〇四－一九〇五年	日俄戰爭期間，監獄被臨時挪作軍營和醫院之用。
一九〇七年十一月	日本殖民政府開始使用旅順監獄，將其重新命名為「關東都督府監獄署」，並逐漸擴建牢房和工場。
一九二〇年	更名為「關東廳監獄」；進一步擴建，包括建造窯場、菜園、臨場和訓練場。
一九二六年	更名為「關東廳刑務所」。
一九三四年十二月	更名為「關東刑務所」。
一九三九年	更名為「旅順刑務所」。
一九四五年八月十五日	日本戰敗。「旅順刑務所」解體。
一九七〇年十月	旅順大連革命委員會決定修復舊旅順監獄。
一九七一年七月	旅順日俄監獄博物館對公眾開放。
一九七九年三月	旅順日俄監獄解散（重組）。
一九八三年六月	旅順帝國主義侵華遺跡保管所成立。
一九八三年十二月	軍方將博物館場址的一部分移交給大連市政府。與此同時，監獄的一部分再次被用作臨時的拘留所。
一九九二年八月	旅順帝國主義侵華遺跡保管所更名為旅順日俄監獄舊址陳列館。
一九九五年	中華人民共和國將舊監獄指定為「愛國主義教育」場址。
二〇〇三年五月	博物館升級（成為一個獨立實體），被賦予了新的角色：大連市近代史研究所

資料來源：博物館於二〇一七年四月提供的摺頁。

值得注意的是，這個故事也展現了，就算是在一九七〇年代的中華人民共和國，人的能動性依然能為自由做出多少奮鬥。

與館藏相關的記憶背後，就是二十世紀初被各方競逐的滿洲地區。滿洲地區的建國，被中國人視為戰爭的開端，這種看法直到今日都依然未變。到了二〇一五年，為了紀念二戰勝利七十週年，大連市共產黨公共關係部、大連市文化傳播局、大連歷史博物館以及旅順日俄監獄，一起贊助了一個名為「二戰序曲、抗日的開端——九一八事變」的特展。這個旅順日俄監獄舉行的特展，關注九一八事變發生之前滿洲地區的動態，以及這個動態如何讓滿洲國成為一個傀儡國家。該展覽強調中國共產黨為國家存亡做出的奮鬥，以及人民對他們漸增的支持，導致整個東北地區都出現了草根行動和游擊戰；今日，這場展覽也被放在前述的展間裡。這種把兩場不同戰爭（日本戰敗的二戰，以及日本戰勝的日俄戰爭）記憶放在一起的現象，引發了一個有趣的問題：困難記憶是如何相遇在同一個場址裡的？

對日本人來說，滿洲地區曾經是一個充滿希望的地方（Young, 1998）。Young 的研究讓我們看見，日本人在滿洲國的人口如何於日俄戰爭之後迅速增長，並在第一次世界大戰期間再次猛增。滿洲國所代表的空間、天然資源和全新可能性，於一九四〇年之前吸引了超過一百萬名日本人前往中國東北定居。一九三四年，日本木匠和泥水匠在大連、奉天和新京可以賺到的錢，是他們在東京、名古屋和大阪的幾乎兩倍，顯示出滿洲各個城鎮都在經歷發展榮景。

> 因此對於從日本湧向中國東北的新殖民菁英來說，滿洲國不只代表著殖民事業的未來，也代表著他們自己的未來。而在一九三〇年代中期，從他們所處的那個地方展望出去，那個未來看起來確實頗為光明。
>
> （Young, 1998, pp. 258-259）

一九三〇年代期間，兩場戰爭（日俄戰爭和九一八事變）結束後形成了一個新的地緣政治局勢，滿洲地區旅遊業的蓬勃發展，解釋了為何大阪的旅人俱樂部會在旅順的地景之中加入新的紀念物。然而一九二〇、三〇年代興起的戰爭旅遊（war tourism），或者套用Liu（2009）所稱的「戰場旅遊」（battlefield tourism），以及旅遊業所帶來的關於這片新領土漸增的榮耀感和希望感，今日卻很少被日本人和中國人記憶下來。一九三〇年代，有大量的日本中學生和高校生會進行團體旅遊，他們當時的目的地有很多位於真正的戰場上。當然，旅順日俄監獄在當時並不是一個重要的觀光景點，因為它當時仍被作為監獄使用。這些訪客當時也無法預見到，這座監獄會在數十年之後，變成一個收藏這些紀念物的場館。

根據 Liu（2009）的說法，這些前往「滿洲－朝鮮－中國」戰場的團體校外教學，是在一九〇六年正式開始的。就在那一年，一個從全國學生中選拔出來的中學生團體，在教育部和軍部的聯合贊助之下被分成五個小隊，開啟一趟「由中學生前往滿洲的聯合之旅」，他們是首次前去剛結束的日俄戰場的訪客。據說「戰場之旅」後來很快就在全國各地流行了開來。

Young 對旅客人數的分析，也為觀光業的發展提供了一個生動的記錄。

> 抵達大連、營口和安東幾個主要港口的乘客人數，於一九三〇年總計達五十三萬零九百六十二人，於一九三四年達六十九萬六千兩百四十一人，在一九三九年，則是九十六萬四千六百一十人。當然，這些乘客並非全都是日本人，也不只有觀光客。不過觀光巴士的乘客卻幾乎全都由日本觀光客組成，觀光巴士票的營業額也是逐年大幅增長。大連的觀光巴士乘客數，在三年之內便成長為起初的四倍。
>
> （Young, 1998, p.263）

確實，日本政府知道觀光對於帝國宣傳活動的用處，並對學生前往滿洲的參訪提供了補助。學生團體能獲得鐵路、船舶和旅館的高額折扣。根據《滿洲－中國旅遊年冊》（*Manchuria-China travel yearbook*）統整的數據，一九三九年參加日本觀光局的行程前往滿洲的一萬四千一百四十一名觀光客裡，有百分之七十（九千八百五十四人）是學生。根據Young的研究，這些學生都來自菁英教育機構，比如熊本師範學校這樣的師資訓練學校，或是福岡女子技術學院這樣的技校。這些行程通常是畢業旅行，能在這些年輕學生的心裡留下持久的印象。有些組織也在當時成立、投入不斷成長的觀光業，包括滿洲觀光聯盟、大連觀光協會等。作家和攝影家也受邀將照片或文章投稿給協會，藉此強化「神聖滿洲」的印象（Young, 1998, p. 266）。知名的作家夏目漱石曾在一九〇九年出版自己關於滿洲之旅的文章。來自台灣的年輕菁英遊客，也記錄下了他們在滿洲的探索（Hsu, 2012）。簡言之，那些充滿爭議的紀念物，曾經描繪了一個新的領地，今日卻被用來支持中國重述苦痛和恥辱，而它們現在所處的這個地方，與過去那個新領地已經完全不一樣了。有人認為，如果我們對「戰場之旅」當時如何被用來服務國家，以及今日的暗黑旅遊如何被動員來鼓吹愛國主義和跨境外交進行比較，便能說明一些問題。

根據我們和旅順日俄監獄的策展人和館員的訪談，今日依然有些日本遊客會前去旅順，觀看博物館內和館外的紀念物。然而旅順日俄監獄的館員至今都未能針對他們為何而來、以及他們在大連旅順的行程體驗進行系統性的研究（訪談，二〇一七年四月三日）。我們可以將那些遺留在中國的紀念物，看作某種「離岸襲產」嗎？這裡所說的「離岸襲產」，指的是對某個國家具有意義，卻在該國主權範圍以外的襲產（Huang and Lee, 2018）。如果我們可以這樣稱呼的話，那麼這些離岸襲產又該如何處置呢？有趣的是，近期一篇媒體報導也呼應了這個問題，只不過提問的方式有些出人意料。有篇出現在日本報紙上的文章，讓人們注意到長野縣有五十個紀念碑，是建來紀念那些在戰爭期間前往滿洲、因而喪生的移民。然而這些紀念碑，今日大多數都被人忽視了，因為還記得當年那些事情的人都逐漸老去（Mainichi Japan, 13 August 2016）。不過這些紀念碑所提供的敘事，卻對那些位處中國的離岸襲產所承載的光榮歷史提出了挑戰。它們揭示了前往滿洲的移民行動，雖然曾經被當作國家政策來推廣，卻導致超過七萬名移民因為戰後惡劣的生活條件而死亡。被送往中國的居民以長野縣為最多，大約有三萬三千人。直到今日，他們的聲音都仍被邊緣化，但也向日本、中國和俄羅斯間的領土爭議提出疑問。從一些流行文化和創作（比如電影、電視劇等）的再現來看，人們依然傾向於排除暗黑的歷史，關注光榮的過去。儘管那些作品裡呈現了犧牲的敘事，但它們之所以會被選來呈現，主要是因為在講述民族英雄和愛國義士的故事時很有用，那些底層的移民動機就沒那麼宏大了。

旅順和台北，對於日本人來說都是千里以外的地點，如果它希望參與對歷史的描述，除了支持像電影和電視劇這類離岸的再現之外，其實也沒有太多其他可做的。有一個值得注意的例子，是《坂上之雲》這部由日本放送協會（NHK）於二〇〇九年製作的歷史劇，該劇改編自司馬遼太郎的同名小說。這部電視劇描繪了日本如何在日俄戰爭最終的戰役之中，努力避免被殖民的命運，並獲得最後勝利。在更早之前，《二〇三高地》這部一九八〇年代上映的電影，則是將這場戰役描繪成好不容易才打贏的戰爭。這類作品講述的歷史，和旅順日俄監獄所描繪的都很不一樣，不論是一九七〇年代博物館草創初期、還是在今日，情況都是如此。某個意義上來說，那些記憶在後來的旅順日俄監獄裡被重新搜集的方式，也呼應了我們在第二章裡所討論的「矯正式記憶」。

小結：懲罰、戰爭和記憶

> 日本人認為自己的國家，是「像鳳凰一樣」從「灰燼」中崛起的「和平且工業化的國家」；身為這樣一個國家的國民，他們感到很自豪。日本的國家自豪感的首要來源是和平主義，必須放在今日的榮耀、與過去的恥辱兩者間懸

而未解的糾纏之中看待。

（Kim, 2010, p.53）

一如上面引用的這段話，由於當年動員、執行和結束戰爭的動機與條件，至今都仍處於被隱匿的狀態，因此日本人對過去歷史的評價一直都是流動的（Hasegawa, 2005）。因此，對戰爭的詮釋經常充滿意識形態，在政治光譜的右派和左派之間來回擺盪，而且對戰爭的看法經常是彼此相反的（Kim, 2010, p. 55）。一如Mikyoung Kim主張的，日本社會傾向於在戰爭史的脈絡中迴避記憶與和平主義之間的衝突，並避免面對困難的過去。相較之下，中國和韓國則是努力嘗試挖掘同樣的困難過去，而日本人也依然深深地牽涉在那些過去之中。在安重根的案例裡，遺體的搜尋行動不斷對日本的和平主義造成了質疑。此外，戰爭和死亡的襲產在旅順日俄監獄內部和周遭被保存的方式，對日本和韓國來說，都是困難的離岸襲產——這兩個國家，都無法在沒有對方的情況下，講述殖民和現代化的歷史。藉由旅順日俄監獄的案例，我們在此想超越的是將監獄博物館視為戰爭罪行案例的愛國敘事。我們展示了國家對記憶的控制，通常無法輕易延伸到國家的疆界之外，因此在維持一個連貫的襲產計畫、藉此服務一個連貫的記憶計畫時，總會遇到困難。此外，韓國對安重根遺體的搜尋，以及在中國東北搜尋時的相關紀念行動，也向我們展示了記憶在建立新的區域同盟時所能產生的力量，甚至還能讓南北韓分裂的領地連結起來。我們沒有足夠的訊息能判斷，安重根的遺體最後到底是否會被找到，但我們相信，安重根的案例埋藏在旅順日俄監獄更寬廣的脈絡、以及依然軍事化的邊界之下，可以作為一個重要的例子，讓我們能從中理解困難襲產是如何被打造、如何被使用的。

5

形塑殖民監獄的「獨立」地景：首爾西大門刑務所

西大門刑務所：韓國獨立的根源

今天是三一獨立運動的九十九週年。這場運動直到現在，都依然是鮮明、生動的記憶，仍然存在我們的心裡。西大門刑務所的每一塊磚，都銘刻著人們在面對苦難和死亡時的崇高抵抗故事。我覺得我現在還能夠聽到呼喊韓國獨立的聲音。今日，我們聚集在這個獨立運動的歷史場所，在此紀念這個日子所代表的鮮活、脈動的精神；我們不只是在舉辦一個例行性的儀式、虛應故事而已。

（二〇一八年三月一日，文在寅總統於三一獨立運動紀念日九十九週年活動上的致詞〔青瓦台，2018〕。）

在西大門刑務所的三一獨立運動九十九週年紀念活動上，文總統情緒飽滿的演講結束後，典禮中穿著傳統韓服、揮舞韓國國旗的參加者，開始合唱起「大韓民國萬歲」這首歌，就像一九一九年三月一日那天的韓國獨立運動人士那樣（請見圖5.1）。三一獨立運動是第一場全國性的抗日示威運動，鼓吹韓國從日本帝國的政權下獨立出來；在這場運動之中，大約有

圖 5.1｜二〇一八年三月一日，人們在獨立公園擺出三一獨立運動的萬歲手勢。文在寅總統和第一夫人金正淑和民眾一起擺出了萬歲手勢。
圖片來源：青瓦台。

三千名參加者最後遭到了監禁（Seodaemun-gu District Office 2010, p.24, 並參見第三章）。因此，一如文在寅所宣稱的，西大門刑務所就是抵抗日本殘暴壓迫的韓國獨立運動的一個標誌性地方，並以這樣的意義被人們記憶著。

然而，除了這個歷史事件和地方意義之間的有力連結之外，二〇一八年也是韓國首次在該監獄舉辦這類典禮（Lee, 2019）。文總統是這場典禮的推手，他提到社會大眾對西大門刑務所作為三一獨立運動紀念活動場地的期待。南韓政府於是努力將韓國獨立的根源強化於這座監獄。因此西大門刑務所帶有強烈的意涵，代表著韓國獨立的起源。

西大門刑務所是日本政府（在韓）建立的第一個現代監獄，也是當時其轄下最大殖民事務體制。這座監獄於一九〇八年啟用，正是一九〇五年簽訂《日韓保護條約》之後幾年；該條約讓日本得以在一九一〇年正式併吞朝鮮之前，即可干預朝鮮的外交事務和國內事務。西大門刑務所由四王天數馬這位日本建築師設計（Nakahashi, 1936, pp. 127–129, quoted in Park, 2008, p. 95），起初幾乎是全木造建築，牆壁則被貼著鋅板的木板覆蓋著（Lee, 2016）。主要的辦公廳舍和附屬建築佔地八十坪（兩百六十四點五平方公尺），而監獄牢房和連接著監獄的建築物，則佔地四百五十坪（一千五百八十六點八平方公尺）（Park, 2008, p. 95; Lee, 2016, p. 291）。這座監獄最初容納了五百名囚犯，一九〇八年的時候是朝鮮最大的監獄，和該國當時其他八個監獄的任何一個相比都大了兩倍（其他監獄最大者佔地兩百九十八坪，也就是九百八十五點一平方公尺）（Lee, 2016; Park, 2015）。一九二三年日本發生關東大地震之後，這座監獄便進行了擴建和重修，反映了日本當時對結構安全和防火設計的重視，最後落成的樣式，是一個能容納三千名囚犯的紅磚建築群。監獄的形狀混合了「T」字形和放射狀的元素，藉此方便進行監視（Park, 2015; Kim, 2000a; see Figure 5.3）；為了將政治犯這類「危險人物」和社會隔絕開來，他們會被囚禁在這裡（Lee, 2016）。日本佔領期間，西大門刑務所特別用於囚禁、刑求和處決那些涉及韓國獨立運動的人。

西大門刑務所在殖民時代終結後仍被一直被使用，直到一九八七年才因為建築體頹壞而關閉。該監獄的建築結構，從戰後一直到關閉為止幾乎都沒什麼變；然而依附在西大門刑務所上的後殖民敘事卻不斷發展，一直和當代的韓國政治史深深交織（與西大門刑務所歷史館策展人金泰東〔Kim Tae-dong，音譯〕訪談，二〇一七年三月二十九日）。朝鮮於一九四五年從日本統治解放出來之後，便在不到十年的時間之內，歷經了北緯三十八度線分治（一九四五年）、美軍統治（一九四五－一九四八年）、大韓民國建國（一九四八年）以及韓戰（一九五〇－一九五三年）等事件。一九四八年之後，接續的幾任韓國總統——尤其是李承晚（一九四八－一九六〇年）、朴正熙（一九六三－一九七九年）和全斗煥（一九八〇－一九八八年）——採取的政治路線妨礙了韓國民主的發展，進一步造成了更多創傷。從殖民時期轉變成後殖民時期的過程中，透過西大門刑務所的案例，我們可以看見複雜的記憶、以及牽涉殖民和後殖民時期襲產的發展進程。

當韓國政府於一九八二年宣布西大門刑務所即將關閉時，他們原本希望出售該設施，以便為新監獄的建造籌措資金（Im, 1986, p. 95）。韓國財閥當時早已對這個場址表現出高度興趣，希望能利用那裡優越的地段來興建高層公寓（京鄉新聞 Kyunghang Shinmun, 19 July 1986）。西大門刑務所於是面臨被拆除的威脅。不過就在一九八二年的「教科書爭議」（日本政府當時曾試圖洗白帝國時期的歷史）之後，歷史學家和民間團體便開始倡議，西大門刑務所或許可以在紀念韓國人當年的抵抗、以及反抗日本扭曲歷史論述的行動中扮演一些角色。（Gwon, 1987）。支持保存與支持再開發的團體（主要是首爾市政府和開發商）進行辯論後，西大門刑務所在全斗煥總統於一九八七年三月二十日的特別命令之下，戲劇性地被保存了下來，獲得了被轉變成襲產場址的機會（京鄉新聞 21 March 1987）。李炫炅對西大門刑務所襲產化過程的詳細描述（2019），論證了這個決定其實是出於全斗煥總統自己的野心，因為他想透過回溯賦予自己軍事獨裁統治的正當性（亦可參考Burge, 2017）。全斗煥在一九七九年十二月十二日政變，一九八〇年成為總統；他曾將反對者囚禁在西大門刑務所裡。他並沒有拆除這座監獄，藉此抹除自己在政治上犯的錯誤，而是試圖用新的故事來掩蓋——而這個新的故事，就是去讚揚韓國獨立運動人士在對抗日本政府時取得的成就。他試圖利用西大門刑務所，對外國訪客呈現一個韓國的新形象，好為一九八八年的漢城奧運作準備（Lee, 2019）。[1]

這個場址後來部分進行了改造，成為西大門獨立公園的一部分（一九九二年），並進一步隨著於一九九八年開館的西大門刑務所歷史館發展。從那時候起，西大門刑務所在官方和大眾的論述裡，就被視為和日本帝國統治相關的暴力、恐懼和創傷的核心符號。在這個意義上，西大門刑務所雖然是個負面的場址（Lee, 2019），但依然可以被視為一個記憶場址，也就是所謂的「lieu de mémoire」（Nora, 1989, 1996）。

在日本遺留下來的建築裡，西大門監獄就是首要幾個被國家認定為負面襲產場址案例之一。西大門刑務所歷史館曾於二〇〇八年進行整修，並在二〇一〇年重新對外開放，此後固定會舉行年度的地方紀念活動，慶祝三一獨立運動和獨立日（八月十五日）。透過這些轉型，西大門刑務所已經重生為一個「民

1　關於西大門刑務所襲產化的更多細節，請參見Burge（2017）與Lee（2019）。

族的聖地」，紀念愛國的獨立運動人士。這個地方逐漸成為一個「暗黑旅遊」的景點（Lolitasari and Yun, 2016; Yun, 1999），以及韓國最重要的襲產場址，也是韓國學生在學習國內歷史時，必定會參訪的校外教學目的地。此外，包括一些日本政治人物和宗教領袖在內的日本觀光客，也會參訪此地、反省自己國家的帝國歷史（e.g., Yoo, 2012）。

本章特別關注當官方和大眾的論述裡愈發深化時，西大門刑務所具現之「韓國獨立」意涵，並試圖理解西大門刑務所如何形塑地景，以及如何透過其襲產化的過程（一九八七年至今）來獲得「獨立」意涵。我們檢視了各個歷史時期（殖民前的時期、日本殖民期間，和後殖民時期）的記憶，是如何被爭議、選取、矯正和視覺化，藉此在襲產化過程中加強「獨立」的意義。接著，我們將研究他們近期將新記憶、新敘事加入監獄裡的作法如何在利害關係人之間製造了衝突，以及這些動態如何影響了西大門刑務所的「獨立」意涵。最後我們將討論，我們是否可能拓展該監獄所代表的獨立意涵。

被吸收的獨立：大韓帝國的記憶

本節處理的問題是：西大門刑務所遺址的記憶是如何形成的，又是如何於襲產化的過程中在視覺上進行重構的呢？

大韓帝國期間韓國獨立的第一個符號

「西大門」這個名字指出了這座新監獄的位置：它位在舊漢城的西邊，距離市中心有一段距離。這個位置繼承了一個重要的含義：就在日本兼併朝鮮之前，那裡曾被用來宣揚國家主權的獨立，重申帝王的王權（Henry, 2014, p.25）。朝鮮王朝期間（一三九二－一八九七年），西大門監獄所處的這個位置，從明朝（一三八六－一六四四年）到中日甲午戰爭（一八九四－一八九五年）結束為止，都是中國公使館的所在地。為了展現對中國的尊崇與敬意，朝鮮王朝於一四〇七年設立了慕華館，作為中國公使和代表的居住處；到了一五三七年，那裡又新增了迎恩門。這兩個建築體，象徵著朝鮮順從於中國的外交關係（Park, 2008, p. 97），指出了中國對朝鮮文化和政治的影響力（Lee, 2019）。

然而這個位置的象徵性意義，卻在大韓帝國期間（一八九七－一九一〇年）有了戲劇性的變化。朝鮮王朝放棄了五百年來的閉關政策，對外國船隻開放自己的港口；突然湧進的新奇文化、科技和運輸設施，在朝鮮全境帶來了戲劇性的社會和文化變革。與此同時，朝鮮王朝的主權力量，也受到中國、日本和俄羅斯等強國的嚴重威脅。就在帝國主義入侵的這個危險時刻，高宗於一八九七年宣布將朝鮮王朝改為「大韓帝國」，並採用光武帝這個稱號，藉此宣揚國家的主權和獨立（Henry, 2014, p. 25）。

與此同時，第一位取得美國國籍的韓裔人士徐載弼博士，於一八九六年成立了獨立協會，並擔任協會的領導人，該組織是韓國第一個為了社會和政治目的而成立的現代團體。根據一篇刊於獨立協會的第一份英文報紙《獨立新聞》（Dongnipsinmun, 20 June 1896）的文章，該協會成立的宗旨，是為了慶祝中國於甲午戰爭中戰敗，讓朝鮮終於成為一個獨立於中國以外的國家；他們對外聲明的目標，是希望建立一個獨立門和獨立公園（e.g., Kim, 2012; Joo, 1992）。就在這個訴求出現的同時，大韓帝國正好也希望能以視覺可見的方式，來表達韓國獨立的企圖，於是該訴求獲得了光武帝的許可而實現了（Joo,1992）。獨立協會最後遂於一八九七年建造了獨立門，以此作為韓國獨立的象徵。獨立門的外型仿造了巴黎的凱旋門；為了展示韓國脫離臣屬於中國的地位，原來的迎恩門遂於一八九五年的甲午改革之中幾乎拆除殆盡，而後來的獨立門則位在迎恩門留下的柱椿基座稍微偏北一點的位置（The Records of the Japanese Minister to the Daehan Empire, 1 May 1895, quoted in Kim, 2012, p. 150，請參見圖 5.2A）。此外，獨立協會也將慕華館的名稱改為獨立館；該場址曾在一八九四年的甲午改革期間關閉，但在改名為獨立館之後，成為用課程和討論來培育大眾獨立情操的聚會場所，因而

圖 5.2｜獨立門於不同時期的變化：（A）大韓帝國時期，（B）一九三五年日本殖民期間，（C）一九七九年，當時政府正在擬定計畫遷移獨立門，以便容納城山大橋的工程，（D）一九九二年，獨立門被遷移重組，遷移後的新址（亦即現址）位於原址西北方七十公尺。

圖片來源：首爾歷史博物館（A與C）、東亞日報（B），以及聯合通訊社（D）。

獲得了新生命（CHA, 2003, p. 66; Kim, 2000a, p. 28）。

除了這些計畫之外，獨立協會也曾試圖建立獨立公園，用兩個象徵性的符號，來「當作物質性的表達方式，向世界上世世代代的韓國人傳達『朝鮮是獨立國家』的這個陳述」（Seo, 1896, quoted in CHA, 2003, p. 131）。韓國政治科學家鍾憲周（Jung Heon-joo，音譯）和韓國歷史學家太治昊（Tae Ji-ho，音譯）（2016）曾將這些行動，視為邁向西方現代性的想望。雖然因為財源有限、以及獨立協會的解散，這些努力並沒有完全達到目標，但這座公園依然在光武帝一八九八年[2]的命令之下，由象徵中國影響力的一個符號，轉變為強調韓國獨立的歷史地標。

然而，這個地方很快就迎來了另一次象徵意義上的轉變：日本政府於一九〇五年和韓國簽訂保護條約之後，就選在這個剛被建來宣示韓國獨立性的地方，來表明日本對韓國的殖民統治。日本政府在該地區建造西大門刑務所，也為這個場址賦予了一個新的意義：日本是控制韓國的新強權，因此取代了中國的優越性、以及和韓國獨立有關的任何概念。今日許多韓國學者和歷史學家都描述，日本選在這個原本用來呈現韓國獨立性的地方、建立這樣一個恐懼和暴力的符號，是一個非常「可恥」的行為（e.g., Park, 2008; CHA, 2003; Kim, 2000a）。

有趣的是，獨立門被保存了下來，並在日本殖民期間成為襲產，而西大門刑務所也是在這個時期建造落成，作為帝國刑罰控制的一個視覺表現。此外，當獨立門於一九二八年面臨倒塌危機時，日本政府也對其進行了落成以來的第一次整修（Donga ilbo, 20 August 1928, quoted in Kim, 2012a, p. 161）。幾次整修之後，獨立門根據史蹟名勝天然紀念物保存法被指定為歷史遺跡（（Donga ilbo, 24 May 1936, quoted in Kim, 2012a, p. 161）。韓國歷

2 關於光武帝和獨立協會之間的政治衝突，請見De Ceuster（2000）。

史記者Gwon Gi-bong（2011）和韓國歷史學家Jung Sang-woo[3]都指出，獨立門之所以能留存下來、受到保護，只是因為日本政府將其視為韓國從中國獨立出來的符號，並試圖將日本投射為讓韓國得以獨立於中國之外的守護者。

在此有必要說明日本人管理獨立門的方式。西大門刑務所於一九〇八年啟用時，日本政府在獨立門的周遭設置了木椿和帶刺的鐵絲網，不讓公眾靠近（Kim, 2012a, p. 160；請參見圖5.2B）。你可以說，這個措施是在保護獨立門、避免它因為意外而受到損傷，但如果真的是出於這個目標，這個作法卻又似乎不合乎比例原則。這個措施同時也是一個有趣的視覺隱喻，反映了日本和作為受保護國的大韓帝國之間的關係：韓國的獨立性被包圍住了。這件事的另一個面向，則展現在日本對三一運動週年活動的回應上：韓國的年輕人當時使用國家的代表色來裝飾獨立門，並在上頭掛滿旗幟和獨立口號，藉此暗示韓國人不只將這個場址視為獨立於中國之外的符號，也視為獨立於其他外國（比如日本）的符號，結果日本警察使用消防水帶對著獨立門噴水，幾乎弄裂了門右邊的柱子（Donga ilbo, 16 September 1925, quoted in Kim, 2012a, p. 160）。日本政府在獨立門抹

3 關於Jung Sang-woo的研究，請參見網站http: //contents.koreanhistory.or.kr/id/R0020。

除這些韓國獨立運動痕跡的侵犯行為，顯示出他們其實知道韓國人對這個場址的認知，也暴露了他們如何試著盡可能消除獨立門原本傳達的象徵性意義（e.g., Kim, 2010）。

將獨立門和西大門刑務所重新置於後殖民的年代

韓國光復之後，西大門刑務所持續作為一個恐懼和暴力的符號被使用著，而監獄旁的獨立門也一直屹立著。雖然獨立門於一九六三年被指定為國定史蹟第三十二號，但大體上卻被人忽略，其所代表的意義也逐漸被人遺忘。在一九七〇年代的當時，都市再開發比文化襲產的保存更加重要，獨立門和迎恩門的遺址，也因為一九七〇年的道路拓寬計畫，而讓一般人難以靠近，後來又在一九七九年往西北遷移了七十公尺，以便容納城山大橋的建造工程（Yu, 2004；請參見圖5.2C和D），儘管歷史學家和建築師當時對此都提出了抗議（e.g., Han, 2009a）。

到了一九八七年，西大門刑務所周遭被忽視遺忘的區域終於開始復甦，因為全斗煥總統針對西大門刑務所發布了一道保存命令，要求將西大門刑務所遷移至義王市（Lee, 2019; Burge, 2017; Jung and Tae, 2016）。當時的整體規劃，是要將這個場址（譯按：舊西大門刑務所）變成一座不同於一般公園的「歷史公園」，而不是要保存整座西大門刑務所（Lee, 2019; Burge,

2017）。[4] 當時負責帶領歷史公園計畫的韓國歷史學家申永河（Shin Yong-ha，音譯）建議，重建「西大門獨立公園」能紀念西大門刑務所和韓國獨立運動人士的愛國精神，而這個方案也是根據獨立協會原本的獨立公園計畫而生的（Shin, 1999, p. 101）。因此，當這座公園為了慶祝光復紀念日、於一九九二年八月十五日啟用時，獨立門便彷彿回到了大韓帝國時期，再次成為一個重要的象徵符號。一九三五年拆除的獨立館獲得了重建，新址距離舊址約三百五十公尺。

時至今日，遊客如果從獨立門車站的四號出口出來，便會遇見西大門獨立公園這個象徵韓國人打敗日本統治者的聖地。這座公園裡最顯眼的，是五個象徵韓國自日本獨立的物件：獨立門、獨立協會創辦人徐載弼博士的塑像、三一獨立運動的紀念碑、獨立館，以及愛國烈士的紀念碑。有鑒於這些象徵性物件的位置，這個公園堪稱是「韓國獨立的朝聖地」。尤其，獨立門就是這座公園的入口，而獨立館則位於公園的正中央。獨立館裡還放著一塊寫有愛國烈士名字的牌位，讓訪客可以參加每日的紀念儀式。獨立門、獨立館這兩個建築體在殖民時期經歷過的複雜情事今日已為人遺忘，且隨其他物件一起加入了主

4 關於西大門刑務所襲產化的更多細節，請參見請參見Burge（2017）與Lee（2019）。

流的敘事，宣揚韓國在歷經長時間奮鬥後終於達成的獨立和勝利。

被整併進日本殖民統治記憶的獨立

日本統治期間，懲罰的現代化與對獨立運動的壓迫

一九〇五年與日本簽訂保護條約之後，抗日義兵在韓國全境的抵抗次數便開始竄升（cf. Park, 2008）。為了預防這些動亂，日本政府希望透過一個有效的體系來壓迫韓國獨立運動（Kim, 2000a; Park, 2008），而西大門刑務所就是在這個時候（一九〇八年）成立的，並標注一個現代的、中央集權的日本司法體系的開端。

雖然西大門刑務所是日本在韓國建造的最大「標準監獄」，但它其實是在日本政府的危機時刻建造的，因為當時的日本才剛經歷過日俄戰爭（一九〇四－一九〇五年）的過度支出。因此，和日本國內明治時期的監獄相比，西大門刑務所的外觀其實稱不上壯觀，建築內部也有過度擁擠的問題。一如許多日本官員在一九一〇年代的參訪行程中所指出的，西大門刑務所看起來就像「一座臨時建築」，其孱弱的結構並非由磚建造而成，而是由鉾板組成的（Harazō, 1917, pp. 123–124, quoted in Lee, 2016, p. 293）。根據中橋於一九三六年的記錄，監獄裡有限的容量導致

受刑人密度達每坪七人以上（Nakahashi, 1936, pp. 172–174, quoted in Lee, 2016, p. 294）。日本政府為了尋找立即的解方，於是會在對朝鮮囚犯使用傳統的懲罰方式（比如鞭刑）之後，便快速將他們釋放——因此在那個十年裡，西大門刑務所的功能其實更像一個臨時拘留中心，而不是一座正常的現代監獄（Lee, 2016, p. 294）。朝鮮囚犯對這座監獄裡過度擁擠的條件深感不滿，於是透過破壞設施、集體歌唱等方式來表達他們的抗日情緒（Nakahashi, 1936, pp. 172–174, quoted in Lee, 2016, p. 294）。這件事也顯示出，抗日運動——以及日本對這場運動的壓迫政策——仍在監獄裡持續著。

日本政府一直要到三一獨立運動於一九一九年爆發之後，才開始採取行動、改善監獄內的條件。一如上面提到的，三一獨立運動是史上第一場鼓吹朝鮮殖民地獨立的全國性和平運動。作為回應，日本政府採取了暴力壓迫、將參與者關押在西大門刑務所，對他們實行虐待、鞭刑。當這些作法（透過西方傳教士的揭發）在國內和國際間被公諸於世之後（Choi, 2012，請參見第三章），西方帝國主義者便開始以國際觀察員自居，對日本帝國的統治進行強烈譴責，指控日本政府既暴力、又野蠻；為了回應這些指控，日本的朝鮮總督府於是在一九一九年至一九二二年間，對西大門刑務所進行了大規模的擴建（Lee, 2016; Park, 2015）。然而一九一五至一九一八年間的第一次擴建，似乎沒有讓西方的批評者太滿意，不過從後來找到的設計藍圖來看，西大門刑務所在擴建之後似乎又擴張了不少，而且又經歷了三次整修（Lee, 2016; Park, 2015; Seodaemun-gu District, 2009；請見圖5.3）。最後的結果是，一九三六年的西大門刑務所一共有五十座建築物，佔地一萬六千五百坪（即五萬五千平方公尺，這個面積比原本的設計還要大三十四倍），而且容納了兩千五百名囚犯（較剛啟用時還要多五倍）。這座監獄此時不再只有鋅板做的牆壁，而是已經擁有四公尺高的紅磚牆，以及可以看到整座監獄的監視塔，日本政府也大力宣傳那裡廣闊的規模和現代化的新設施，面對朝鮮社會時，將其稱為一座「現代監獄」

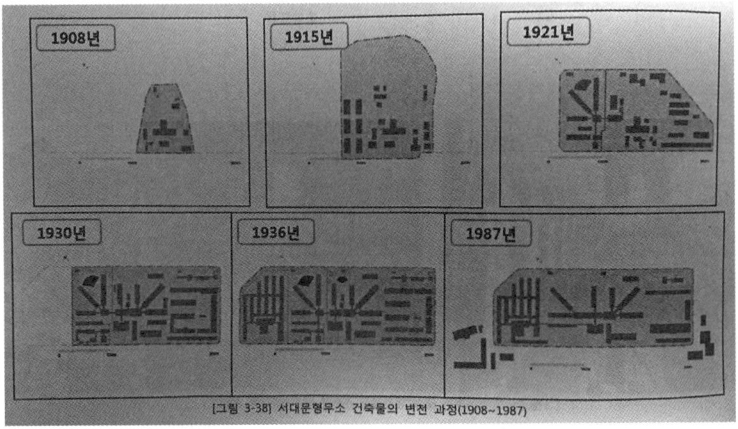

圖5.3｜西大門刑務所從一九〇八年至一九八七年的配置變化：平面圖。
圖片來源：西大門刑務所歷史館。

或「囚犯公寓」（朝鮮日報Chosun ilbo, 12 May 1935）。

儘管有這些積極的擴建，西大門刑務所在日本殖民期間卻依然持續苦於過度擁擠的問題。考量到百分之八十七點七三的受刑人都是「政治犯」，也就是朝鮮獨立運動的參與者，這個過度擁擠的現象，也和該時期不斷增加的朝鮮殖民地獨立運動人士高度相關（Park, 2016a, p. 94）。西大門刑務所的確經過特別的設計，用來控制大量的獨立運動人士，裡頭設有兩百四十二個獨立牢房，從而將政治犯和一般刑事罪犯區隔開來（Lee, 2016; Park, 2015）。這所監獄也擁有全朝鮮殖民地最多的女性牢房，用來關押女性獨立運動人士（請見Park, 2014）。這些囚犯的政治傾向和採用的運動策略都非常多元，有社會主義者、共產主義者以及民族主義者。西大門刑務所可以被視為一個苦痛的、創傷的容器，承載了那些對反抗運動進行阻止、鎮壓的記憶，更廣泛地看，那裡也銘刻了恐懼和暴力。與此同時，西大門刑務所本身也是朝鮮殖民地獨立運動豐富故事的寶庫，並不限於特定的性別或意識形態。

西大門刑務所的轉型：關閉後的殖民和獨立記憶

西大門刑務所承載著充滿力量的殖民記憶，一九八七年關閉後，在總統下令成立獨立公園的同時，也跟著一起成了襲產（Lee, 2019; Burge, 2017）。雖然公民團體希望能保留整個監獄場址的本真性，但在獨立公園的開發過程中，依然有超過百分之八十的監獄範圍遭到了破壞（e.g., Jeong, 1992; Joo, 1992; Kim, 1992）。這個開發計畫於一九八〇年代執行，當時的漢城市政府將都市發展的規劃、市容的美觀以及執行效率，置於襲產的保護之上（Lee, 2019）。當時計有九十二座建築物，經評估認為在文化和歷史價值上看來不夠重要、因而被拆除（Heo, 1991），唯有第九、第十、第十一號牢房以及刑場在一九八八年二月二十七日一起被指定為國定史蹟（第三二四號）（CHA, 2006）。地下的監獄建築、以及串連刑場和後門的地下道則獲得了整修，監視塔和被指定為史蹟的監獄圍牆區段則被保存了下來——這些建築體都被視為具有象徵意義和重要性（Lee, 2019）。一九九二年起，這些留存下來的監獄建築體成為獨立公園的一部分，被當作臨時的展覽場所來使用（Jo, 1995）。到了一九九五年，政府決定將西大門刑務所僅存的建築物當作歷史館來使用（Ahn, 1999），於是西大門刑務所歷史館便在一九九八年開幕，該館信奉的訓言是：「記住韓國曾被日本佔領的可恥歷史，並且不讓這個痛苦的歷史再次發生」（Ahn, 1998, p. 17）。隨著西大門刑務所歷史館的成立，獨立公園的意義也因此變得更加深刻，成為一座代表勝利和獨立的歷史公園，但這座公園只關注這個場址的殖民記憶，並且「阻擋了其後殖民〔記憶〕進入該場址的公共敘事之中」（Burge, 2017, p. 37）。

起初，西大門刑務所歷史館裡使用蠟像，來直接呈現監獄裡的日本官員如何在地下室裡對朝鮮獨立運動人士進行刑求，藉此強調日本對朝鮮獨立運動人士的壓迫。這讓參觀者留下了非常生動的印象，喚起刑求、而不是勝利的歷史記憶，儘管西大門刑務所歷史館仍試圖在主展覽裡呈現獨立運動的歷史（Lee, 2019）。二〇〇七年，首爾市政府和西大門區廳體認到，有必要改變這些頗為暴力的呈現風格、將監獄修復成殖民時期的原樣，因此協力發起了改建獨立公園的計畫（Ryu, 2012）。西大門刑務所歷史館於二〇一〇年重新啟用，並且使用了新的展示風格；該場址今日以部分重建的面貌向訪客開放（請見圖5.4）。

我們可以辨識出西大門刑務所裡殖民統治被記憶的方式，在二〇一〇年重新開幕之後所出現的三大變化。首先，對暴力刑求的直接描繪有所調整，以間接迂迴的呈現手法所取代，而新的歷史場景也移除了大部分蠟像，只放上刑求用的器具和器具用途的簡短說明。西大門刑務所歷史館的策展人金泰東解釋，新策展風格不那麼直接，將能為展覽的參觀者提供更多理解空間，讓他們在建立關於這個場址、以及這裡所代表的歷史的故事時，能有更多元的可能性（訪談，二〇一一年九月十日；Lee, 2019）。二〇〇八至二〇一〇年的整修期間，西大門刑務所歷史館便努力試圖將西大門刑務所的形象，從一個進行刑求的

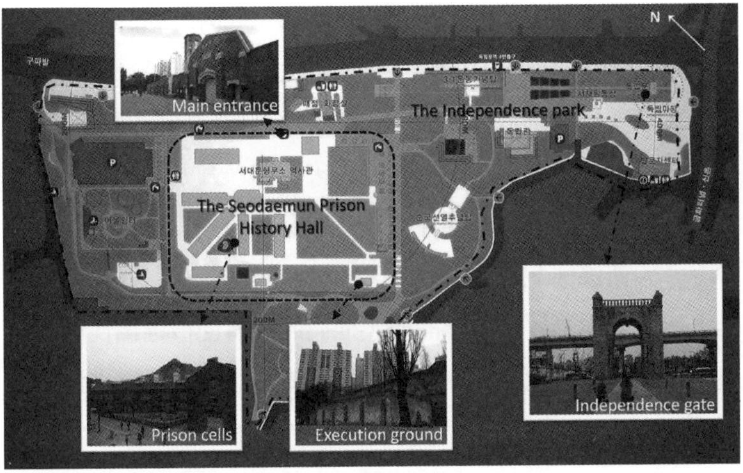

圖5.4｜獨立公園和西大門刑務所歷史館的平面圖。
圖片來源：獨立公園的平面圖由西大門刑務所歷史館提供；照片和繪圖來自黃舒楣和李炫炅（製於二〇一九年一月）。

地方，轉變成朝鮮獨立運動人士坐牢時的生活所在（與金泰東訪談，二〇一二年八月十五日）。那裡原本使用的展示風格是直接描繪出暴力場景，因此加深了嚴厲的日本官員、與被害者化的朝鮮獨立運動人士之間的二元對立，但如果透過回憶錄、日記以及和他們生活有關的物件（比如衣物和鞋子）來傳達故事的話，或許可以幫助訪客打破這種堅固的二元對立，讓人對獨立運動人士產生個人的連結——這種產生連結的方式，不是將他們視為英雄人物，而是一個個和你我一樣的普通人。

第二個改變是，西大門刑務所歷史館試著逐漸引入多元的獨立運動敘事，包括與共產主義、社會主義有聯繫的參與者。一九四五年解放後，韓國緊接著便進入了冷戰階段，這個時期的特徵是激烈的意識形態鬥爭，朝鮮半島也分裂成為南北韓。由於反共政治在南韓佔主導地位，因此在一九九八年版本的西大門刑務所歷史館裡，共產主義和社會主義獨立運動人士（其中許多人都逃往北韓）的故事，都被刻意排除在展覽的敘事之外，但至少從二〇一〇年開始，他們的故事便被選擇性地呈現給西大門刑務所歷史館的訪客（比如朝鮮共產主義獨立運動的領導人李載裕的故事，以及京城帝國大學的日本教授三宅鹿之助〔Miyake Sikanosuke〕，和曾經幫助李載裕的日本監獄官員加藤一郎）（Park, 2015, p. 144）。在此之前，由於南韓的意識形態鬥爭，他們的故事自從南北韓分裂之後，就一直被官方從韓國獨立運動的敘事中抹除出去；他們的故事至今依然頗為敏感。與此同時，西大門刑務所歷史館也謹慎處理了他們在此之前被遺忘的記憶，承認西大門刑務所作為記憶場址的特殊性在於多元的獨立運動人士的記憶（不論他們的意識形態傾向為何）。

歷史館重新開幕後的第三個改變，則和女性獨立運動人士的故事有關：從不斷機械式覆述「自我犧牲的英雌」原型（這種敘事，主要關注的是柳寬順這種標誌性的愛國烈士），轉變成比較幽微地去關注不那麼知名的女性故事。柳寬順加入三一獨立運動之後，曾在西大門監獄裡服刑，並在那裡死去；一九九〇年代期間，一個據信她曾經待過的牢房，幾乎就是唯一逃過拆除命運的女性牢房（Burge, 2017, p. 43）。女性在獨立運動中的參與，於是就這樣被簡化成一個女性英雌的單一案例，被放在「反殖民民族主義」的脈絡中理解，而且一如金艾琳（Elaine Kim）和崔忠武（Chungmoo Choi，音譯）所說的，理想化了「自我犧牲、投入民族解放鬥爭的女性」（Kim and Choi, 1998, quoted in Burge, 2017, p. 43）。然而到了二〇一三年，女性的牢房建築被整修恢復成原樣，而從那時起，不知名的女性運動人士的故事也開始在修復後的女性牢房裡展出。值得一提的是，有個被稱為「鏡室」的展間，被設計來幫助訪客透過鏡像和女性運動人士連結、溝通，訪客可以在鏡子中，看見展間裡展示的其他女性運動人士的照片（與負責該展覽設計和規劃的金泰東訪談，二〇一六年十一月五日）。女性牢房外的其中一個展區，讓訪客可以寫信給女性獨立運動人士，然後再掛上展示區。從那些展出信件上的語調和用詞來看（比如「謝謝你的犧牲和勇氣」，以及「我很同情你在西大門刑務所受到的苦痛和恐懼。多虧有你，我們現在才能擁有安全與和平。韓國獨立萬歲！」〔田野筆記，二〇一七年三月四日〕），這種作法似乎能讓訪客和那些女性運動人士建立情感上的個人連結。

我們可以看到，西大門刑務所強而有力的殖民記憶，是如何透過歷史館這個地方產生出來的，以及歷史館如何讓獨立公園作為一個歷史公園的意義變得更加圓滿。將前述象徵韓國獨立的五個物件結合在一起的西大門刑務所歷史館，成為一個慶祝國家獨立、打敗日本帝國統治的神聖場所，並且支撐著這樣一個國族神話：當時的每個人都是抵抗者，沒有人與日本政府合作（Shin and Robinson, 1999, p. 7）。儘管有些西大門刑務所的殖民記憶依然被排除在歷史館之外，但這座博物館對殖民記憶的處理手法（至少就性別和意識形態而言），已經變得更加寬闊而多元。西大門刑務所歷史館強化了官方敘事，不只吸引到了想學習自身歷史、不想讓歷史重演的韓國訪客，也吸引了日本的參觀者前來反省「日本帝國的罪行」（Kim, 2001），訪客包括學生、宗教和政治領域的領袖。在我們繼續往下討論西大門刑務所的後殖民記憶之前，請記住這座監獄的殖民記憶，是如何被小心翼翼地敘述、保護著。

受競逐的獨立：軍事獨裁統治下的記憶

軍事獨裁統治下後殖民監禁的隱匿記憶

韓國光復後的兩天之內（也就是一九四五年八月十五日和十六日），被囚禁在西大門刑務所的韓國獨立運動人士便接連獲得了釋放，讓西大門刑務所成了韓國從日本帝國解放、獨立出來的象徵。然而美軍於一九四五年十月抵達之後，這座監獄便成了一個意識形態鬥爭的嚴酷戰場。在美國的軍事統治（一九四五－一九四八年）、以及朝鮮半島的分裂之下，意識形態的左右路線之爭，也意味著暗殺行動、恐怖行動和公眾起義的次數將會劇增（Kim, 2011, p. 19）。這個現象也導致政治犯的人數快速增加（主要是共產主義者），而曾經是獨立運動的人士則再次因為意識形態的原因而鋃鐺入獄（Lee, 2019; Kim, 2011; Shim, 1994）。

大韓民國後來於一九四八年八月十五日建國，在那之後，西大門刑務所在持續不斷的意識形態鬥爭之中，依然是個重要的場所。有趣的是，大韓民國從一九四八年到一九四九年間，開始對那些與日本通敵的合作者進行審判，不過審判過程並不順利，且大多數罪犯只在牢裡待了很短的時間（這主要是因為許多和日本合作的通敵者，也都和南韓第一任總統李承晚〔一九四八－一九六〇年〕的政權合作〔Lee, 2019〕）。西大門刑務所在韓戰期間受到了部分損壞，並在那之後的連續幾任總統期間（李承晚、朴正熙〔一九六三－一九七九年〕和全斗煥〔一九八〇－一九八八年〕），緊密地捲入了當代韓國的政治史。尤其是在一九六〇年代至一九八〇年代期間，兩個軍事獨裁政權都曾使用西大門刑務所來關押政府政策的反對者，而本書作者之一的李炫炅更指出，這些政權「重複再利用」了日本政府帶給西大門刑務所的恐懼和威嚇（Lee, 2019）。由此，後殖民時期的西大門刑務所再次成為恐懼和暴力的符號，儘管當時的脈絡和殖民時期已經很不一樣。不過有趣的是，韓國的前後幾任總統裡，一共有五個人都曾在西大門刑務所待過一段時間，但他們之中的幾位，後來卻還是希望以這種方式繼續「使用」這座監獄。這五位總統在此服刑的時間分別是：朴正熙於一九四八年、金泳三（一九九三－一九九八年擔任總統）於一九六三年、金大中（一九九八－二〇〇三年擔任總統）於一九八〇年，李明博（二〇〇八－二〇一三年擔任總統）於一九六四年；至於文在寅總統，則是於一九七五年在那裡被關了四個月（Moon, 2017）。雖然這五個人都被關在同一個監獄裡，但他們各自的經驗卻和當代韓國的政治史有著不一樣的連結。為了幫助讀者理解西大門刑務所的後殖民動態，以下我們將透過這些總統的監禁經驗，來處理這些複雜的故事。

朴正熙是韓國史上最具爭議性的人物之一，他曾於一九四八年因為參與南朝鮮勞動黨（남조선로동당）的身份而被囚禁於此（Yu, 2014）。由於李承晚當時的反共政策，西大門刑務所擠滿了共產主義者囚犯，而南勞黨則被視為共產黨：朴正熙在那裡被刑求、監禁了四個月的時間。然而當朴正熙掌權之後，他的身份便從受刑人變成了加害者。他曾利用西大門刑務所，來監禁反對他軍事獨裁統治的民主運動人士；李明博、金泳三和文在寅等人，就曾在他執政期間被關押在此（請見Moon, 2017;

Kim, 2015; Kim, 2008）。後來，對抗韓國軍事政權的金大中（二〇〇〇年諾貝爾和平獎的得主）則是在全斗煥的軍事統治之下，因為密謀叛國的罪名而曾被判處死刑（編按：未決行）。

這些故事在某個程度上，都彰顯了西大門刑務所複雜的後殖民記憶是如何與南韓的政治史交織在一起。也因此這樣，左派的政治人物常常會把後殖民時期（至一九八七年為止）的政治犯，視為值得欣賞的民主運動人士，而右派的政治人物則會用負面的方式來評斷他們，說他們是反政府分子（請見e.g., Kim, 2000a；二〇一二年九月十八日與金運成〔Kim Woon-seong〕、金曙炅〔Kim Seo-gyeong〕訪談，他們兩位是描繪慰安婦的和平少女像的創作者）。這些分裂的觀點，為西大門刑務所於後殖民時期進行襲產化、藉此來重建記憶的過程，帶來了更多的記憶衝突。

軍事獨裁統治之下，記住隱匿記憶的小小跡象

西大門刑務所一直要到二〇一〇年，才開始出現在西大門刑務所歷史館的展覽裡。雖然這座監獄在後殖民期間使用了四十二年（比日本統治期間的三十七年還要長），但後殖民的記憶在西大門刑務所歷史館裡卻只佔了一個單元（Lee, 2019）。然而，將後殖民記憶囊括進敘事裡，呈現監獄「被隱匿的歷史」仍然是一個里程碑。自從重新開館之後，如何記憶後殖民這件

事，就開始出現在西大門刑務所歷史館和西大門區廳的工作之中，其中包括在獨立日舉行紀念性的「獨立和民主節」，以及關於韓國民主運動的短期特展。再更晚近一點，隨著政權於二〇一七年從前總統朴槿惠（朴正熙的女兒），轉移到文在寅手上之後，西大門刑務所也獲得了多一點的自由，能透過系列課程、以及更頻繁的臨時特展，來活化後殖民時期的記憶（二〇一七年九月五日與館長朴慶穆〔Park Kyeong-mok〕訪談）。朴館長提到，如果想在西大門刑務所歷史館裡發展出幾場展覽，就必須針對後殖民時期的西大門刑務所進行更結構性的學術研究才行（訪談，二〇一七年九月五日）。由於「關於後殖民獨裁時期的記憶依然十分斷裂、充滿爭議」，而且和南韓當代對殖民時期的制度化記憶相比，「也不存在一致論述的文化文本」（Burge, 2017, p. 56），因此若要襲產和紀念行動去容納不同政權之間的一切艱難轉型，顯然是很不容易的。不過西大門刑務所歷史館為了達到這個目標，似乎還是踏上了一趟全新的旅程。

受爭議的襲產地景（Heritage-Scape）：維持獨立的「純潔」

我們已經檢視了三個時期（大韓帝國、日本殖民和後殖民時期）的記憶，是如何在西大門刑務所的場址上形成的，以及每一段歷史是如何透過（在獨立公園和西大門刑務所歷史館的）襲產化而進行重構的。我們已經看到，進行殖民記憶和後殖民記憶的方法是如何存在差異、以及又是如何發展出來的，儘管它們都強調對韓國獨立進行讚頌。我們現在將會從這三個時期的記憶形成和管理，轉往這個場址所在地景——目前整個襲產地景的記憶政治。我們將會特別檢視兩個近期的案例，它們如何呈現新加入的記憶，而這些新的記憶如何影響了獨立公園的記憶地景。這兩個案例分別是：慰安婦博物館的成立，以及監獄支援巷（Okbaraji alley）的保存。

排除慰安婦，並將獨立神聖化

二〇一一年九月十日，本書的其中一位作者李炫炅，和西大門刑務所歷史館的館方人員談論了獨立公園和歷史館的襲產化。這場對話觸及了近期提議在獨立公園裡成立戰爭和女性人權博物館（The War and Women's Human Rights Museum，亦即所謂的「慰安婦」博物館）所產生的記憶衝突。這個提議後來並沒有成功，因為受到了由男性主導而且立場保守的襲產協會的反對。這個主題顯然已經被討論千百遍了：每當和幾位女性歷史學家討論到對西大門刑務所的研究興趣，過程中也會出現類似的對話（比方說，二〇一六年二月七日和二〇一七年二月二十一日的個人筆記）。那些提起這個議題的人，對於慰安婦博物館成立受阻一事，似乎都抱持著譴責的態度。

「慰安婦」這個詞彙，指的是二次世界大戰期間，被日軍強迫成為「軍隊性奴隸」的人（House of Nanum, n.d.）。直到二〇〇〇年代之前，「慰安婦」的故事都遭到了刻意遺忘和隱藏，但現在卻不只在韓國國內廣為人知，在國際社會上也獲得不少關注，而且已經成為一種符號，象徵日韓之間未解的宿怨。為了讓慰安婦的議題更廣為人知，韓國挺身隊問題對策協議會[5]於二〇〇四年正式提出了戰爭與女性人權博物館的計畫，該博物館預計將會作為「一個記住慰安婦歷史的空間，教育大眾關於她們的故事，並解決這個議題」（The War and Women's Human Rights Museum website, quoted in Jung and Tae, 2016, p. 229）。他們甚至於二〇〇九年三月在獨立公園舉行了一個破土典禮，該活動也獲得了首爾市政府的批准。然而這個計畫後來卻因為受到來自韓國光復協會（Korean Liberation Association）和愛國烈士家屬協會（Patriotic Martyrs' Bereaved Family Association）的反對，以及因為財務上的困難而被迫中止（國民日報Kukmin ilbo, 11 August 2010, quoted in Kim, 2010, p. 178）。韓國光復協會主張，在獨立公

5　譯按：該組織的韓文原名為한국정신대문제대책협의회，漢字即為「韓國挺身隊問題對策協議會」，不過該組織的英文名稱是Korean Council for Women Drafted for Military Sexual Slavery by Japan，直譯成中文為「韓國被日強徵為軍中性奴隸的女性協會」

園成立慰安婦博物館將減損獨立運動的意義，並詆毀愛國烈士的榮譽（Kukmin ilbo, 3 November 2008, quoted in Kim, 2010, p. 178）。愛國烈士家屬協會則堅稱，在這個「獨立聖地」成立這樣一個博物館並不適當（Ohmynews, 12 March 2011, quoted in Jung and Tae, 2016, p. 229）。西大門刑務所歷史館的策展人金泰東回憶，反對這個計畫的人都主張，由於慰安婦的記憶太過丟臉，因此不能放在一個國家的歷史場址之中，而且慰安婦對於韓國獨立也沒有貢獻（訪談，二〇一一年九月十日）。這些看法反映了韓國的父權視角——在這樣的視角裡，慰安婦在貞節的意識形態裡被視為「不純潔的」，即便「韓國挺身對問題對策協議會」和慰安婦的支持者譴責了這種看法。這場辯論也延伸到了韓國更廣泛的性別論述爭議上（e.g., Kim, 2010）。

一如某些韓國學者所指出的，這場辯論可以被詮釋成另一個和獨立公園有關的記憶鬥爭（e.g., Jung and Tae, 2016; Kim, 2010; Han, 2009）。透過數十年來的襲產化，西大門刑務所的場址被用來形塑那些頌揚韓國獨立運動的記憶，這些記憶不僅根深蒂固、架構也很強健。有人把這個過程稱為「神聖化計畫」（Lee, 2019），而且和「名譽回復」這個由施瓦茲和金（Schwartz and Kim, 2010, p. 20）所指的「當代南韓最重要的記憶任務」高度連結。因此，我們認為反對團體並不想將「弱小」的受害者（也就是慰安婦）納入獨立公園的英雄敘事之中。此外，我們注意到獨立公園似乎對於會對「韓國獨立」這個單一論述造成傷害、以及讓這個論述複雜化的所有新記憶，都懷抱著強烈的、本能式的排拒。只要能排除新的記憶，獨立公園（包括西大門刑務所歷史公園）的襲產地景似乎就有助於淨化、維持「獨立」的狀態。

監獄支援巷被遺忘的故事

二〇一七年，涉及保存和反抗再開發的監獄支援巷爭議，則讓我們注意到了位於西大門刑務所對面的一個場址，許多攸關監獄歷史、但今日已被遺忘的故事，就埋藏在那個地方。監獄支援巷位於西大門刑務所的對面，那是一個擁有九十年歷史的街區，受刑人的家屬和夥伴會在那裡的房屋、旅館和餐廳裡長時間停留，為受刑人提供食物和衣物（Park, 2017, p. 43）。這個區域成形於一九二〇年代和三〇年代，和朝鮮獨立運動的歷史高度關聯：運動人士的家屬（其中也包括獨立運動領導人金九的家屬）會在這裡留宿，好為他們被監禁的家人提供支持。對於一九六〇年代、七〇年代軍事獨裁政權之下的民主運動人士的家屬來說，這個區域也會出現在他們的記憶裡。一如那些年輕歷史學家所指出的，監獄支援巷象徵的意義是「一種團結的行動，目的是為了防止囚犯被孤立在社會之外」，而在那裡駐留的人的行動也「十分重要，能讓囚犯維持身體上和精神上的健康」（Park, 2017, p. 43；欲見更多細節可參考 Jeon, 2016 and Takeshi, 2016）。因此監獄支援巷擁有一種特殊的地方認同，代表的是獨立運動人士、以及他們的支援者的日常生命故事，這些故事平行存在於獨立運動的官方敘事之外。

監獄支援巷保存委員會（下面簡稱保存委員會）成立於二○一六年一月，他們試圖證明監獄支援巷的歷史價值，主張如果將那裡也保存下來，便能讓西大門刑務所獨立運動故事變得更加豐富。然而支持再開發的團體卻主張，那些口頭上的證詞並不科學、也不足夠（和首爾市政府官員和西大門刑務所歷史館官員訪談，quoted from Park, 2017, p. 44; Kim, 2016）。保存委員會找到了重要的史料，能證明韓國共產主義的獨立運動人士固定會在這裡的永川旅館（Youngcheon Inn）留宿，而參與過朝鮮無產階級藝術家同盟（Korea Artista Proleta Federatio）運動的鄭龍三（Jeong Ryeong-san，音譯）也曾在那裡住過（Kim, 2017; Kim, 2016）。然而保存委員會的努力最後依然無法發揮作用。反縉紳化（anti-gentrification）的運動人士金恩善（Kim Eunseon，音譯）曾主張，這個結果反映了一件事：社會主義者和共產主義者對獨立運動的貢獻被蓄意地從官方歷史中抹除殆盡，而這也是韓戰遺留下來的產物，以及強烈的麥卡錫主義的殘留（Kim, 2017, p. 45）：由於監獄支援巷的記憶無法相容於獨立公園的敘事，因此其重要性和價值也無法在西大門刑務所的殖民記憶和後殖民記憶中獲得接納。於是乎，擴大獨立公園的襲產地景、將監獄支援巷也涵蓋進來的這個嘗試，最終還是失敗了。總的來說，這兩個案例都顯示出獨立公園如何排除了一些史料，藉此保存同質的韓國獨立官方敘事。這種記憶政治可以被視為（第二章所提到的）「矯正性記憶」，並且形塑了強大的「獨立」襲產地景。

被拓展的獨立：邁向和平、和解與統一

> 我們有個巨大的根基，這個根基就是三一獨立運動。三一獨立運動就是這個國家的根，為我們帶來了解放和普遍的主權。〔……〕我們在這裡攜手前進的道路上，有許多蠟燭在照亮著道路。〔……〕有了大家的能力和自信，我會將三一獨立運動和大韓民國建國一百週年變成一個全新的起點，讓我們能建立一個永遠和平的政權，達到立基於和平之上的繁榮。
>
> （文在寅總統於三一獨立運動九十九週年紀念活動上的致詞，二〇一八年三月一日〔青瓦台，2018〕）

西大門刑務所作為一個監獄、以及作為一個地方（place）的複雜性，讓人很難理解。這座監獄所屬的地景不斷變動，體現了日本殖民統治之間的變化；它是後殖民記憶、各方競逐的

案例，當然也是南韓在變動的國際和國內政治氛圍下艱難的國族建構過程的例子。西大門刑務所也是痛苦、創痛的記憶如何可能轉化成國家襲產場址的代表性案例。一如前述，西大門刑務所在襲產化的過程中重生為獨立公園，這座公園強而有力地支撐著制度化的殖民記憶；雖然西大門刑務所歷史館嘗試描述殖民時期和後殖民時期的不同記憶，但被運用的記憶政治卻依然死板、而且帶有排除性。獨立公園似乎由此被困在了「韓國從日本獨立出來」的官方意義之中。

然而，我們也可以看到西大門刑務所現在開始出現紀念化（memorialization）的另一個層次。一如上面引用的致詞，文在寅總統已經將「獨立」的意義，從一個靜態的、根植於殖民時代的狀態，轉化成一個可以在現下操作的動態狀態，這個狀態不只能帶來解放，也能帶來民主和經濟的發展。為三一獨立運動百週年慶祝活動做準備的文在寅預見了一件事：獨立的根可以帶領南韓走向永遠的和平、與日本的和解，以及國家的興盛繁榮。由此，西大門刑務所所象徵的「獨立」意涵便獲得了拓展，而人們也獲得了更多的自由，能以更多元的方式去記憶韓國的獨立。我們從一個相對保守、死板的記憶管理模式脫離出來，希望西大門刑務所能和東亞的其他殖民監獄分享它的記憶，也希望它能進一步發展出新的角色，在後殖民的東亞脈絡中成為和平的製造者。最後，我們也不能忘記，西大門刑務所是一個由南北韓共享的襲產場址；一如韓國歷史學家韓洪九（Han Hong-gu，音譯，2009b）所指出的：不論獨立運動參與者的意識形態存在哪些差異，南北韓共享的獨立運動故事，早在朝鮮半島分裂之前就已經銘刻於此了。因此，這座監獄或許可以成為一個關鍵的記憶場址，橋接兩韓之間共享的記憶，這也暗示了一件事：不論是現在還是未來，這裡的襲產化都不應該是靜態、而應該是動態的，而且也應該對新的意義抱持更開放的態度。

6

殖民邊緣上被錯置的記憶：台灣的數個案例

在殖民邊緣上進行刑罰改革

曾經作為日本帝國殖民地的台灣，雖然位處帝國邊緣，卻也是以現代性為名的殖民實驗前線。相較由西方引進的概念所啟發的其他實驗裡，刑罰改革在日本帝國的制度學習之中佔有一個特殊的地位，並出現在二十世紀前半葉的台灣都市地景中。日本殖民政府採納了「矯正」的概念（也就是對懲罰的現代化、文明化而且人性化的詮釋），藉此對監禁開始進行制度化，有趣的是，這個概念也呼應了其在殖民地實施的都市計畫（都市計畫在日文的漢字裡就是「都市改正」）。隨著戰後都市化的展開，這些強行被殖民者加上的刑罰地景，直到相關遺跡從十年前開始吸引大眾目光之前，大多都遭到了掩蓋、移除、摧毀或選擇性忽略。本章所處理的，就是這種對台灣殖民監獄相關歷史建築漸增的興趣，我們觀察到，現在似乎有個趨勢會將刑罰地景，整合進一個全新的都市保存計畫，然而這個計畫卻會將關於矯正和監禁的地方記憶「他者化（others）」，並重新塑造殖民現代性的都市足跡。本章引用前文所發展出來的「監獄任務再造（carceral re-tasking）」以及「記憶級別」概念，檢視了四個焦點案例，藉此闡明監禁地方和殖民的實驗，如何被轉換成了一個可被利用的監獄歷史，然而「矯正」的概念卻依舊沒有被觸碰到，或者更糟的是，這種「矯正」的概念甚至在未經批判的情況之下，在刑罰地景的保存過程中遭到強化。

將矯正和殖民的現代化置於脈絡之中

清帝國從一六八四年開始統治台灣，但直到十九世紀中葉為止，對台灣的統治一直都相對鬆散。當時，在台灣興建的監獄規模相對小，而且只是用來讓囚犯在等待懲罰或處決時短暫停留的地方。一如第三章已經討論過的，現代形式的監禁懲罰是在二十世紀初，也就是台灣被殖民之後，才由日本專家引進清帝國的。

重要的是，台灣就是在成為日本殖民地的時刻，和中國走上了不同的刑罰改革道路。日本在一八九五年兼併台灣；殖民政府於一八九五年十一月十七日，便透過台灣住民刑法（Taiwanese Residents Penalty Act），首次實施了「限制自由的懲罰」（Lin, 2014, p. 81）。就在同一天，日本殖民政府也公告了一份監獄法，該法主要是根據日本於一八八九年公佈的一部法律所制定的。在這份新法律之下，殖民政府進行的第一個措施，就是在一八九五至一八九六年間，將一個佔地寬闊、國有的宅邸，變成一座臨時性的監獄，亦即台北監獄（請見圖6.1）。台北監獄是台灣的第一座現代監獄，監獄裡有二十三個牢房、一個拘留設施，以及一些支援監獄日常運作的設施，比如辦公室、監獄工作人員的宿舍、一個診所、廚房等等。其他地方也有類似的措施。很顯然地，這類臨時監獄的容量有限，很快就出現過度擁擠的問題（以一個知名的案例為例，在一八九六年的彰化，曾有二十五個人擠在同一個牢房裡；Lin, 2014, p. 88），這個問題後來促使殖民政府展開一個更宏大的計畫：建造更多的現代監獄。

由此，台灣監獄的現代化是由殖民政府展開的，而日本當時也正是藉由殖民統治，來邁向成為一個現代的國族國家。必須指出的是，現代監獄是無法一夕之間建造出來的；若想要建造所有的設施、滿足刑罰改革的要求，他們需要不少時間和花費。殖民政府一直要到二十世紀初的幾十年裡，可用的土地和

圖 6.1 ｜台北監獄，一八九五－一八九六年間（台灣矯正協會，一九三八年）。
圖片來源：國立台灣大學圖書館

財源才開始漸增，也才開始能在全台各地興建現代監獄。在東京國會的同意之下，殖民政府發行了債券，藉此為在台灣計劃興建的三座大型監獄籌措經費（Shizuhata, 2009 [1936], p. 302）。

包括新的台北刑務所在內，日本殖民政府一共計劃在台灣興建十三座監獄，而在日本於二戰結束離開台灣之前，這些監獄最後有八座監獄完工（請見表6.1）。監獄法於一八九五年十一月在台灣公布之後，殖民政府便正式將監獄分為三種類型：看守所、待審的被告所使用的監獄，以及用來關押被判有罪的人的監獄。一八九六年一月，台灣各地設立了十三座監獄，但它們大多都是使用清政府留下來的簡陋設施（Sotokufu, 1916）。在西方人的刻板印象裡，日本被視為不人道、殘暴的政權，而急著對抗這種刻板印象的日本，便很希望對這些臨時性、簡陋的第一代監獄進行大幅整修、改善裡頭的惡劣條件。主導計劃的監獄建築師名為山下啟次郎，我們曾在第一章介紹過他。日本殖民台灣的第一個十年裡，他曾被派到台灣來構想台灣的三

表6.1｜殖民時期台灣的監獄（一八九九－一九四〇年）

刑務所	地點和建造年份	附屬分所	位置／建造年份
台北	台北（一八九五－一九〇三）	宜蘭（從一九〇〇年起）	宜蘭
台中	台中（一八九五－一九〇三年）	花蓮（從一九〇〇年起）	花蓮（一九三七年）
新竹少年刑務所	新竹	新竹（從一九〇〇年起）	新竹（一九二五年）
台南	台南（一八九五－一九〇三年）	嘉義 高雄	嘉義（一九一九年） 高雄（一九三三年）

座主要監獄，後來也負責監造，這三座監獄分別是：北部的台北刑務所、中部的台中刑務所，以及南部的台南刑務所（National Taiwan University, 2015）[1]。

等台灣的統治穩定下來之後，殖民政權便終止了比較殘酷的懲罰形式（比如鞭刑），並在一九二一年挪出一筆特別預算進行「監獄擴建」（Wang, 2015）。到了一九三八年，全台灣有將近四千五百名囚犯。台北刑務所是台灣島上最大的監獄，容納了一千五百八十三名受刑人，佔全台囚犯總數的三分之一以上（請見表6.2）。現代監獄在台灣的系統性興建，不僅讓刑罰勞工制度得以取代過去殘忍的刑罰，同時也能支撐現代監獄的經濟運作。現代監獄的設計、以及刑罰勞動的常態化，兩者是相輔相成的，也讓刑罰事務變成一個展示和觀光的標的。台北刑務所就是個很好的例子。這座監獄是個大型的公共工程，很快就在這個殖民地的首府成為一個重要的地標。台北刑務所由山下啟次郎負責規劃，採用賓州模式的平面設計，監獄園區裡包括供監獄職員居住的區域、容納囚犯的主牢房，以及讓囚犯在其中勞動的監獄農園（請見圖6.2）。在接下來的幾年裡，如果預算允許，殖民政府便會對監獄園區進行擴建、改造，讓監獄

1 編按：日本在大正晚期，亦即一九二〇年代晚期，一律將監獄改名為「刑務所」，以去除字面的殘酷落伍意涵。

表6.2｜台灣殖民地監獄裡的囚犯人數（台灣矯正協會，一九三八年）

刑務所	男性	女性	總數
台北	1,543	40	1,583
宜蘭	105	4	109
花蓮（港）	162	7	169
台中	805	29	834
台南	728	27	755
嘉義	369	12	381
高雄	161	4	165
新竹	478	11	489
總計	4,351	134	4,485

被賦予愈來愈多元的功能。園區裡也有日本獨特的宗教和精神教育空間，比如神社和演武場，讓這些日本現代監獄和西方的監獄顯得非常不同（請見圖6.3）。

一九〇八年，也就是該監獄落成不到四年的時候，來自台北刑務所的刑罰勞工就已經在支援一個重要的殖民計畫，那便是台灣的第一場貿易博覽會（台北物產共進會），該博覽會旨在慶祝台灣縱貫線鐵路的完工。日常的殖民主義也透過這場博覽會在日本和殖民地的宣傳而得以遂行（Tsai, 2013）。監獄在支援這場博覽會上所扮演的角色，我們已經在第三章討論過

圖 6.2｜台北刑務所於一九四五至一九五〇年代的歷史地圖和照片。這份地圖呈現了監獄園區的佈局，園區曾經包含宿舍群、監獄和監獄農園。也可以明顯看出，台北刑務所的特色是放射狀的牢房翼樓，而那也是隔離系統的其中一個特點。圖片來源：底圖由中研院人文社會科學研究中心「地理資訊科學研究專題中心」提供，黃舒楣製圖。

了：當時的囚犯參與了台灣博物館開館的展櫃製作，而和博物館一起於一九〇八年十月開幕的，就是這場台北貿易博覽會。此外，當時的殖民政府還計畫要在一九〇八年這場博覽會上展示清政府時期舊的刑罰措施，甚至還要展示一些在地的刑罰器具：「如果我們在這裡找不到，或許可以從中國買一些過來」

1911-1939

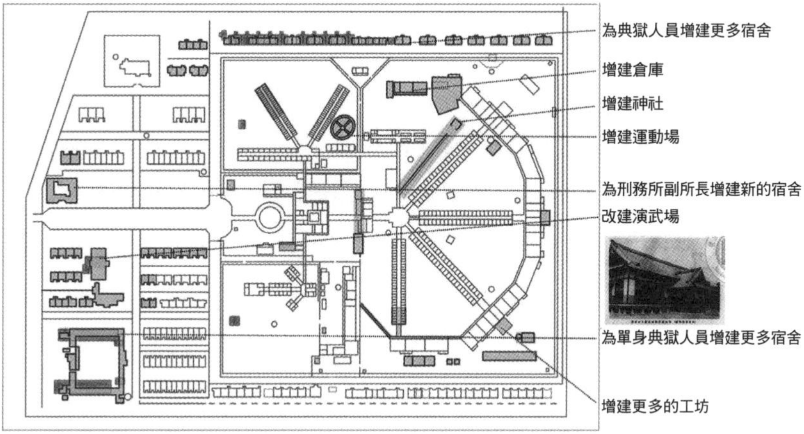

圖6.3｜台北刑務所的變化（一九一一－一九三九年）
（套色區塊即為有變化的地方）。
圖片來源：潘冠臻、李應承、黃舒楣製圖。

（Taiwan Nichinichi Shinpo, 28 August 1908）。雖然沒有明文的記錄，但我們可以看出，這場展覽就是要將在殖民統治之下達成的刑罰改革，和過去的情況做個對比。我們或許也可以主張，我們在此找到了一些證據能證明：將刑罰事務看作適合展示、適合觀光的主題，此概念早在現代監獄於殖民地建造的最初期就已經出現了。

總的來說，和這些新監獄相關的文字記錄，處處都流露著他們希望展現出某種進步感的決心。就在博覽會的一年之前，台灣爆發了一場瘟疫，奪走了兩千兩百八十人的性命。我們或許可以說，當時的殖民政府很想要展示它已經達成的成就，藉此平反之前遇到的挫敗。

出於將監獄隔絕於社會之外的這個目的，現代監獄都建在郊區裡，大門則面向市中心（Su and Liu, 2004）。不過在殖民統治的第一個十年結束後，各大城市的邊緣很快就被納入不斷擴張的城區裡，在戰後的年代裡更是如此。就在第二次世界大戰結束後，日本殖民政府留下來的基礎設施，被國民黨的國民政府以中華民國的名義，原封不動接收了過來。這些治理方式的過渡性狀態，解釋了為何國民黨流亡至台灣之後，在至少十年之後，台灣都和日本人當時留下的環境樣貌沒有太大變化。

和旅順日俄監獄以及西大門刑務所不同的是，當時的人們對於將台北刑務所宿舍，與戰俘的歷史以及台灣的殖民史連結起來一事，並沒有太大的興趣，從一九五〇年代到八〇年代為止，或可看作台灣為「流亡」政府狀態所管制，接著從一九八〇年代中期開始，開始面臨到民主化的運動。一九七〇年代和八〇年代期間，這些殖民監獄所在的位置大多成了一流房地產的所在地，也掀起了關於再開發和遷移監獄到更偏遠區域的議題。

一直要到一九九〇年代，日本人留下來的場址和建築才開始逐漸從日本帝國遺留下來的負面物件，轉變成為「記憶的場址」（Chiang, 2012; Huang, 2015）。在後殖民時期的台灣，殖民襲產一直是個備受爭議、存在很多層次的現象，在將殖民場址「紀念物化」（monumentalizing）的過程中，出現了很多層次的殖民模糊性（colonial ambiguity）（Chiang, 2012）。在這些場域之中，監獄有時是殖民襲產中特別突兀的一個類別（Huang, 2017a），很難好好看待。在台灣，人們很少將監獄視為一種襲產，直到嘉義監獄於二〇〇四年，成為台灣第一個、也是唯一一個由監獄變成的博物館之後，情況才有了變化[2]，台北刑務所的北圍牆則已經在台灣戰俘營紀念協會（Taiwan POW Camps Memorial Society, TPCMS）的努力之下，於一九九八年正式被指定為台北市市定古蹟。我們將在下面詳細討論這些事件。

在接下來的部分，我們將採用「記憶級別」一詞，針對存在於台灣不連貫的、非系統性的保存作法，做各種記憶層級的區分。同樣重要的是，我們必須認清一件事：台灣自一九九〇年代——亦即台灣開始進入「地方主義時期」（era of localism）（Chiang et al., 2017, p. 238）——開始不斷變化的政治地景，也讓人們注意到歷史保存，自此這個議題也經常成為地方政府的文化治理焦點。由於政治權力的去中心化，地方政府已經在新的

2 位於景美和綠島的另外兩座監獄，則在二〇〇〇年因再利用而逐漸納入為國家人權博物館園區。這兩座監獄是國民政府為了關押異議人士，而在一九五〇年代興建的（譯注：亦即非屬殖民時期監獄）。關於進一步的討論，請見Lin（2017）。

政治地景之中崛起，它們透過歷史保存、文化旅遊、建立地方博物館和文化節慶等方式來提升地方認同的過程中，扮演了重要角色。對襲產漸增的興趣，也帶來了一波快速的地方記憶的重新採集，但這個過程在台灣各地卻缺少一個必要的、彼此連貫的歷史框架。雖然這種由下而上、漸進式的記憶，能讓過去的歷史獲得比東亞地區其他地方更多元的再現方式，卻也導致一九七〇年代和八〇年代從快速再開發之中搶救出來的那些僅存的刑罰襲產，歷經了選擇性記憶或矯正式記憶的過程。

記憶級別

在接下來的篇幅裡，我們將採用記憶級別的概念（請參見第二章），來分析襲產化和記憶的不同層級，其中包括「不記憶、選擇性記憶，以及矯正式記憶」。雖然台灣大多數的殖民監獄都屬於不記憶的範疇，但在一些少數的案例裡，殖民監獄依然被完整保存了下來。然而殖民建築的再利用過程，對於殖民時期和後殖民時期的歷史並沒有同等對待，而是較關注戰後的歷史，較關注刑罰改革作為後殖民時代監獄運作的成就，並間接強化國家在面對瞬息萬變的國內和國際政治時所獲得的成功。一如我們在此所主張的，這種保存可以被視為一種矯正性記憶，亦即為了當下的利益，嘗試矯正述說過去的方式，並在這麼做的同時，直接或間接對我們以外的「他者」施加懲罰。

接下來，我們將會介紹幾個案例，來闡述矯正式的（不）記憶過程、以及其隱含的意義，這些案例包括台北和嘉義的舊監獄這兩個關鍵案例，並將簡短討論新竹、台中和宜蘭的案例。

台北刑務所的選擇性記憶

二戰結束之後，台北刑務所被重新命名為「台北監獄」，並且持續運作到一九七〇年代初。這座監獄於一九七五年完全清空之前，它曾歷經過幾次變化，比如於一九五八年監獄和看守所分立，以及於一九六三年遷移台北監獄。由於舊監獄的量能不足，幾乎無法容納戰後持續增長的囚犯人數，因此台北監獄的管理單位決定變賣監獄的土地，遷移到桃園縣的郊區——那是一個都市化程度較低的區域，擴建監獄的空間也更為充足。這個新的監獄建築於一九六二年末完工，而監獄則在一九六三年一月進行遷移。台北看守所則繼續留在原址長達十多年的時間，直到一九七五年才遷移至新北市（譯按：當時仍為台北縣）。不過監獄周圍的職員宿舍，倒是在原址又屹立了將近五十年的時間，直到都更計畫終結了戰後以來長時間的轉型過程。

大多數對監獄襲產的研究，都關注監獄在除役之後發生的事情，但台北監獄卻在一九五〇年代、也就是遷移之前，出現了最出人意料的記憶表現。監獄的庭園裡有些微型的地景裝置，它們重現了中華民國（當時）最重要的紀念物地景（比如南京中山陵），或使用了中國北方的園林元素。與此同時，神社和參道（亦即通往神社的道路）這樣的象徵性地景則是遭到了拆除（關於神社的原址，請見圖6.3）。根據我們和退休獄方工作人員的訪談，所有這些「計畫」都是在台北監獄高層的建議之下由受刑人建造的。為什麼要進行這樣的計畫呢？一方面，使用刑罰勞工來管理監獄的建成環境（比如建築修繕和園林造景），是一個很常見的作法。另一方面，將戰前殖民地景有目的地替換成這些紀念性的設計，則是一個頗具象徵性的作法，值得進行更多探究。除了一些擁有特權的訪客之外，使用中的監獄並不是一個對外開放的庭園，因此那些高層希望透過這種展示來傳達什麼概念、以及對誰傳達，至今都仍是個未解的謎題。或許那顯示出了流亡台灣的國民政府，有多想在這個邊陲小島重建某種紀念感，藉此表明自己對中華民國的統治權——就連在一座監獄裡也都是如此（請見圖6.4）。這個在監獄高牆後方的象徵性地方打造，直到退休監獄職工的家屬於二〇一三年公開老照片之後，才終於為外人所知。

台北監獄於一九六三年遷移之後，留存下來的閒置建築和造景，有段時間裡曾開放給監獄職工的小孩作為遊樂場使用。這些孩子是戰後住在監獄裡的居民第二代，他們至今都仍記得當年住在一個監獄旁的情景。四十多歲的艾莉（匿名，原文採Emily），便生動地提起自己跟著一群較年長的孩子，在當時寬闊的監獄園區裡探險的回憶。他們有時會玩捉迷藏，有時會看到受刑人從新監獄被送回來幫忙清掃監獄環境。「他們移動、工作的時候，身上都有鏈子〔……〕我們是看著他們在監獄裡四處勞動長大的，所以不會怕他們」（訪談，二〇一五年三月二十一日），她如此回憶道。她的記憶指出了在監獄裡和監獄外曾使用過的刑罰勞動，以及監獄「裡面」和外界之間模糊的邊界。那些曾在五十多歲和八十多歲的時候住在監獄園區裡的居民，對這個地方的記憶不盡相同：有些人仍記得貼在大門上

圖 6.4｜監獄職工的孩子，正在監獄庭園裡仿造中山陵的微型造景之中拍照。照片來源：潘家提供。

的死刑告示，以及隔天早晨的槍響。有些人甚至記得看到屍體透過監獄北側的某道門被運送出來，而那個門口也因此被暱稱為「運屍門」。監獄附近也流傳著不少鬼故事。

在那個經濟發展優先的年代裡，將這座監獄遷離台北、拆除舊監獄的建築，並透過半買賣的方式，將監獄所在的國有土地移交給中華電信和中華郵政這兩家國營公司，似乎是再自然不過的選擇。雖然日本人於一九三〇年就在台灣通過了關於天然名勝史跡的法律，但這道法律卻因為戰爭而暫停實施。一直要到一九八二年，這個議題才再次變得重要起來。兩組建築群突兀地屹立在監獄過去的範圍和圍牆邊上，儘管圍牆裡依然住著監獄的職工和官員。此外，大量的戰後移民雖然未必和這座監獄有任何關聯，卻在此找到了棲身之地。他們設法在既有的房舍之間搭建簡陋的棚屋；這個非正式的聚落，直到二十一世紀都依然存在那裡，反映了戰後年代房屋短缺的問題。有些都市居民認為這個地方是被凍結的地景，儘管戰爭已經結束多時、成為歷史，那裡卻依然保留著戰後年代的艱苦氛圍。

這個似乎被凍結的都市地景，在過去十多年來出現了融化的跡象。二〇〇七年，政府決定這些移民的違章聚落必須全數遷移，以便為國有財產署主導的都更計畫提供用地。在這個中央政府推出的新都更計畫裡，這個地方被重新定位為「台北曼哈頓」。在這個願景之中，監獄相關的戰前記憶、以及前述住在監獄園區裡的居民，多被視為毫無用處。

前述的土地買賣和都更計畫，基本上抹除了二戰爆發前曾被關押於此的多名政治犯的歷史，比如一九二〇年代、三〇年代呼籲成立台灣議會的關鍵運動組織者。其中，台灣文化協會和台灣民眾黨的創建人蔣渭水（一八九〇年八月六日－一九三一年八月五日），就曾於一九二〇年代被關押在台北刑務所。他被視為台灣抗日運動中最重要的領導人物之一。曾被關押在那裡的人還包括：簡吉（一九〇三－一九五一年），一位關注日本統治之下農民危急處境的左翼運動人士；羅福星，一位出生在荷蘭東印度群島巴達維亞（Batavia，即今日的雅加達）、擁有一半華人血統的運動人士，他於一九一二至一九一三年間、前來台灣參與苗栗事件，並於一九一四年三月九日在台北刑務所遭處決，當時的報紙也對這起事件進行了大幅報導（臺灣日日新報, 一九一四年三月五日）。雖然蔣渭水和羅福星在台灣的教科書裡都被列為英雄，但除了二〇一三年起為數不多的媒體報導（Taipei Times, 1 January 2013）之外，並沒有太多人嘗試提及他們被關押在此的歷史。羅福星的孫女和蔣渭水的孫子都在二〇一四年三月三日，也就是羅福星逝世一百週年時，出席了一場呼籲保存台北刑務所刑罰地景的活動。

都更計畫本身經歷了幾次翻案，最終造成了大規模的搬遷，可說是將「監禁」意義重新寫入地景之中，並「將被懲罰的人他者化」(othering the punished)，「他者化」本身就已經帶來了懲罰的效果——關於這個現象，我們會在第八章詳細進行討論。在此，我們將關注這座已經拆除的監獄，是如何在一九九〇年代至今的一連串挑戰之下，重新出現在公眾記憶之中的。

雖然來得有點晚，但台北刑務所遺址的歷史再生進程，終於在一九九八年跨出了重要的一步：監獄的北側圍牆於該年被指定為古蹟。台灣戰俘營紀念協會當時要求紀念在此被拘留、處決的盟軍飛行員，而圍牆之所以被指定為古蹟，就是對這個要求的回應。政府因為這件事而在二〇〇九年設立一塊告示牌，而古蹟身份的指定、告示牌的設立，都體現了台灣作為日本帝國前殖民地的困難記憶。在戰爭期間，台灣從一九四三年起便開始受到盟軍的空襲。有幾次空襲針對的是台北城裡和周遭的日本目標物；這一連串的空襲在一九四五年五月三十一日知名的「台北大空襲」中達到高峰。該次空襲喪生的平民超過三千人。雖然空襲瞄準的是日本人的建築物和設施，但依然有大量的砲彈誤中了民用區域，比如當時關押著戰俘和政治活動人士的台北監獄。一些政治活動人士就是在該次空襲中喪命的。然而這起事件，在關於第二次世界大戰的書寫之中卻沒有獲得太多篇幅。

關於遺忘和記憶的問題，彰顯了台灣人在第二次世界大戰期間的模糊位置；就算引起大家對日本殖民時期事件的注意，也無法保證大家可以對歷史詮釋取得共識。對很多國族主義者來說，談論盟軍對台灣進行攻擊這件事是不恰當的，因為在他們看來，盟軍的舉動是為了終結這場戰爭以及日本對台灣的佔領，因而是合理的。然而也有不少人認為，台灣人在長達半世紀的時間裡，確實有理由認為自己是日本國民，而對他們來說（尤其是對那些認為自己效忠於日本的國民來說），這個故事可能更加複雜得多（Taiwan POW Camps Memorial Society, n.d.）。二〇一五年八月，前總統李登輝在日本雜誌《Voice》上寫道，台灣人在二戰期間是以日本人的身份為「他們的國家」（指日本）打仗，而這篇文章也掀起了一場關於台灣人戰時記憶的嚴肅辯論。李登輝的說法在台灣以外的地方也引起了關注（請見Hsiao, 2015）。

如果沒有何麥克（Michael Hurst）這位從一九八〇年代中期就定居台灣的加拿大人，我們可能就無法像現在這樣紀念台北監獄圍牆。何麥克於一九九八年創立台灣戰俘營紀念協會，並開始在全台各地找尋和戰俘的歷史足跡有關的地方，比如就在戰爭結束的五十八天之前，有十四名美國飛行員戰俘在台北刑務所遭到無理處決。何麥克強調，這起事件顯示日本人把在台灣墜落的美國空軍和海軍戰鬥機、轟炸機飛行員都視為「戰犯」，而不是戰俘。

何麥克開啟了一個計畫，邀請那些戰俘的家屬前來拜訪台灣，紀念這個令人悲傷的事件。然而為了讓場地更適合進行追思，現場必須做些標記，但這並不是一件容易的事，因為台北刑務所及其周遭，在過去的幾十年來已歷經了許多變化。到了二〇〇九年，台灣戰俘營紀念協會成功地讓台北市政府文化局在監獄的北側圍牆上放上一塊告示牌，上頭寫著這十四名飛行員在此喪生的資訊。文化局找到了監獄北側圍牆的遺址，將那裡當作紀念和哀悼的場地（刑場本身則已經完全被新的建築覆蓋著，現在是中華電信的員工餐廳和廚房；關於北側圍牆的位置，以及戰俘紀念活動的照片，請見圖6.5）。

這場活動的規模並不大，意義卻很重大；那是在整個歷史圖像於二〇一三年公諸於世之前，先行指認出監獄邊緣的第一步。台灣戰俘營紀念協會一直希望在台北市內建立一座戰俘博物館，但在缺乏政府支持的情況下，這個目標很難達成。我們並不清楚這個博物館預期的觀眾是誰、會從哪裡來。有些人主張，日本帝國對左翼民主派異議分子的壓迫史，也應該受到和戰俘的悲慘故事一樣的社會關注。然而，台灣政府對於國有土地的再開發，比對於揭露監禁、死亡或戰爭的記憶更有興趣。台灣人在記憶一九四五年五月「無差別轟炸」這類事件時的矛盾立場，就是台灣人與戰爭、以及殖民之間的特殊關係的縮影，這或許也導致了我們長期以來忽視監獄、以及和監獄相關的複雜記憶。台灣人應該要加入每年紀念戰俘的活動嗎？

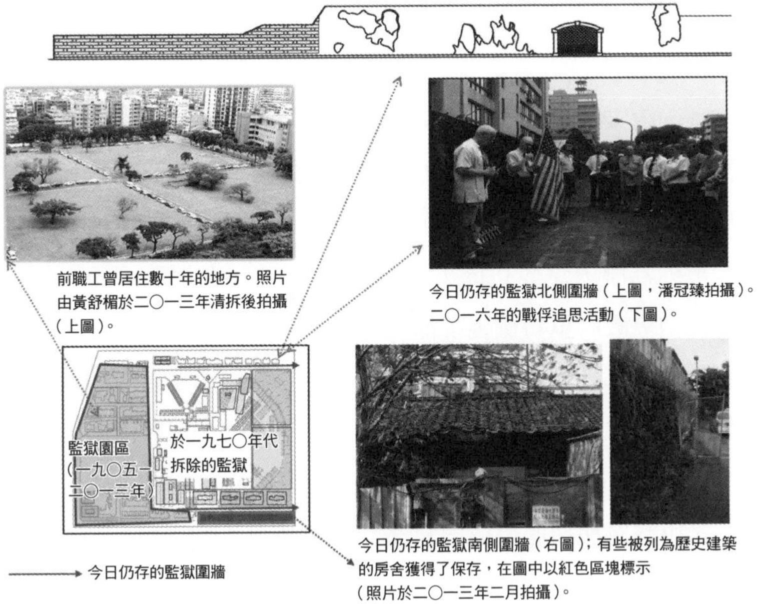

前職工曾居住數十年的地方。照片由黃舒楣於二〇一三年清拆後拍攝（上圖）。
今日仍存的監獄北側圍牆（上圖，潘冠臻拍攝）。二〇一六年的戰俘追思活動（下圖）。

今日仍存的監獄南側圍牆（右圖）；有些被列為歷史建築的房舍獲得了保存，在圖中以紅色區塊標示（照片於二〇一三年二月拍攝）。

圖6.5｜二〇一三年拆除前和拆除後的監獄園區。
照片來源：含繪圖的圖示（上方）由潘冠臻製作；地圖和照片由黃舒楣提供。

他們應該把自己的記憶安放在哪裡（以及放在哪一個陣營）？他們應該怪罪於誰？他們要如何將美國戰俘的記憶，和殖民時期的政治異議分子、以及因為犯罪而入獄的囚犯的記憶放在一起呢？來自沖繩、據說在第二次世界大戰之前就已經被監禁，但一直不被日本和台灣社會所知的囚犯，我們又該如何看待呢（Matayoshi, 1990）？這些問題並沒有簡單的答案，但無論如何，它們也都確認了台北刑務所的重要性，即便刑務所已被廢止、剩下殘跡。

一直要到二〇一三年春天，一些民間團體才開始組成聯盟，呼籲保存監獄聚落。他們長年來的抗爭並沒有取得太多成功：在超過一百五十間房舍裡，只有二十二間監獄官員的前宿舍被列為歷史建築（Ho, 2013; Huang, 2014）。在民間團體的壓力下，中央政府重新檢視了都更計畫、縮小開發規模，並將計畫範圍的一部分指定為歷史保留區。然而二〇一六年末一場突如其來的大火，卻燒掉了其中兩棟舊宿舍，為這個計畫再次蒙上一層陰影。這場大火讓一些人開始擔憂，而附近的許多居民也呼籲市政府加速進行這個備受爭議場址的都更計畫。

時至今日，這個閒置的場址依然備受爭議，而最困難的懲罰記憶則被埋入了地底。如何再現這個糾纏著創傷記憶的殖民現代性遺跡，至今依然是個未解的問題，市政府和投資者則是偏好策略性地遺忘這個困難的過去，以便擁抱更有利可圖的未來。事實上，這個歷史地景已經被劃分為三個區域，以便進行修復計畫。負責修復計畫的K建築師在接受訪談、討論這個正在進行、岌岌可危的計畫時，似乎並不怎麼在乎台北監獄的歷史：

我們（設計公司）只負責這個區域（手指向金華街的

房舍）。關於這個計畫的其他部分，我們沒什麼能做的。〔……〕但我可以跟你保證，文化局根本就不知道要怎麼處理這些襲產。所以聽到你對這個地方的了解和熱情，我們其實很高興。

（K建築師，於二〇一七年八月四日訪談）

市政府似乎沒有擬定任何計畫，來限縮這個開發計畫，而這也不代表設計過程就有採納各方聲音。很明顯的是，這個設計公司並沒有和保存運動人士、或被迫遷的人進行太多接觸，直到筆者提到這些人時，K建築師才開始論及他們：「時程很趕，你知道的。我們不可能跟每個人開會」（訪談，二〇一七年八月四日）。

除非各界對於將台灣應該如何在戰爭和佔領記憶之中定位能取得共識，否則台北刑務所正在消失的記憶，便不太可能獲得官方的肯認和修復，或者至少不會受到像首爾和旅順案例那樣的關注。

嘉義監獄的矯正式記憶

嘉義監獄的案例在幾個面向上都頗為特殊。首先，它是台灣第一個獲得正式保存的監獄，也是台灣唯一接近完整保存的監獄。其次，讓它得以留存下來的保存運動，在嘉義這樣的二線城市裡是個意義重大的行動。第三，之前在嘉義監獄工作的職工和講師，也都參與了監獄的保存過程，這個現象在台灣的其他案例中從未出現過。儘管如此，我們依然必須指出，今日大多數參訪嘉義監獄的訪客，都仍會把嘉義和阿里山連結在一起，想到嘉義時，第一個聯想到的並不是這座具有歷史重要性的監獄。

嘉義市是個擁有二十七萬居民的小山城，曾在二十世紀因為阿里山森林鐵路的建造（始建於一九〇七年）而盛極一時。之所以興建這條鐵路，是為了將山上的木材（主要是松柏類）運送出來。當時的木材產業發展快速，而這座城市也變成了殖民地的木業重鎮，許多木材工坊和工廠都聚集在北門車站附近。阿里山森林鐵路於二〇〇三年被列為台灣的世界遺產潛力點[3]，今日也是重要的觀光景點。嘉義舊監獄距離北門車站並不遠，然而遊客卻很少注意到監獄的存在，除非他們在舊城區的時間待得夠久（請見圖6.6嘉義舊監獄於殖民時期的照片）。

嘉義舊監獄於一九九四年除役，在接下來的好幾年內幾乎處於閒置狀態，只有監獄的職工仍住在裡面的職員宿舍、直到退休。一直到二〇〇〇年代為止，舊監獄的職員宿舍和位於鹿草的新監獄之間都有接駁車服務。有趣的是，在嘉義舊稅務局的保存運動失敗後，嘉義舊監獄之所以能躲過再開發的命運，可以說是個意外。在一九九六年關於嘉義監獄未解的討論基礎

圖6.6｜一九三八年的嘉義刑務所。上圖：主入口。下圖：主要的辦公建築（台灣矯正協會，一九三八年）。
圖片來源：國立台灣大學圖書館。

上，嘉義舊監獄保存倡議團體隨之成立，目的則是為了維持都市襲產的動能，而監獄正好成為他們的下一個目標。他們提議將舊監獄列為古蹟：二〇〇二年六月十日，他們成功將其列入市定古蹟；接著在二〇〇五年五月，嘉義監獄又被升級為國定古蹟，而且是嘉義的唯一一個國定古蹟。這件事在兩個意義上非常重要：這是嘉義第一個可以被指認出來的、為了保存都市襲產而成立的聯盟，也是首次有監獄官員和職工（包括現任和退休的）加入保存運動。嘉義監獄的教誨師在保存過程中，尤其扮演了重要的角色。[3]

雖然嘉義舊監獄的保存取得了前所未見的成功，但他們此時面臨到一個新的挑戰：如何在預算有限的情況下管理這個設施（儘管這座監獄已經是國定古蹟）。通常而言，像這樣的案例會由文化部來管理，然而在前法務部長陳定南的命令之下，嘉義舊監獄於二〇〇五年變更計畫、改為獄政博物館，並被置於法務部矯正署的管轄之下。這些新的監管單位對嘉義舊監獄的態度有點矛盾。官員們認為管理古蹟這件事超出了他們的能力和責任，卻又覺得自己就是最適合討論監獄襲產的人——尤其是曾在這座監獄裡工作的人更容易有這樣的想法。「如果你沒有在這裡工作過，就很難理解。那些（古蹟）專家？他們什麼都不懂，」一位資深的嘉義監獄管理人員如此說道（訪談，二〇一七年八月十五日）。他的說法是賈桂琳・威爾森（Wilson,

3 關於進一步的細節，請見官方網站：http: //twh.boch.gov.tw/taiwan/index.aspx?lang=en_us

2008, p.18）所稱的「守門人」心態的典型例子，亦即持續參與監獄運作的人，會以常態化的方式概念化監獄博物館。

此外，這座監獄被保存的方式，對於需要跨領域合作的襲產規劃來說蘊含有趣的意義。當這座監獄被列為國定古蹟、卻依然隸屬於法務部時，人們對舊職員宿舍是否應該也被列為文化景觀一部分的問題，進行了辯論。在當時，「文化景觀」還是個相對新穎的概念，對於一些專家來說，這個概念只能被用在自然地景之上（與嘉義市政府文化資產科科長訪談，二〇一六年九月五日）。最後，市政府依據文資法將職員宿舍區重新劃為歷史保護區。在這個做法之下，雖然沒有任何一棟建物被列為市定古蹟，但因為那些建物都位於保護區內，因此每一棟建物都被以等同古蹟的方式對待。沒有嚴格的法令禁止人們對那裡的物理環境進行更動，但人們一般都認為，那裡的地景應該維持特定的樣貌。一如台北刑務所，嘉義監獄旁過去曾有一大片監獄農園，以維持監獄運作所需。這座農園在二〇〇四年至二〇〇六年間遭到移除，成為高等法院大樓的用地。

到了二〇一六年，雖然又過了十年的時間，但監獄博物館和歷史保護區的發展並沒有太多進展。根據其中一位保存運動人士陳世岸的說法，監獄博物館和歷史保護區已經成了某種「困難襲產」，市政府或法務部都不想處理，因為進行一場遲到已久的修復工作並不便宜，而且要推廣這個襲產也並不容易。

換言之，就財務和文化上來說，這個地方都是個困難襲產場址。「可能也和嘉義本身有關，就文化而言，這個城市在戰後就一直是比較邊緣的地方。如果換成台北，我想事情會不太一樣，」陳世岸如此說道（訪談，二〇一六年九月五日）。

雖然監獄周遭的房舍已經被指定為歷史保護區的一部分，但這不代表保存就一定能按照計劃進行。直到一個新計畫於二〇一六年引入了一些小規模的實驗性活動之前，這些房舍一直都處於閒置的狀態。這些不同以往的實驗性取徑並不是法務部和嘉義市政府的策略性計畫，更像是一種務實的選擇，因為嘉義市缺乏資金進行完整的整修，因此只好採取由下而上的保存方式。房舍區的保護區身份，使得他們只能使用這種相對彈性的作法，而這種做法也讓他們能以比一般古蹟還要便宜的方式來進行修復。南華大學的陳正哲教授所創立的「R School 營繕塾」（以下稱南華團隊），就是在這樣的背景之下誕生的。其他案例的修復過程，一般都分為兩個階段，亦即修復和再利用，然而南華團隊的修復方式卻不同，他們採取了漸進式、參與式的取徑，並邀請多方的使用者團體參與計畫，尤其是與木造建築和木業有關聯的群體。這些團體被選定之後，便會負責修復他們所接下的房舍，然後就能免費租用他們修復好的空間。

有趣的是，除了保存區（該區關注的是土地使用方式，而非建物狀況）之外，監獄園區只有一部分建築群於二〇一四年被登錄為歷史建築。這個場址不太被人們視為殖民監獄的遺留物，而更像冷戰期間美援的遺緒，因為監獄裡的一些整修，其實是在一九五〇、六〇年代依靠美援經費進行的（Cultural Affairs Bureau, Chiayi City, 2014）。

今日舊監獄的日常運作，與位於主建物之外的職員宿舍很不一樣。嘉義舊監獄博物館裡有志工會進行導覽。雖然導覽的是同一條路線，但不同志工所講的故事並不相同（圖6.7裡的情景是其中一個例子）：這座監獄博物館並不存在一個標準化的敘事。有些人會強調戰後的獄政事務（比如所長的故事，或是多年來的政策變化），有些則強調有趣、或戲劇性的故事，比如日本人如何懲罰囚犯，或是哪部電影是在嘉義監獄裡拍攝。很少有導覽志工會提供理路清晰、符合時序的故事，所以當他們在討論某事件時，你很難釐清他們在談的是哪個時期。一般來說，這些導覽行程更強調的顯然是說故事，而不是傳遞知識。訪客在參觀路線上看到的物件，他們反而不一定會一一解說。比方說，當導覽來到用來施行鞭刑的支架前時，志工便會談及日本人在殖民地裡使用的鞭刑，卻不一定會提到他們後來因為改革而中止了這個作法。談及作為殖民遺緒的日本神社時，導覽志工則會告訴大家那座神社來自京都，而緊張的囚犯每天上工前都會來此參拜、祈求平安。這些在導覽途中提供的軼聞，並沒有連結上什麼前後連貫的概念。舊監獄裡也看不見

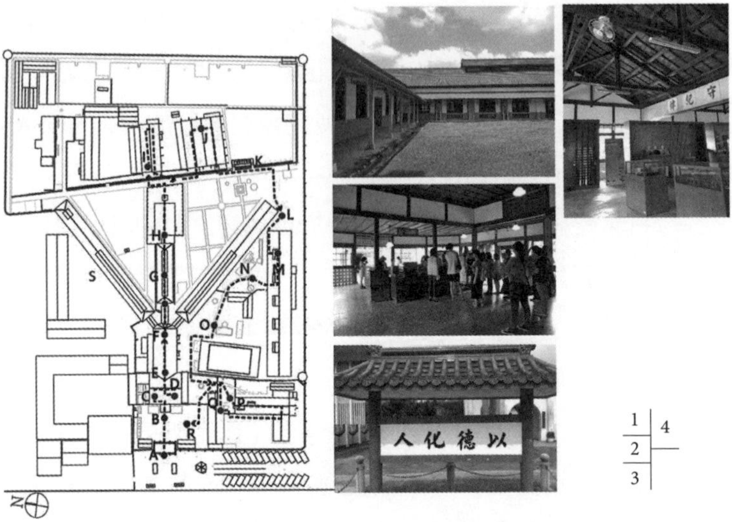

1. 工坊的樣貌（S，尚未對公眾開放）。
2. 控制中心（F）。
3. 入口處（A）。
4. 嘉義舊監獄工坊（J）裡的囚犯作品展示（二〇一七年八月）。
（照片於二〇一六年八月拍攝。）

圖 6.7｜ 導覽行程的路線圖。圖中的每個字母都代表一個個停留點，導覽員會在這些地方停下腳步、講述故事。從地圖中也可以清楚看出，嘉義監獄的特色就是其放射狀的牢房翼樓，也就是隔離系統的其中一個重要特徵。
來源：地圖由呂權豪提供。

什麼系統性的展示教育成效能反映前法務部長想呈現台灣獄政事務在戰後取得進展的意圖，而這件事確實也帶來了關於矯正式記憶的問題。

至於監獄外的區域，則經歷了一個完全不同、以矯正為名的都市保存運動。二〇一七年三月十六日，一群年輕的小學生在嘉義市中心發起了他們的第一場展覽，展覽名稱為「再現目／木光之城」。在中文裡，「目光」和「木光」同音，而主策展人則藉由這個文字遊戲，來傳達這場展覽的多重目的。他們之所以會舉行這個展覽，是為了對長達六個月、由國立嘉義大學附設實驗小學和「R School 營繕塾」所支持的實驗教育計畫作結，並慶祝計畫落幕。在南華團隊的指導之下，這二十八個學生透過實地訪查和主題式工作坊，對嘉義監獄周遭的其中一棟老屋進行了研究。他們建立了一個模型，藉此探究老屋的設計、佈局、建造技術等細節。他們也探索了「重生」的概念，並設立一個展板，呈現他們針對這個概念進行腦力激盪的成果。在一個源自已廢止的矯正機構的地方裡，「重生」是個受爭論、而且重要的概念；那些學生們所研究的老屋，其實就位於維新街上，而從字面上看，維新也有「改革」或「重生」之意。於是這種對木造舊宿舍的重新利用、作為一種「重生」的形式，便以一種有趣的方式，正好與作為矯正機構的監獄裡的、刑罰意義上的「改革」重疊在一起。在某個意義上，「重生」就是「矯正」的一個委婉的說法，可以迴避這個地方作為監獄的暗黑歷史。這個說法標註著一個全新的時代，而在這個時代裡，監獄周遭的地區被重新打造成為一個新的文化聚落，關注如何推廣小規模的工藝技術、以及木造建築的創新，藉此連結這座城市曾經繁盛的伐木和木材產業史。

這場展覽提到，就在不久之前，「R School 營繕塾」組織了一場修繕木造建築的工作坊。他們邀請了兩位日本建築師前來針對這個主題講課，示範如何評估這類木造的老屋，以及改善它們的適當做法，因為台灣人對這些技巧已經不再熟悉。戰後建造的大多數建築物，都採用強化水泥與平屋頂的設計。這種木造老屋的年份則更早，大量出現在一九二〇、三〇年代；當時在台灣的日本殖民統治已經進入穩定、繁榮的階段，而都市的擴張、以及讓日本人得以在全島實行統治的各式政府機關建築就見證了這個時代。許多木造「日式房舍」被建造來容納治理殖民地的各種活動（其中也包括監獄）。然而後來，嘉義的這些房屋大部分都荒廢了：直到一九九〇年代晚期，人們才開始對重新探索日式房舍愈來愈感興趣，有點矛盾的是，這種興趣也讓那些日式房舍從殖民史脫離出來。人們關注房舍的材料、材質，以及少數幾個曾住在房子裡的名人，在這種視角下，這些房舍逐漸從更寬廣的社會文化、都市脈絡中脫離出來。然而也正是因為這種對物質性漸增的欣賞，人們似乎開始更傾向於物化、去脈絡化理解這些日式房舍（Huang, 2015, pp. 126–127）。刑罰襲產的選擇性記憶，就是反映這種趨勢的例子之一。

從某個意義上來說，為了保存監獄和周遭房舍而持續投注的努力，導致戰後時期在矯正事務上的成就，取代了殖民時期的刑罰實作記憶。至於最近針對監獄外的日式房舍的保存運動，我們不能否認確實有些規模不大的力量，正在將進行中的都市保存連結過去的歷史，關於這點，我們也能從「R School營繕塾」的聲明、以及我們和陳教授的訪談略窺一二。

「R School 營繕塾」在其臉書官方頁面（https://www.facebook.com/correction1921/）上，明確地將再利用和矯正的概念連結在了一起：

> 一如「矯正」在支撐著現代監獄的運作，這個概念也傳達了我們的企圖：轉化並將新生命注入這個荒廢的城區，以及那些老屋、廢棄的建材，以及這座城市正在衰退的木材產業。我們會重新啟動它們。

很明顯的是，這座城市對於在「矯正」（「監禁」就更不用說了）的概念下改造老舊城中心這件事，其實並不怎麼感興趣。以這個台灣首創的監獄博物館來說，人們認為將它間接連結矯正在刑罰上的概念就已經足夠了（儘管它明明就是國定古蹟）。諷刺的是，刑罰改革的歷史（一如歷史上的舊監獄所呈現的）就算沒有被我們所稱的「矯正式記憶」的這個新主題給完全掩蓋住，至少也是被過濾了。光是記憶還不夠——必須是矯正式的記憶，必須讓襲產在經濟和政治上都變得更加正確才行。

選擇性記憶和策略性遺忘

嘉義的案例是台灣唯一一座在一定程度上被完整保存的殖民監獄：其他在台灣的殖民監獄，則呈現出混合了**選擇性記憶**和**策略性遺忘**的模式，比如台中、新竹和宜蘭的案例都是如此。此外，廢止的監獄作為殖民襲產的一種類型，一直要到嘉義的案例獲得保存之後才開始獲得關注，然而到了此時，大多數的監獄也都早已在一九九〇年代拆除殆盡了（而新建的監獄則位在城市以外的地區）。少數留存下來的監獄都經過了大幅改造，和殖民時期的樣貌很不一樣。這些舊監獄場址的附近曾有不少宿舍，不過有趣的是，這些宿舍又留存了至少十到二十年的時間，直到那個世代的退休職員陸續退休為止。這些房舍有些獲得了保存，儘管保存過程未必會注意到殖民監獄的歷史，比如舊台北監獄附近的房舍就是如此（Huang, 2017b）。新竹監獄附近的房舍則是另一個例子：那裡有十八幢房舍曾經作為宿舍使用，後來在二〇一三年被登錄為歷史建築。

更精確說，殖民監獄附近的房舍除了作為監獄職工的宿舍之外，通常還有各種不同用途的建築物。在大多數大型監獄裡，演武場尤其顯得特別突出，它代表的是日本軍國主義的帝國動員運動（Imperialist Mobilization Movement）。由於特殊的建築樣式，台灣的演武場逐漸被視為充滿魅力的歷史建築。在新竹監獄的案例裡，演武場於二〇一二年被列為市定古蹟時，是首次有建築物在幾乎沒有任何保存專家反對的情況下通過。台中監獄的案例也是如此。那裡的演武場於二〇〇四年被登錄為歷史建築，卻在二〇〇六年被一場前所未見的大火燒毀；後來演武場歷經了大型重建，最後在二〇一二年重新對外開放。

就在這個相對戲劇性的火災事故發生的同時，政府也開始對已經被拆除的舊台中監獄附近的前職員宿舍進行調查，而這讓那些舊宿舍最後得以在二〇一三年逃過被拆除的命運。起初，他們提出了一個再開發計畫，要將整個街區變成「台中司法園區」，供政府使用。然而，由於關注監獄的團體和古蹟專家漸增的壓力，台中市政府於二〇一一年重新評估了那些建築物的歷史價值。他們最後在二〇一三年八月，將前所長的官舍和公共澡堂列為市定古蹟，並將其他十八幢房舍列為歷史建築。隔年，台中市政府和法務部進行了協商，將計畫修改成對歷史刑務區域的活化再利用。到了二〇一六年，台中市政府成功地將歷史刑務區域和舊台中火車站包裹在一起，向國家申請再造歷史現場（二〇一六年總統大選後新政權推出的標誌性文化政策）的經費。這個計畫的名稱是幸町創新遊樂園，其中最重要的區域，是保存日治時期日本居民日常生活的完整町屋（意指建造於日本城鎮地區的木造房屋，在江戶、甚至明治時期都很流行），並透過創意計畫為該區帶來新生命力。修復計畫於二〇一八年完工，但在完工之前，我們並不確定那裡會出現什麼類型的創意計畫[4]。這個區域依然吸引了很多訪客，尤其是年輕的攝影師，因為它是婚紗攝影勝地。很顯然地，這個位於舊台中監獄附近的歷史區域的重生，正以充滿創意的方式將其殖民含義拋在腦後。大多數市民對於這個計畫都表示歡迎，但有幾位國民黨的政治人物提出批評，說這個計畫是在頌揚殖民政府的統治、在台灣人的傷口上灑鹽。

新竹監獄的故事則是一個更複雜、更有活力的例子。事實上，新竹監獄至今依然都在運作中，也是台灣唯一一座從殖民時期至今都沒有遷移過的監獄。一九二〇年代成立時，它是台灣第一座、也是唯一一座少年監獄。新竹監獄和其他案例一樣，曾經有過幾次遷移計畫，但最後都因為用地取得問題無疾而終。多年以來，監獄旁的區域已經發展成某種娛樂區，直到二〇〇七年之前，大多數宿舍建物都一直有人使用。

到了二〇一二年，新竹監獄附近的演武場被指定為市定古蹟，而新竹監獄周圍的宿舍群，則在一個為了保存監獄園區而

---

4 此書出版後，行政院於2023年4月宣布國家漫畫博物館選址於臺中刑務所官舍群。東側基地於同年12月開放參觀。

臨時成立的市民團體的努力之下，被登錄為歷史建築。這場保存運動在新竹非比尋常，還曾在二〇一二年十月十七日，因為一群年輕大學生和藝術家所發起的「紅氣球運動」，而登上地方媒體的版面。根據一些參與者的說法，他們之所以會投入這場運動，是因為自從新竹市區另外兩個歷史地標在同一年被拆除之後，他們的失落感便愈來愈深。這個情緒激起了監獄周遭老屋的保存運動，雖然這些學生對這座監獄未必有太多認識。一個鬆散的聯盟很快便在網路上出現，由年輕檢察官、襲產研究者和建築師組成，目的是推動保存監獄周遭的日式房舍。有趣的是，那些和這座仍在運作中的監獄關係更緊密的人（比如獄方的官員、職員，或是在監獄路邊販賣餐點給探視囚犯的家人的小販），反而在這場宿舍保存運動裡近乎失聲。當一位學生詢問其中一個當地的商家時，那位老闆卻說「我不知道他們（那些年輕的學生）在幹嘛。你說哪裡是古蹟？」（研究筆記，二〇一五年十二月十日）。

至於宜蘭監獄，僅存的兩棟建築物包括一座瞭望塔（但先進行了遷移才獲得保存）以及門廊，後者已經被改裝為一間餐廳，並被漆成了藍色，因此獲得了「藍屋」的稱號（請見圖6.8）。由於園區裡已經沒有監獄的其他部分可以為這兩棟建物提供整體脈絡，因此遊客很少會將「藍屋」和監獄聯想在一起。不幸的是，關於這個歷史建築最近期的討論，是關於藍屋使用

圖 6.8｜一對年輕夫妻正在以宜蘭的「藍屋」（過去曾是通往宜蘭監獄的門廊）為背景拍攝婚紗照。
圖片來源：黃舒楣於二〇一三年十月拍攝。

的油漆品質太過低劣，這也意味著這棟建築物在外觀顏色上的特色正在嚴重褪色；從二〇一四年起，一直到二〇一七年找到解決方案之前，在好幾年的時間裡那裡其實更像一棟「黑屋」（自由時報, 2017）。關於這個議題的討論，也在某個意義上指出了對公眾開放的記憶程度。藍屋一旁就呈現了對監獄的選擇性記憶，其中包括一小段圍牆遺跡和瞭望塔，這兩個物件都是為了騰出空間給龐大的新月廣場購物中心，而被遷移至此的。新的宜蘭監獄於一九九二年在遠離市中心的三星鄉落成。雖然宜蘭的新舊兩個監獄在台灣都不是最重要的矯正設施，但現代監獄裡的惡劣條件，就是由林文蔚這位在宜蘭監獄工作的自學藝術家所揭露出來的。

林文蔚從二〇一〇年起，便開始用畫作描繪當代台灣監獄裡的不人道狀況。[5]林文蔚在網路上分享自己的畫作，並吸引到了不少觀眾：他在二〇一三年出版了自己的畫冊，名為《獄卒不畫會死》，這本畫冊揭露了台灣監獄管理的諸多問題。其中，他認為最急需改善的就是過度擁擠的問題。林文蔚也質疑，現代監獄作為矯正機構是否真的有效？透過林文蔚的書、以及他和公眾分享的畫作，我們可以看出，嘉義監獄裡的展覽所描繪的改革和進步感，與今日台灣刑罰實際的殘酷樣貌顯然存在不小差異。由此，林文蔚的畫作在兩個面向上（廣泛一點來說是關於保存議題；具體來說，則是關於殖民監獄的選擇性和矯正式記憶），都挑戰了過去和現下之間明確的時序界線。台灣殖民監獄的選擇性和矯正式記憶，似乎強化了（而不是解決了）將懲罰和社會日常生活分離開來的做法（Brown, 2009），以至於有問題的刑罰實作才會被忽視多年，直到像林文蔚這樣的人的出現，才終於讓人們開始注意到不夠現代化的監獄的黑

---

5 林文蔚經常在自己的臉書頁面上張貼圖像日記：https://www.facebook.com/EwamLin/

暗角落。那提醒了我們台灣目前正在進行的改革討論，而人們今日對殖民監獄襲產正在興起的關注，也不應該完全脫離這些討論。

結論：在各個殖民時刻之間記憶監禁

本章關注日本帝國的第一個、同時也是最重要的殖民地——台灣，也關注日本如何在這座島上施行懲罰的現代化。我們檢視了台灣現存的幾座殖民監獄，藉此描繪關於監禁的記憶如何以選擇性、或矯正式的方式被保存下來。台灣的案例和其他日本殖民地（比如旅順和首爾）的案例形成了強烈的對比，因為愛國主義和國族主義在台灣相對沒這麼顯著。這或許也反映了台灣在被真實戰爭和意識形態戰爭貫穿的殖民時刻之間其模糊的定位。

透過對不同案例的檢視，我們採用「記憶級別」的概念，來討論（不）記憶效果的幽微光譜。我們將大多數場域裡不記憶的效果，和某些案例中選擇性記憶的效果區隔開來，藉此闡述那些針對更大、更複雜的歷史所進行的扭曲、選擇性揭露，而這種扭曲的揭露之所以可以存在是因為人們只關注殖民美學的欣賞、卻不去考量襲產的倫理（Huang, 2017b）。更重要的是，矯正的概念（也是現代懲罰的主要課題）也促成了對特定記憶的理解方式，而這種記憶會傾向於透過**矯正式記憶**來矯正過去，一如我們在嘉義的案例中看到的那樣。這種矯正式記憶會透過現下的規範和道德濾鏡，有目的性地對過去進行重述。由此，儘管組成這些監獄的建築物已經被轉作他用了，但矯正作為一種文明的懲罰形式，依然很可能會持續運作下去。

7

重新闡述苦痛恥辱地方成為世界遺產？[1]

在困難的地緣政治中構想襲產合作

在本章裡，我們將追溯關於中韓兩國的襲產化，是如何在東北亞不斷變動的地緣政治中展開的，並揭露襲產作為外交的多重本質。在一個地緣政治依然困難的地區裡，困難襲產甚至

1 本章的一部分曾刊登於《國際襲產研究期刊》（*International Journal of Heritage Studies*）。我們感謝該期刊允許我們改寫該文的一部分，收錄進本書裡。Huang, S. M., & Lee, H. K.（2019）. Difficult heritage diplomacy? Re-articulating places of pain and shame as world heritage in northeast Asia. *International Journal of Heritage Studies*, 25（2）, 143-159.

還會成為外交襲產（heritage off diplomacy），亦即被跨境網絡關掉（turned off from the cross-border network）的襲產。一如提姆·溫特（Tim Winter, 2015）指出的，近期對於一系列跨國合作申遺（或申請其他類似的官方認證）漸起的興趣，都展現了襲產作為外交手段的重要角色。然而當我們將困難襲產視為外交時（比如鑲嵌在跨境懲罰和監禁記憶中的殖民監獄案例），那既能提供機會、也能帶來挑戰。我們將檢視殖民者留下來的監獄是如何被轉變成和平與自由的襲產，以及這些已除役的監獄究竟開啟了哪些矯正式記憶的進程。

首先，我們將檢視東北亞軍事部署的辯論。自從美軍於二〇一六年末在南韓部署薩德反飛彈系統之後，該系統不只破壞了韓中之間的外交關係，也破壞了兩國之間在文化、經濟和觀光上的交流。中國政府表達了強烈抗議，不希望自己的軍事行動遭到監控，並稱這種做法將會破壞東亞地區的穩定（Ryall, 2017）。中國於是禁止旅遊團前往韓國、杯葛韓國產品，並實施了其他禁令，以此作為對南韓的經濟報復（Jun, 2017b; Work, 2017）。中韓兩國原本因為同樣反對正在壯大的「日本偉大」論的情緒（這種情緒是一種特殊的國族主義論述，源自一九九〇年代起日本再度興起的右翼、愛國主義動員運動，造成了近期日本大眾媒體上洗白戰爭期間記憶的現象），因而在歷史上進行了合作，但這個合作關係卻因為薩德反飛彈系統事件而突然中止（Yamaguchi, 2017）。為了緩解這種緊張氣氛，韓國總統文在寅於二〇一七年五月當選之後，便在同年十二月出訪中國，藉此對兩國的困難關係進行部分「重整」（Jun, 2017a; Work, 2017）。

這一連串仍未落幕的事件，只是無數的類似事件的其中之一，描繪了變動中的地緣政治，如何形塑了中國和南韓的困難外交，以及兩國之間的襲產討論——而後面這點，就是本章要處理的部分。

我們需要留意，像這樣以地緣政治為背景的襲產討論，也和北韓以及東北亞更深遠的領土爭議史有關，而高句麗遺址於二〇〇四年被中國、北韓共同列為聯合國教科文組織世界遺產[2]一事便是一例（Gries, 2005; Ahn, 2008）。高句麗遺址帶來的爭議，引發了中韓兩國長久以來對歷史衝突的憂慮，也重新喚起了兩韓統一這個依然未解的問題。以這個爭議性的案例作為前例，我們將關注當時中國與南韓正在進行中的合作，亦即首爾西大門刑務所和旅順日俄監獄之間的合作。一如我們在第四、第五章所呈現的，這兩個在殖民時期興建的監獄，都和日本帝國遺留下來的恥辱、暴力和創傷有關（Huang, 2017a）。由於共同擁有這種記憶，這兩座監獄的管理單位發起了跨境合作，考

2 關於這個案例更詳細的分析，請見Ahn（2008）。

慮申請聯合國教科文組織世界遺產的提名。

這兩座監獄可以被理解為「困難襲產」，這個概念牽涉創傷和痛苦的過程，而襲產和認同就是在這個過程中形成的（Macdonald, 2009; Logan and Reeves, 2008）。這種襲產的困難本質，源自於不確定該如何評價附著在遺址上、充滿問題的過去，同時又要緩和彼此衝突的敘事，容納時間推移（Lee, 2019）。我們將使用「襲產外交」（heritage diplomacy）的概念（Winter, 2015），同時將其當作理論和分析工具，藉此檢視困難襲產在東北亞得以被運作、被管理，而成為外交手段的各種方式。

世界遺產的政治和襲產外交

襲產可能既是讓外交得以發生的推動者，也可能是外交的產物。溫特（Tim Winter, 2015, 2016a, 2016b）讓人們注意到，襲產在形塑國際關係和地緣政治的過程中所能扮演的角色——如果用行動者網絡理論（Actor Network Theory）的概念來理解，襲產就是一個非人行動者。溫特在概念化「作為外交的襲產」時，將其和「外交中的襲產」區隔開來，以此闡明一件事：在國際和全球治理崛起時，「保存之所以可能」其實是內蘊於這個過程之中的。在東北亞，在外交之中運用襲產其實不是什麼新鮮事。一如李炫炅所指出的（2019），一九八八年漢城奧運這個時間點，以及全斗煥總統於一九八七年三月二十日發布的特別命令，都在西大門刑務所逃過拆除命運的過程中扮演了非常關鍵的角色。為了保存日本佔領期間韓國獨立運動人士的精神，西大門刑務所作為一個文化襲產場址被保存了下來，然而這個決定卻和社會的期待背道而馳（Lee, 2019）。之所以會有這個戲劇性的轉折，是因為全斗煥希望為韓國社會和這個世界留下一個正面的遺產，藉此掩蓋自己犯下的錯誤，而這個企圖也隱含著對襲產的外交面向的運用。

至於更早之前的旅順案例，背後其實也有類似的意圖，只不過傳達出的訊息比較負面。在國家政策還不會優先考量襲產問題的一九五〇和六〇年代期間，旅順日俄監獄就在中俄兩國因為珍寶島事件（一九六九－一九七一年）而關係緊張的背景之下被保存了下來，並被改裝成為一座博物館（Young, 2000）。根據策展人的說法（訪談，二〇一七年四月三日），共產黨將這個廢止的監獄，呈現為戰爭罪行的證據和宣傳的物質標的，並在後來的一九七〇年代裡，將其用來動員反俄及反日情緒。這種對殖民政權遺留下來的東西「意外的」襲產化，其實值得我們多加關注，尤其就襲產和外交間的動態來說更是如此。這些事件在中國成為聯合國教科文組織世界遺產的關鍵行為者之前，就已經在發生了。

如果採取過程取徑（process approach）的話（Smith, 2006; Hodder, 2010），我們或許就能將世界襲產視為一組過程，而國家則有點矛盾地，同時在將襲產打造成國家和國際的。襲產化的過程包括登錄之前的選擇、登錄程序，以及保存和活化再利用的過程，這些過程無可避免地充滿爭議，而且是高度政治性的（Bertacchini et al., 2016; Meskell, 2014, 2015; Meskell et al., 2015; Schmitt, 2009; Harrison and Hitchcock, 2005）。有些人觀察到，聯合國教科文組織已經成為一個市場，民族國家為了世界遺產的品牌效應而彼此競爭，要簽訂政治契約時也毫不猶豫（Meskell, 2015, 2014; Hoggart, 2011）。

我們認為，取得世界遺產的身份，不只是在簽政治契約而已。從一九九〇年代起，透過襲產保護來打造和平的做法，就已經成為這個過程最重要的目標之一（Mayor and Tanguiane, 1997）。此外，由於來自東南亞的成員國愈來愈多，與歐洲殖民、以及本地人受壓迫的歷史有關的登錄遺址數量，也隨著時間演進而變得愈來愈多（Askew, 2010, p. 30）。襲產提供了一個不同的思考路徑，能幫助我們在全球化論述、以及國際合作的語言之中，對抗國際秩序的扁平化（Winter, 2015, p. 3）。不過今日的世界，其實不像聯合國教科文組織世界遺產所指的那樣和平、那樣不再充滿殖民遺緒。我們在二戰後的年代裡，已經看到了文化、以及文化的治理，如何在解殖和冷戰的同時，被放在一個新的政治關係之中。在這個脈絡之下，聯合國教科文組織的做法便以更複雜的方式呈現，而文化則因此被包覆進一個更加複雜、流動的「網絡的網絡」（Winter, 2015）。

溫特使用了「襲產外交」一詞，將其和文化外交區隔開來，因為前者承認雙向或多向的文化流動和交流，並且讓某種流動和交流得以發生，而不像後者只是在輸出、投射某個文化而已。更確切地說，襲產外交一般被定義為「不同國家共享的文化和自然的歷史，成為交流、合作的主體，以及合作治理的一連串過程」（Winter, 2015, p. 11）。溫特的說法也要求我們關注，在襲產的背書之下，未來的國際合作將如何和互動的歷史路線一起展開。那呼應了「視差視野」（parallax visions）（Cumings, 1999; Kwon, 2010）的概念，處理了「殖民記憶和冷戰現實的匯流」——而這種匯流很可能會讓雙方對於過去和現在都存在的爭議認知永遠存在下去（Kwon, 2010, p. 233）。在東北亞瞬息萬變的地緣政治之中，將襲產視為外交的視角，則可以讓我們用更細微的方式，去理解存在在爭議的困難襲產之間正式和非正式互動。我們在檢視韓國與中國（以及兩國之間）的襲產化過程時，對一些關鍵時刻進行了辨識和討論，而這些時刻展現了不同襲產在形塑外交時可以扮演的多重角色。

愈來愈多的跨國系列遺址提名，為襲產外交提供了重要案例，我們在此討論的案例可能尤其重要。有些系列遺址的提名，代表的是近現代國家領土形成時、或形成之前的文化互動，比如瓜拉尼的耶穌會遺址（阿根廷和巴西，於一九八〇年代登錄世界遺產），或是比利時和法國的鐘塔（於一九九九年、二〇一五年登錄），然而在二十世紀初殖民擴張之下興建的現代監獄，卻是殖民地承受的苦難（作為一種暗黑的跨境互動）的化身，基本上是日本在發展成為現代國家的過程中對懲罰的殖民現代化。雖然當時的日本對於在佔領地上的刑務現代化成就感到很自豪（Huang, 2017a, 2017b），但這些場址絕非光榮之物，不像仍在討論中的絲路聯合國教科文組織世界遺產場址，可以被視為某種榮耀（Ono, 2005; Eman, 2005）。

襲產已經成為服務文化國族主義（cultural nationalism）的重要載體（Guo, 2004）。像習近平這樣的中國領導人，則是比以往還要更加頻繁地在使用襲產，並以文明間的交流（inter-civilization exchanges）之名來促進經濟合作（Winter, 2016b）。襲產在國內和區域性的政治脈絡裡，都被視為相對中性的領域，因為遺址多半是國際援助、以及跨境團結所促成的合作（Winter, 2016a, p. 22）：二〇一五年廓爾喀地震（Gorkha Earthquake）後，在加德滿都進行的遺址修復案例就是如此。然而暗黑襲產若要符合這個特徵，可能就沒這麼容易了，因為這類襲產的認定，通常需要承認政治責任的歸屬、揭露關於跨境歷史爭議的未解辯論。涉入這種襲產外交的各方，對於如何重組、重新闡述暗黑襲產，從而確保超越合作的多邊關係能維持平衡一事，很可能都擁有不同的看法。此外，這個計畫通常也存在著一個沒有利益牽涉其中、對於用特定方式重訪暗黑記憶沒有興趣的第三方；然而這個第三方的不安，或許就是一把鑰匙，能讓我們打開那些被權宜地藏在「暗黑襲產就是普世價值（比如獨立或和平）的襲產」這種說法之下的未解歷史爭議。這個挑戰更可能出現的地方，就是在殖民統治導致跨境政治活動頻繁發生、國界也經常變動的地區，比如東北亞。

暗黑襲產會如何促進襲產外交呢？襲產外交的理論可以如何幫助我們理解即將廢止的殖民監獄轉變成跨國襲產的複雜性？近期出版的《帕爾格瑞夫監獄旅遊手冊》（*Palgrave Handbook of Prison Tourism*）（Wilson et al., 2017），就是監獄愈來愈被視為紀念、旅遊的襲產的明證。然而在那本文集裡，大多數的監獄都被視為彼此獨立的存在。透過襲產外交的視角，我們現在將檢視首爾和旅順這兩個彼此關聯的遺址兩者之間仍在持續進行的對話。

一九九〇年代起關於離岸襲產的合作

旅順日俄監獄從二〇〇八至二〇〇九年開始，被視為世界遺產的潛力場址。不少人都主張將其列入世界遺產，其中最熱切推動的，當屬大連市作家協會前主席王素英。王素英本人寫過不少文章，內容是關於旅順－大連地區幾個遺址的歷史價值，也曾在一九九九年準備〈考慮將旅順大連地區提名為世界遺產〉這份申請文件，將其提交給北京的國家文物局，該文件關注該地區近期與戰爭相關的歷史。由於高層抱持不同意見，因此這個提議最後沒有獲得官方採納：直到二〇一二年，我們依然可以找到一些關於這個未竟提議的媒體報導。截至目前為止，我們仍不清楚這個提議是否會有任何進展。

然而到了二〇一三年，南韓那邊卻出現了一個嶄新的機會：中韓雙方開始針對世界遺產的申請進行對話，不論是關於西大門刑務所單獨申遺，還是將西大門刑務所和旅順監獄連結起來，一起申請成為世界遺產系列。後來第二個提議逐漸佔了上風。二〇一四年二月，首爾市政府在西大門區廳和韓國文化財廳的支持之下，公布了支持西大門刑務所歷史館和西大門獨立公園申遺的計畫（Min and Choi, 2014, p. 14）。西大門刑務所歷史館認為世界遺產的提名，將為他們帶來強大的品牌包裝效果，可以吸引來自國內外的關注（與朴館長訪談，二〇一六年八月十一日）。

為了準備這場合作，西大門刑務所於二〇一六年中啟動了另一輪修復計畫。至於旅順那邊，也進行了類似的行動，希望獲得更多認可：從二〇一六年末起，旅順日俄監獄開始閉館整修，直到二〇一七年五月才重新開放。然而根據筆者於二〇一七年四月與旅順日俄監獄館員的訪談，他們並不認為該次整修是特別為了申遺準備而進行的。

事實上，中韓兩國和這兩個遺址有關的互動，早在一九八〇年代就出現了，而且也不只是出於兩國和獨立運動人士安重根這個人物之間的共同連結，以及對日本殖民抱持的類似感受而已——關於這點，我們已經在第四章介紹過了。或許值得提醒的是，安重根是因為在哈爾濱車站射殺伊藤博文而被捕的。然而根據聯合國教科文組織於二〇一五年登錄「明治日本的工業革命遺產製鐵、鋼鐵、造船、煤炭工業」的敘述，伊藤博文是第一批正式前往西方留學的日本人，也是日本帝國憲法的主要擘畫者、還是第一任日本首相。雖然日本人將刺殺伊藤博文的行動視為暴力犯罪，但安重根的行為卻被韓國人和中國人視為英雄舉動。旅順日俄監獄今日還設置了一個特展室呈現安重根的行動，近期又加上了一座安重根的塑像，紀念他逝世一百週年。

這種對安重根的跨國崇敬，一直都讓日本政府非常不悅（Torresk, 2013）。就本書的關切來說，旅順日俄監獄的案例有個有趣的面向，那便是從韓國的角度來看，這座監獄具有**離岸襲產**的身分。旅順日俄監獄作為離岸襲產的一個例子，見證了大幅改變韓國及其地緣政治定位的關鍵歷史時刻。在韓國獨立紀念館於二〇〇〇年六月和七月進行的研究裡，館方意識到旅順日俄監獄、以及旅順關東高等法院舊址，都是對韓國獨立運動至關重要的地方。該報告據此作出了建議，提出展示可以如何改進以便更適當地宣傳這些場址的歷史（Ministry of Culture and Tourism, Independence Hall of Korea, and the Association of Modern and Contemporary Korean History, 2002）。

此外，從一九九〇年代展開的安重根遺體搜尋行動，也揭露了旅順日俄監獄格外國際化、格外具有政治性的特質——關於這點，我們已經在第四章討論過了。在一九九〇年代期間，安重根對韓國人和中國人來說，成了一個國族主義的符號，在國內和國際政治中帶來深遠的影響。

二〇〇一至二〇一〇年間，中韓兩國之間在經濟、政治上的合作經歷了大幅發展，其中很大一部分源於韓國在中國東北快速成長的直接投資（Kim et al., 2006）。中韓兩國當時進行了一場複雜的協商，參與者除了中韓兩國之外，也包含日本和北韓；該次協商結束後，南北韓和中國便於二〇〇四到二〇〇八年間，在合作搜尋安重根遺體這個行動上，進行了最密切的交流（與金月白〔Kim Wol-bae，音譯〕博士訪談，二〇一七年四月四日）。

除了展開遺體的搜尋行動之外，我們也可以在旅順日俄監獄的記錄中看到，從一九九八年起，有愈來愈多來自南韓的重要訪客拜訪了這座監獄。[3] 從一九九〇年代末期開始，旅順日俄監獄和南韓幾個博物館之間的互動也愈發頻繁。在一張照片裡，我們可以看到時任的旅順日俄監獄館長、以及時任的大連文化局委員，拜訪了首爾的安重根紀念館。到了隔年，南韓的獨立紀念館館長和金九紀念館館長則拜訪了旅順日俄監獄。這些在愛國史、獨立史上具有重要的國家級意義的博物館，在某個意義上也成了開展文化外交的場域。

中韓兩國機構近期的這種互動，最重要的就是二〇〇二年（亦即監獄成立一百週年）在旅順監獄舉辦的一場國際研討會。主辦方不只邀請了西大門刑務所的管理單位參與會議，還接待了來自日本網走和台灣的代表（Kuo, 2003）。對於旅順和大連的歷史學家來說，若要紀錄這座城市在被俄國、以及後來的日本佔領之後所取得的進步，二〇〇二年就是最好的時機點。三年後的二〇〇五年，東亞也迎來了另一個重要的週年時刻：日俄戰爭的一百週年——對於韓國人來說，這場戰爭被視為一場悲劇，但在日本卻被視為史無前例的成功。韓國的社會人類學家權賢益（Kwon Heon-ik，音譯）在回顧這個特殊的年份時指出，二〇〇五年也是韓國於一九四五年從殖民統治解放出來的六十週年，以及韓日關係於一九六五年正常化的四十週年（Kwon, 2010, p.236）。於是二〇〇五年便含有兩個彼此衝突的含義：它既是代表友誼的年份，也是韓國人記憶中「國恥」的開端（亦

3 值得注意的是，第一批訪客來自北韓軍方（發生於一九七七年一月三十日）。

即國家主權於一九〇五至一九一〇年遭日本殖民者篡奪，並持續到第二次世界大戰結束）的一百週年。在這兩個一百週年之間，這些地方便在記憶和襲產的「國族史」取徑（強調民族團結）和「政治史」取徑（檢視（後）冷戰時期的區域政治現實）間的張力之中浮現（Kwon, 2010, p. 239）。系列申遺的提議可以被視為一種間接的新嘗試，讓韓方持續宣示自己擁有那些離岸襲產嗎？

我們可以斷言的是，近期這兩座博物館之間的合作，正代表著將恥辱感轉譯成榮耀感的意圖。與其說這次合作是針對過去壓迫者的回應，還不如說是道德重建（moral reconstruction）的一次實作，是用「高貴」的過去取代「被玷污」的過去的慎重行為（請見Don Baker's chapter in Kim and Schwartz（2010））。根據施瓦茲和金（2010）的研究，這個不一樣的全新目標與一件事情有關：東亞強調「榮辱」的社會用來教育社會成員思考過去的方式，和西方強調「尊嚴與罪惡」的社會並不相同（Schwartz and Kim, 2010, p. 21）。

比方說，針對在華的韓國愛國人士這個主題，中韓兩國合作設置的特展最初於二〇一三年五月十八日至八月三十日在旅順展出。這個特展的一部分後來變成博物館的常設。展覽敘事強調了韓國和中國囚犯都抱持的愛國主義。其中的一個展覽主題是「犧牲」，當展覽在搬演獨立運動人士的英勇事蹟時，安重根無疑就是一個關鍵人物。事實上，遊客抵達旅順日俄監獄之後會遇到的第一個特展室，就是安重根曾經待過的牢房。館方刻意保留了牢房在安重根離開時的樣子，裡頭擺著書桌、床，牆上還貼著他獨具特色的書法作品（請見圖7.1）。透過安重根，滿州地區對韓國人來說特別有歷史意義的幾個場址便可以被連結進一個離岸襲產系列，藉此強調那些為了恢復國家名譽而對抗日本統治的愛國人士。這些場址可能包括：哈爾濱火車站，或是安重根埋葬在旅順日俄監獄外頭的位置（如果找得到的話）。中華人民共和國的第一任總理周恩來曾經提到，不論是對中國、還是對韓國來說，安重根都是抗日運動的先行者。周恩來的這句話，今日被一字不漏地放在旅順日俄監獄裡

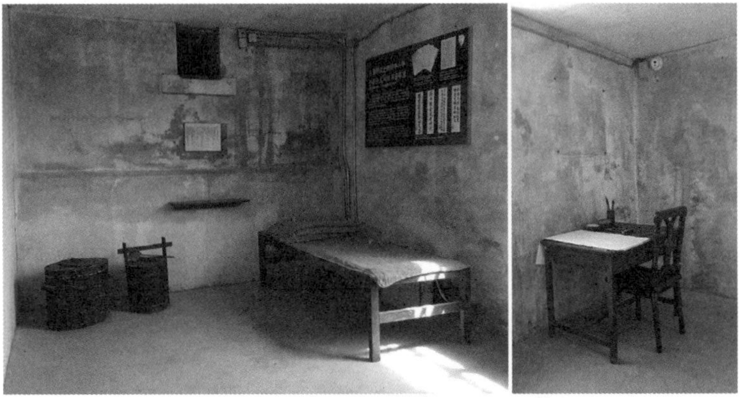

圖7.1｜旅順日俄監獄裡關於韓國獨立運動義士安重根的特展室。
圖片來源：黃舒楣拍攝於二〇一七年四月。

裱著框的展板上。然而一如我們之前提到的，這種中韓之間更成功的合作也很容易引來日方的抗議。在日本的持續抗議之下，安重根和他的事蹟能繼續被各方重視多久，依然值得提問。

為了增加雙方合作系列申遺的可能性，西大門刑務所和旅順日俄監獄同意從二〇一四年起，每年都舉行一次研討會，藉此維持未來共同行動的動能。從二〇一四至二〇一六年，他們一共籌備了三場年度研討會，除了西大門刑務所和旅順日俄監獄以主要行為者的身份參與之外，還有來自日本和台灣的人員前來與會。有趣的是，我們可以從年度研討會的主題中看到，他們試圖將這些殖民監獄的價值和意義，放在更寬闊的脈絡中進行國際化，而這也反映了合作申遺的目標。[4]此外，展覽也持續在各國巡迴展出，藉此提倡相互理解。筆者於二〇一五年八月拜訪西大門刑務所歷史館時，就在那裡遇到了當時正在展出的關於旅順監獄的特展（展至二〇一六年八月二十一日止）；這場展覽舉辦之前，韓方也曾於二〇一四年在旅順策劃一場展覽。

這些漸增的合作行動，讓正在進行的系列申遺看起來前景可期，而西大門刑務所則扮演著比較積極的角色。根據我們和館長朴景木的訪談，韓方顯然想要透過這場合作，來提升申

4 各年的研討會主題如下：東亞現代監獄價值的調查，暨現代監獄的比較研究（二〇一四年）；西大門刑務所和旅順日俄監獄作為世界遺產場址的價值（二〇一五年）；現代監獄的價值與用途（二〇一六年）。

請世界遺產提名的可行性。他們希望聯合申遺的動機包括：旅順日俄監獄幾乎被完整地在原地保存下來，因此有更高的本真性，這或許可以補償西大門刑務所的弱點，因為後者曾歷經多次整修和重建。此外，韓方還有一個明確的策略性理由讓他們試圖和中國有更多合作，那便是中方在世界遺產委員會中的影響力（訪談，二〇一六年八月十一日）。

出於申遺的預期，兩座監獄於二〇一七年八月期間都進行了大規模的整修計畫。就西大門刑務所而言，這是一場影響深遠的整修計畫的第三期工程，該計畫於二〇一六年三月展開，預計於二〇二〇年完工。筆者在完成與館長的訪談之後，也拜訪了工地現場，並注意到整修用的大量紅磚。我們後來發現，由於韓國並沒有仍在運作的老磚窯，因此這些紅磚大部分都是從大連進口的老磚塊，目的則是為了確保修復後的建築外觀，依然能保有原來的樣貌。乍看之下，使用跨境建材這件事，正好體現了雙方的合作、以及雙方在歷史上的殖民連結。

然而中國那邊在合作上面的努力就顯得有些乏善可陳。當被問及申請系列提名的可能性時，副館長周愛民認為，旅順日俄監獄對這個想法表達歡迎之意，但還沒準備好立即展開行動：

> 這是個好主意。但那將會非常困難、非常複雜，需要更

多努力才行。要達到突出的普世價值（Outstanding Universal Value）的標準，我們需要更努力彌補文獻（因為被前日本所長燒毀而）佚失的問題，但我覺得我們還有一段路要走。

（與周訪談，二〇一七年四月五日）

截至目前為止，中方都仍未正式評估和韓國合作的可能性，而周館長也持續表達了猶疑之意。旅順日俄監獄的館員似乎並沒有強烈的動力，花費額外的心力和西大門刑務所歷史館合作。「或許下一代的人會肩負起這個任務吧，」周館長在我們的會面（二〇一七年四月五日）最後如此提到。

雙方分歧的說法讓我們感到有點困惑，我們也好奇未來這場合作將會如何發展。然而雙方館長都沒有提到的是，作為離岸襲產的安重根遺體，其搜尋工作其實已經暫停——最可能的原因應該是雙方都受到了來自日本的反對。像金博士這樣的長期研究者則是感到愈來愈焦慮，他們擔心找出安重根墓塚的時間所剩無幾。在這些困難地方的襲產化過程中，西大門刑務所和旅順日俄監獄之間的合作，究竟能在搜尋遺體的工作上帶來多少幫助，至今依然是個很難回答的問題。

矯正式記憶：抹除二戰後的記憶

西大門刑務所和旅順日俄監獄都可以視為矯正式記憶的例子。矯正式記憶意味著為了現下的利益，而去嘗試矯正述說過去的方式，並在這麼做的同時施加了「他者化」的過程，然而他者化也就是懲罰的本質。這個詞彙是一種委婉的說法，用來說明懲罰的邏輯如何經常被重新活化，並將刑罰襲產以某種目的論的方式，重新塑造為現下的記憶；那意味著為了現下的利益，而試圖對述說過去的方法進行矯正，並在這麼做的同時，直接或間接地對與我們不同的他者施加懲罰（Huang, 2017c）。為了對韓國從日本帝國獨立出來的歷史，維持一個高度同質的官方論述，西大門刑務所使用了「他者化」敘事，阻擋了身為共產主義者的獨立運動人士的歷史，以及民主運動的敘事、慰安婦的敘事，和對囚犯生活提供支援的人的記憶。在這個段落裡，我們將以西大門刑務所歷史館為例，來展示他們與旅順日俄監獄之間的合作，未必會轉譯成更包容多元的詮釋、和對歷史的再現；事實上，最後的結果很可能正好相反。

直到今日，西大門刑務所基本上都只關注和殖民有關的敘事，儘管那裡作為一座監獄運作到了一九八〇年代。在二〇一七年之前，那裡只在二〇一〇年出現過一次臨時特展，處理的是戰後的故事。現任館長朴景木和策展人金泰東兩人曾在訪談中承認，他們都想在常設展中引入更多的戰後敘事，比如呈現一些和民主化運動有關的歷史，然而高層主管卻不同意這個提議。儘管他們嘗試過，但最後徒勞無功（訪談，二〇一六年八月十一日）。

漢陽大學前教授李永熙（Rhee Young-hee，音譯）是少數曾出版書籍，講述自己在西大門刑務所被監禁過的人之一。李永熙對南韓政府的批評（尤其是對朴正熙政權的批評）被判違反了反共法，他為此進入西大門刑務所三次，分別是在一九六四年、一九七七年和一九八二年。他總是在冬季裡被送進監獄，在他的回憶錄裡，他還挖苦地提及監獄裡沒有暖氣這件事：「就算是韓戰期間，我也從來沒有凍傷過，反倒在這裡（指西大門刑務所）變成家常便飯了（Rhee and Na, 1988）。」[5] 大多數韓國人都認為，西大門刑務所是殖民時期獨立奮鬥的象徵，但李永熙卻認為這座監獄是一個活生生的證據，見證了現代韓國的國家黑暗面。這說明了在戰後時期被監禁的人，和沒有這種監獄經驗、卻又身為強而有力的記憶傳遞者群體（memory-transmitter group）的「後記憶世代」（post-memory generation），兩者的記憶之間存在哪些分歧（Hirsh, 1997）。[6]

---

5 Rhee, 1988. 由Samul Twu（杜彥文）協助翻譯（二〇一七年一月五日），原文出版於一九八八年。《西大門刑務所圖輯》（*The Album of Seodaemun Prison*）。

6 關於後記憶的概念的發展，請見Hirsch（1997）。

監獄歷史的再現還存在另一個問題：他們傾向於將所有曾經被關押在此的人，都界定為支持獨立的愛國義士，而這種傾向在旅順日俄監獄裡也能看到（Huang, 2017a）。事實上，多年以來監獄裡的囚犯有非常多類型，包括日本統治時期的獨立運動人士、二戰前的共產主義者、一九四八年與日本合作的人、韓戰期間受到北韓人民軍不人道待遇的保守派運動人士、韓戰後挑戰獨裁政權的左派異議分子、為數眾多的民主運動人士，以及一九七〇、八〇年代的長期政治犯。此外，不論是在殖民時期、還是後殖民時期，普通的罪犯也都會被關押在此（Park, 2015）。

很少有韓國人會質疑這種對日佔時期在西大門刑務所的囚犯進行神聖化的現象，而這也反映了「每個人都是反抗者，〔……〕沒有人和日本通敵合作的迷思」有多普遍（Shin and Robinson, 1999, p. 7）。然而這些簡化的再現背後，其真實故事終究太過複雜，因此很難被當作一個前後連貫、政治正確的敘事來販賣。自從一九九〇年代，也就是長期執政的軍事獨裁政權垮台、第一任文人總統金泳三當選之後，國族主義的框架就佔據了主導地位。這個仍在進行、試圖將現存敘事相容進關注和平的新框架，已經不再兼容多元，因為該框架選擇性地挑選了懲罰和監禁的記憶。

一如我們在第五章提到的，戰後的西大門刑務所曾關押過四位前南韓總統（朴正熙於一九四八年、金泳三於一九六三年、金大中於一九八〇年，而李明博則是於一九六四年在此服刑），以及文在寅總統（Moon, 2017）。金泳三、李明博和文在寅都是朴正熙執政時被關押的。此外，許多曾在軍事獨裁期間被關押在此的人，後來也都當選為國會議員（比如金權泰）或校長（梨花女子大學的申仁龍〔Shin In-ryeong，音譯〕），他們有人也成了盧武鉉（二〇〇三－二〇〇八年任總統）的強力支持者，反映了圍繞著西大門刑務所、正在改變中的後殖民政治地景。換言之，雖然那些曾在軍事獨裁政權下被監禁的人，會被右翼政治人物視為政治犯，但這些政治犯也經常被左翼政治人物認為是為韓國帶來民主的英雄人物。韓國政權從朴槿惠（二〇一三－二〇一六年）移轉到文在寅（二〇一七年至今）之後，這些關於左派政治人物被監禁的故事也開始再次流傳。

自從二〇一七年政權移轉（指文在寅總統就任）之後，西大門刑務所歷史館便獲得了稍多一些的自由，能透過講座和臨時特展來重新活化後殖民記憶（與朴景木訪談，二〇一七年九月五日）。很顯然地，想用這個新的和平框架來容納不同政權之間的所有困難轉型，並不是一件容易的事。有些故事看起來可能比其他的更適合一些。比方說，文在寅總統的故事，或是金大中總統（二〇〇〇年諾貝爾和平獎得主）於一九八〇年被當時的全斗煥軍政府（一九八〇－一九八七年）判處死刑、而後在監獄服刑的故事，或許能幫助參訪者理解一九七〇年代韓國民主運動更寬廣的脈絡。

然而被漏掉的故事還有很多。在這個圍繞監獄而生的刑罰地景之中，還鑲嵌著許多暗黑記憶，比如原本預計在監獄博物館旁興建慰安婦紀念館的未竟計畫，以及被拆除的監獄支援巷（請見第五章）。監獄附近為家屬和更生人（其中有些人抱持著左傾的政治立場）提供空間的社區故事，也被視為和這個國族主義的歷史框架無關（我們會在第八章回過頭來討論這個監獄支援巷，並與台北監獄的案例進行比較）。對監獄支援巷的紀念，原本可以讓草根的刑罰地景和西大門刑務所保持對話（Park, 2016, 2017）。結果是慰安婦紀念館的提議遭駁回、以及拒絕紀念監獄支援巷這些事情，則引發了一個問題：作為矯正式記憶場址的監獄似乎到處都充滿了「排除」。有些困難襲產直到今日似乎依然非常困難，和麥唐諾（2015）關於歐洲案例的討論並不相同。

襲產過去和襲產當下的跨境打造

在韓國、日本和中國，觀光和襲產化的流動是多向的；如果將它們串連在一起，我們便能更好理解過去和未來之間的牽連。前往韓國的中國遊客正在快速增長，但他們未必會對西大門刑務所感興趣（或者說，他們對西大門刑務所的興趣，比東大門設計廣場這樣的知名景點來得低）。然而在到訪西大門刑務所的外國觀光客之中，日本觀光客卻佔了多數：根據二〇一六年八月收集到的數據（Jung and Tae, 2016, p. 225），拜訪西大門刑務所的六十萬名訪客裡，大約有百分之十是外國人，而這些外國人中又有百分之四十來日本。這和日本觀光客在旅順和大連的參訪習慣頗為不同：他們在旅順和大連更偏好參訪一九〇五年日俄戰爭的戰場，但旅順日俄監獄並沒有被歸在日俄戰爭戰場類別之中。與此同時，旅順日俄監獄裡的韓國遊客則顯然正在增加，主要是因為那裡是安重根最後被監禁的地方。

這兩座博物館都希望取得世界遺產的地位，藉此增加訪客數。然而，即便是為了支持和平論述而對地方進行記憶這件事（這也正是推廣世界遺產時內蘊的價值），也都進行得不順利。西大門刑務所歷史館的朴館長承認，這兩座博物館之間確實存在差異，但同時也指出中韓兩國在對抗日本帝國、追求獨立與和平這件事情上，擁有相同的命運。透過提倡和平的展覽敘事、關注獨立運動，策展人和館長相信他們可以和更多跨境的訪客述說故事（訪談，二〇一六年八月十日）。

旅順日俄監獄則是以一個稍微不太一樣的方式詮釋了他們的關注。「我們相信，愛國主義本身就是每個國家都有的普世價值，」周副館長說道。在她看來，他們的展覽敘事沒什麼需要調整或改善的。旅順日俄監獄已被指定為愛國教育基地，而且其管理單位也相信，愛國主義不論在哪裡都非常重要，因此他們的敘事不會和世界遺產的總體目標產生衝突。也因此，博物館目前可能不會有太多的更動。根據我們與周副館長的訪談（二〇一七年四月三日），雖然旅順日俄監獄也認為聯合申遺的想法很動人，但就算這個合作提議並非全然沒有希望，至少也不是當務之急。

在首爾，西大門刑務所歷史館是否能使用修正過的論述，來容納戰後的困難記憶，至今依然是需要持續關注的問題。其中，文在寅總統曾在西大門刑務所服刑這件事，或許能為變革帶來一些誘因。二〇一二年，文在寅在西大門刑務所歷史館附近的獨立門前，宣布他將參選第十八屆的韓國總統（Yonhap News, 14 June 2012, quoted in Jung and Tae, 2016, p. 228），這個舉動也指出了他的政治認同和西大門刑務所之間的關係，象徵他所追尋的真正民主，而這個行動將他和前任的朴槿惠總統（也就是朴正熙的女兒）區隔了開來，朴槿惠後來也在二〇一六年十二月因為濫權和收賄而遭到彈劾。文在寅曾在朴正熙政權下坐過牢、後來卻成為總統這件事，提醒了世人西大門刑務所在南韓民主化過程中作為一個爭議場址的重要性。

如果真的能推動下去的話，這個聯合申遺的合作計畫也必須和其他韓國以及中國的計畫競爭。由於每個國家一年只能送出一個申請，因此西大門刑務所只能排在其他更優先的案例後面，比如首爾市的城牆（其申請已在二〇一二年正式提交，現在則在世界遺產的備選名單之中）。首爾市城牆的申請案，是韓國紀念李氏王朝綿長文明的一個例子，這也是韓國最受歡迎的主題之一。不論從歷史價值、還是從現任管理單位試圖和中國合作的現象來看，西大門刑務所都代表著一個全新的範式，與既有的韓國襲產論述非常不同。朴館長確實也完全意識到了這些挑戰。他提到：

> 我們知道這將會是一條漫長而艱難的道路，而且我們可能無法抵達終點。但對我們來說，這是一個讓更多人知道這座監獄博物館的方式，儘管我們可能根本沒有機會持續下去。
>
> （訪談，二〇一六年八月十一日）

需要注意的是，不論是在中國還是韓國，對殖民襲產進行認定都是最近才出現的現象：這兩座監獄是否都能被視為殖民監獄，至今都未有定論。在韓國，這類襲產的認定和二〇〇一年的「登錄文化財」法案有關，因為該法案為日本殖民襲產的登錄提供了可能性（Kim, 2012, p. 20）。這個進程一直要到二〇一〇年，也就是日韓合併條約簽訂一百週年（同時也是兩國正式建交的六十五週年）之後，才終於取得一些進展（Lee, 2015）。然而韓國的殖民史，並不是光靠日本殖民襲產就能處理的。韓國、日本和中國之間艱難的外交關係，在更早之前就已經在西大門刑務所周遭的區域造成了影響，因為那裡就是十九世紀末的韓國官員迎接中國使節的地方。因此，當韓國王室在那裡興建獨立門（這個名字的來由，就是「從中國獨立出來」）、藉此重構國家主體性，以及日本殖民政權象徵性地在那裡設置監獄之前，那個區域都象徵著中國在文化和政治上對韓國的影響力（Lee, 2019）。日本人佔領期間，也曾故意將獨立門列為文化遺址、對其進行「保護」（Lee, 2016; Gwon, 2011）。隨著時間進展，監獄周圍的區域更被覆蓋上許多層次的詮釋，並陷入了韓、日、中的三角關係之中，更不要說美國和俄羅斯也曾在十九世紀末間接涉入，提議在獨立門旁邊興建一座現代公園。由此可以看見，外交也是襲產打造過程的一部分，而這件事是非常複雜的。

合作的驟然中止：作為外交的困難襲產，處於東北亞的艱難政治之中

韓、中兩國針對兩個監獄遺址的合作計畫，後來在二〇一七年夏天突然劃下了句點。造成雙方不和的起源，是以往每

年固定會舉辦的研討會，從二〇一六年十月被延到了二〇一七年春天。由於旅順日俄監獄的猶豫不決，這場研討會後來再次被延到了二〇一七年十一月。最後旅順日俄監獄並未派出代表參加二〇一七年的研討會；該年的研討會主題，是人權和刑罰襲產。雙方還有其他幾個合作計畫，但最後也都遭到中止。比方說，西大門刑務所和旅順日俄監獄曾計劃於二〇一七年五月十八日，在濟州抗日紀念館舉辦一場聯合展覽，以慶祝國際博物館日。這個合作計畫有個特別的意義，因為它連結了三個地方：濟州、西大門刑務所和日俄旅順監獄（與策展人金泰東訪談，二〇一七年三月）。旅順日俄監獄直到展覽開幕的兩週之前，才突然取消了他們的參與計畫。由於正式的聯絡管道早在幾個月之前就中斷了，因此旅順方面並沒有提供明確的解釋，韓方只能把這個狀況，歸因於薩德反飛彈系統導致的中韓關係惡化。在本書寫作之時，我們無法確定旅順日俄監獄是否會繼續合作、協助世界遺產的系列提名。不過中國至今依然是南韓最大的貿易夥伴，也是其最重要的海外直接投資目的地。[7]這些惡化的關係在什麼程度上代表一個臨界點，而不只是地方政府反映著中央政府對薩德反飛彈系統一時的反對態度，依然是

7　南韓，*the Observatory of Economic Complexity*。〔線上資源〕http://atlas.media.mit.edu/en/profile/country/kor/（於二〇一七年十二月三十一日取用）

個有待解答的問題。

由於亞太地區安全佈局紛爭而起的這些困境，和美國對韓國、日本和中國的介入有關，在這樣一個由多邊軍事行動形塑的地區裡，當某個外交挑戰蓋過了襲產打造在外交上的價值時，顯然就會彰顯出襲產外交的限制。不過事實上，我們愈是探看藏在這個困難襲產地景皺摺中的細節，便愈能發現在韓國史的脈絡中，「獨立」的說法其實不只是針對日本而已，也是針對中國、甚至是其他後冷戰時期的強權。韓中合作仍在持續中的動態，也意味著一個新的起始點，以及對過去相互依賴關係的重探。刑罰襲產上的合作，可以被定位在二〇一三至二〇一六年間這個特定的時期；在這段期間，前南韓總統朴槿惠和中國國家主席習近平建立了強而有力的外交關係，藉此對抗日本和美國之間在政治上的連結。在這個戰略合作之下，韓中兩國的襲產外交看起來是很自然的事情。因此在中國政府的支持之下，安重根的紀念館才會在二〇一四年一月份於哈爾濱車站開幕，而上海的大韓民國臨時政府遺址也才會在二〇一五年九月重新對外開放。此外，兩國對於日本否認其在殖民期間做出的壓迫行為一事，也都提出了激烈的批評，比方說，當端島（又稱軍艦島）於二〇一五年七月份被提名為世界遺產時，他們便強調這座島嶼上存在的強迫勞動事蹟（Takazane, 2015）。此外，兩國也都努力想將某些和日本殖民統治有關的檔案（也就是南京大屠殺的犧牲者名單，以及慰安婦的名單），登錄為聯合國教科文組織的世界記憶（Memory of the World）（Seo, 2008; Han, 2015）。於是這些苦痛、創傷歷史的襲產化，便意味著南韓和中國正在對日本試圖撇清的記憶提出質疑。

在這樣的政治環境裡，旅順日俄監獄和西大門刑務所歷史館之間的合作，起初似乎進行得頗為順利，後來卻因為雙方的差異而逐漸衰退，並在薩德爭議出現之後嘎然而止。於是這個案例反映了想推廣困難襲產、以此作為外交的困難之處——這種外交原本應該要開啟更多的對話、而非衝突，並可以促進原諒與和解。這個案例也暴露出了外交的黑暗面：外交終究不只是為了和平而合作。儘管遇到了這些挫敗，但西大門刑務所依然在探索另類的敘事，甚至還和東北亞地區的其他行為者重新結盟，進一步引起了襲產作為外交所具有的多邊本質的問題。[8]

8 在二〇一七年十一月二日的一場論壇上，有與會者詢問本書作者，南（韓）是否有可能在刑罰襲產的申遺上和台灣進行合作。由於台灣並非聯合國的成員，因此可能性並不高。然而這個對話，依然暴露了襲產作為外交的多邊本質（個人筆記，二〇一七年十一月二日）。

8

在台北複製六本木丘？斷連、抹除不和諧之地[1]

後殖民意義上的歷史保存，無可避免牽涉到如何在當代世界裡，重塑殖民地理。然而殖民時期的台北刑務所（亦即台北監獄，下文將一律使用台北監獄，因本章主要處理的是後殖民情境）的建造和拆除，卻牽涉橫跨三百年的多重殖民、壓迫與迫遷。值得注意的是，台灣從十七世紀起曾歷經過幾個不同的政權。起初，台灣於一六二四至一六六二年間受荷蘭人統治，

1 本章有部分曾發表於*International Journal of Heritage Studies*（請見Huang, 2017b）。

接著又在鄭成功（或稱「國姓爺」）的帶領之下，成為復辟明朝的人們的軍事大本營，最後又從一六八三年開始為清朝（部分）統治，直到日本於一八九五年對台灣開啟殖民統治為止。日本人離開後的其他政權轉變，我們將會在本章稍後討論。雖然台灣島上有超過十六個原住民族群已在此居住了數千年之久（Andrade, 2009），但從中國大陸遷移過來的漢人逐漸在過去四百年來在島上取得了優勢。這個島國的多元本質，讓它在認同打造的過程、以及記憶政治的經驗上，都和韓國與中國很不一樣：不斷受到外來勢力（包括漢人）征服的歷史，留下了不和諧的（dissonant）、彼此競逐的記憶痕跡，這些記憶痕跡很難被整合進一個連續的、前後連貫的敘事，從而呼應了「不和諧襲產」（dissonant heritage）的概念（Tunbridge and Ashworth, 1996）。

我們於第六章討論的台北監獄附屬日式房舍，就坐落在一個企圖複製東京「六本木丘」開發案的大型計畫旁邊，這個計畫將會取代殖民監獄殘留下來的物件，並遷走一個介於兩個國家之間的非正式聚落。[2]這就是本章所要檢視的案例。透過本章，我們將展示台北的案例，和第七章討論的旅順日俄監獄和西大門監獄案例有多麼不同——台北的這個監獄遺址正在捲入一個斷連（disarticulating）和抹除苦痛記憶與恥辱記憶的過程。我們的

2 關於六本木丘、以及其再開發的歷史，請見Cybriwsky（2011）更詳細的回顧。

分析有兩個目的：首先，我們希望讓人們關注懲罰、襲產和殖民現代性之間被人們忽略的關係——它們之間的關係導致懲罰型國家（punitive state，也就是透過懲罰來運作的現代國家）儘管歷經了政權移轉，卻依然能夠持續存在。其次，本章的分析將探索一個被拆除的監獄，該監獄是「不和諧襲產」（Tunbridge and Ashworth, 1996）的場址，被國家和多重的公眾（不）記憶著。透過追溯監獄高牆裡、和監獄外的地方記憶，我們將展現襲產倫理提供的可能性。我們可以透過這種襲產倫理，來抵抗懲罰式國家的出現，以及城市再造過程中的懲罰文化，而這些懲罰文化可能不只會出現在台北，也會出現在其他的地方。我們也將進一步對台北和首爾的都市再開發過程進行比較，最後再為本章作結。

在台北複製六本木丘？

六本木丘是東京最大的私人再開發計畫，也是都市再開發的一個著名案例，過去十年來在整個東亞地區都被熱切地討論著。人們可能很難想像，未來將會有另一個六本木丘出現在台北市中心的中正紀念堂旁邊；這個意象放在據稱曾於二戰期間、將這個國家從日本的侵略解救出來的民族領袖旁邊，實在有點不太協調。然而這也不純粹只是幻想而已，對於台灣這樣一個，每天都在和過去三百年來幾個不同殖民政權所留下的襲產共存的社會來說，也未必是無法想像的。根據二〇〇七年提出的計畫，台北市中心大約有十二點五公頃的國有地，將會被開發成為商業區，好為一個以六本丘為範本的更新再開發計畫提供基地。從一九七〇年代起，這個社區的預定地就一直被稱為「華光」，這個名字在字面上的意思是「中華之光」，但很難讓人聯想起現在已經不可見的殖民監獄，然而這座監獄作為一個被遺忘、藏在廢墟之中的殖民襲產，至今依然存在著。

台北舊監獄旁曾建有將近五百幢房舍，裡頭住著數千名因職務分配或佔居落腳者，但這些房舍卻在二〇一二至二〇一三年間，為了替六本木丘計畫提供用地而遭到拆除。整個舊監獄聚落，今日只剩下圍牆和少部分曾住有監獄官員的房舍被保存了下來。今日如果你在台北舊監獄的遺址停下腳步，必須要很仔細地端詳，才能看出一些歷史線索，因為整個遺址看起來就像一片被雜草覆蓋的空地，只有幾輛車停在巷子裡。在這片廢棄的地景之中，只有一些老樹和幾幢房舍依然散佈其中，暗示著這裡曾有的艱難過去（請見第六章，圖6.5）。

「懲罰型國家」的概念借自人類學家蘭開斯特（Roger Lancaster, 2011），指的是以犯罪為中心的取徑來進行治理，或者說「犯罪化」社會活動的國家。雖然蘭開斯特的書處理的是性恐懼（sex panics，亦即對同性戀的瘋狂憤恨），以及這些恐懼如何引起制度性的恐懼，但本章要探究的，是一個現代國家如何透過不同形式的懲罰來置換（displace）[3]記憶和責任。尤其，懲罰型國家會在都市環境之中那些懲罰已具體化（materialized）的場址上運作。當懲罰性的當下，不論在監獄裡或監獄外都普遍存在的懲罰文化逐漸強化時，懲罰型國家之運作便最為有效（Brown, 2009）——因為有效，故一個社會很難不去接受這般國家，反而將其視為正常狀態。此外，透過監獄觀光和／或監獄襲產的推廣，如果我們不謹慎看待歷史變化在都市脈絡中留下的影響，我們可能也會不經意地將懲罰文化「自然化」；其影響就算是在監獄除役之後，可能也都會持續下去。我們接下來將檢視一座歷史監獄是如何在三個政權期間遭到部分拆除、保存，然後歷經了再開發，希望藉此在台北的刑罰地景之中，找出這個懲罰型國家。

看不見的監獄：活在國家之間；非政治性和非法性

為了討論懲罰型國家運作的這個地點，我們需要將這個不和諧地方的故事上溯到日本殖民統治結束的時間點。第二次世界大戰結束後，日本殖民政府留下來的整套基礎設施，都被國

3 譯按：亦有「迫使流離失所」、「迫遷」的含義。

民黨統治的中華民國國民政府接收下來。一九四九年的內戰結束後，國民黨則將其流亡政府搬遷到了台北。這種治理的過渡性，讓他們有理由乾脆維持日本人留下來的現狀，長達至少十年的時間。華光社區之所以會存在「不記憶（disremembering）」，就是因為一九四九年國共內戰之後大陸難民的臨時落腳所造成的。他們許多人都是在國家的命令之下遷移過來，而前來台灣、或在台灣境內的混亂遷徙經驗，都讓他們留下了許多不愉快的故事。比方說，在台北監獄附近落腳的人，就不是自願住在四米高的監獄圍牆陰影下的。他們最後在異地落腳的艱難經驗，大部分都和當時仍在持續的兩岸衝突緊密糾纏在一起，後來則與監獄有關的犯罪想像結合在一起，然而官方敘事卻只將華光視為一個都市更新的場址，那些艱難經驗就算沒有被完全抹除，至少也只是被輕描淡寫過去。一如住在監獄附近的居民邱某[4]所指出的：

> 當〔他〕還年輕時，村裡的老人常常會警告小孩不要靠近社區裡的兩個地方：一個是武德殿（也就是演武場），日本人以前會在那邊練習武術；另外一個則是舊台北監獄。
>
> （Taipei Times, 1 January 2013）

4　原台北時報英文報導標示全名為Chu Yi-fang。

邱某在描述自己的童年時，還記得監獄附近的陰森氣氛和鬼故事的傳聞。

在這個台灣史的嶄新篇章裡，日本人留下來的監獄聚落，無法容納大量湧入的大陸軍人和平民。很自然地，一些大陸移民找到了方法、讓自己有個棲身之地。這些難民快速佔據監獄聚落的方式，可以被視為在殖民主義和國族主義碰撞的場址上，透過底層社會非正式、自營建造的方式，所主動進行的一種（不）記憶實作。年老的受訪者還記得當時的法務部鼓勵他們，只要找得到空地，就先盡可能地搭建簡陋的棚屋（與被迫遷的前住戶 Ben 訪談，二〇一三年四月三日）。這些建造行為的非正式性，在當時來看是可被接受的，因為當時一般人都認為國民黨很快就會打敗共產黨、回到大陸，因此自己只是短暫停留台灣而已。這種心態、以及對住處的迫切需求，導致大量的非正式建物在台北各地出現。政府的態度有點曖昧不定：一方面，他們對非正式聚落提供了合法的地址和公共服務，同時也向他們收稅；另一方面，政府數十年來也不願將許多一九四九年來台人士的住處正式化。根據一九六三年的一次住房普查，台北有超過三分之一的居民住在非正式聚落裡。然而國民黨政權卻拒絕承認，因為長期以來對住房政策的忽視、以及當時兩岸移民的特殊歷史，他們自己也是這種都市非正式性的推手（Fan, 2011）。

從一九五〇至一九七〇年代，台北人口從四十萬成長到了兩百萬人，因而引發了另一波住房危機。日本殖民期間，台北監獄起初座落在台北城外，此時卻因為城區快速成長，而被吸納進了擴張後的市中心。政府於一九六三年決定將監獄遷移到城外的地區。人們當時並不重視襲產，因此監獄建築遭到了拆除，部分土地則賣給了兩間公營事業單位，也就是中華電信和中華郵政。於是他們在那裡建造的兩個建築群，便有點怪異地和監獄旁的歷史聚落比鄰而立，而任職於法務部矯正署的官員和獄方人員，則繼續住在該聚落裡，

由於政府在拆除監獄之後，便對剩下的監獄聚落睜一隻眼、閉一隻眼，因此這種非正式感也延續了下來。然而該聚落的凋零感、以及監獄可怕的記憶，卻讓華光變成一個城鄉移民可以負擔得起的地方。儘管改了名字，但對於許多住在裡頭超過兩個世代的人來說，那個區域就是個「監獄場所」，而不是什麼「中華之光」。許多老一輩的受訪者，都還記得囚犯從監獄走出來的場景，那樣的故事在很長的時間裡，一直都帶來某種恐懼感（Tsai, 2012, pp. 61-63）。

到了二十一世紀初，該區域已經有超過三千人居住。國旗（在大陸榮民居住的地方裡，國旗是很常見的物件）被掛在日式的黑屋瓦下方，而日本人種植的棕櫚樹，則和大陸移民種下的中國香椿共存。不同的植物選擇，造就了不同的族裔地景，

而所有這些都形塑了華光複雜的地方記憶。正式的監獄聚落逐漸轉變為混居的非正式聚落這件事，反映了人們在戰後混亂的年代裡仍在艱難地生存著。諷刺的是，曾經被廣為推崇的愛國主義，卻成了一種不舒服的記憶（與被迫遷的居民Stella訪談，二〇一三年三月二十日）。過去十年來持續變動的兩岸關係，導致這段反共歷史遭到了拒斥，這也正是那些一九四九年後來台的大陸移民，之所以會一直留在華光的原因。然而官方認可的遺產論述，卻無法確定是否要承認這個具備不和諧歷史記憶的複雜地景。近期的襲產保存運動，讓新一批建物也被列為襲產，但在此之前，那裡只有一部分監獄圍牆（於一九九九年）被指定為古蹟，以及在那裡遭處決的外籍戰俘獲得官方認可。

二〇〇七年，行政院在全國各地發起計畫，準備對國有地進行再開發。其中，華光被想像為未來的金融中心，一個「台北的華爾街」。大約就在同個時間，華光的居民被法務部（也就是負責清空國有地、以利再開發的單位）分成三個類別：職員宿舍的合法居民、在職員宿舍逾期居住的非法居民，以及非法建物的佔居者。根據二〇〇九年進行的官方調查，華光有兩百三十一戶被視為非法佔居戶，其中有六十六戶在宿舍逾期居住，還有一百六十五戶是居住在自營聚落裡。只有「職員宿舍裡的合法居民」，在限期之內離開之後可以獲得現金賠償。諷刺的是，華爾街計畫很快便在二〇一一年，被台北六本木丘這個新計畫取而代之。這個頗具標誌性的國際案例，似乎只是個隨機的決定，也沒有諮詢過社會大眾的民意。

至於那些被視為非法居民的人，也就是大約兩百戶的居民，則突然發現自己遭到了政府的控告。從二〇〇七年起，每個佔居者不論歲數，都收到了法院的傳票。政府以「不當得利」[5]為罪名控告他們佔用國有土地，要求他們拆除房子、將土地返還給政府。政府沒有提供賠償或安置處，只有強制驅逐佔居者的法律程序。地方上的人權倡議團體認為，這種做法嚴重違反了經濟社會文化權利國際公約所保障（Taiwan Association for Human Rights and The Covenants Watch, 2013）的居住權。強制驅逐帶來了很大的麻煩：政府以各個擊破的方式處理這個歷史聚落，把這個聚落當作數百個法律個案，而不顧早在國民黨來台之前就已經存在的複雜都市性，而且這個複雜都市性也有部分是國民黨造成的。早在一九九〇年代之前，就已經發生過類似的國有地佔居聚落的處置案例，當時在某個程度上，都有將住戶安置在別處，比如康樂里鬥爭（Huang, 2012）和寶藏巖（Lin, 2013）都是如此。然而華光案例的處理方式卻完全不同：居民遭到起訴，並被要求繳交數十萬到數千萬新台幣不等的罰款。

5 「不當得利」是法律系統裡經常使用的說法，指的是一個人因為偶然、失誤，或因為其他人的不幸，而不公地獲得利益的情況。如果補償是合理的，那麼除非提供補償，否則保留這種利益在法律上是不正當的。

面臨這樣的法律控告，許多居民別無他法，只能拆除他們的舊房子。在這個過程中，至少有六位居民因為身體和精神上的耗竭而過世（和被迫遷居民Nina 訪談，二〇一三年七月三十日）。許多在中國大陸出生的居民和他們的後代，都認為自己是永遠無法「回家」的難民（Cheung, 2013）（請見圖8.1，為華光社區在二〇一三年遭強制拆除前的照片）。

圖8.1｜華光社區在二〇一三年拆除前夕的圖集。
圖片來源：黃舒楣於二〇一三年四月拍攝。

起訴作為一種他者化的過程

當國家不但沒有打算接納佔居者、反而還要懲罰他們時，佔居者和國家之間的關係便變得很脆弱。前述起訴的法源基礎，很可能不是一條法律，而是財政部於一九八五年設置的行政措施，目的則是為了處理被國營事業不當佔有的許多國有土地。然而這個措施，卻在近期被使用在一般民眾身上。台灣政府於二〇〇七年建立了一個行動計畫，並在六年之內重新取得了一萬九千五百六十八筆土地（截至二〇一三年五月，約兩千零三十三公頃）。這個行動計畫讓政府得以使用各種行動，其中最具懲罰性的措施，就是像華光社區那樣，對住戶進行控告。

這個措施所帶來的懲罰，體現在被告的日常生活之中。根據戶籍系統，被告家庭的每個成員都會不斷收到法院傳票（如果被告是有工作的成人，傳票還會同時被送到工作處的辦公室）。案件審理完畢之後，被告會被要求立刻繳交罰款，否則銀行帳戶就會遭到凍結、三分之一的薪水也會被自動扣除，造成立即的財務危機。許多爭議則發生在無法針對是否應該打官司這件事取得共識的家庭成員之間。年輕一代尤其害怕法院傳票會出現在他們工作場所。Amy 是少數加入反迫遷運動的年輕人之一，她對筆者講述了她的姊妹們是如何反對這場抗爭運動的，因為她們將這場運動連結上了根源於過去的非法污名。

「事實上，我們的記憶都深深鑲嵌著某種羞恥。住在一個非正式房屋裡的我，從很小的時候，就已經會避免帶同學們回家。我不希望讓我的朋友知道我住在哪裡」（與抗爭者Amy訪談，二〇一三年五月二十日）。

每個起訴案都在不同的時間點、以不同的罰款金額和解，也讓居民們很難以一個社群的身份行動。有些案件在二〇一二年就已經審理結束，然而有些人卻連第一次出庭都還沒去過。沒有任何一個居民勝訴。最好的結果，就是和政府達成和解、免除一部份罰款而已。判決出爐後，居民必須面對立即的調查，接著政府就會在指定的日期前來拆除房舍。這種透過法律途徑的清拆行動，不只耗費了大量成本，也對佔居者施加了大量的心理壓力。懲罰型國家就是透過這種以法律訴訟進行迫遷的過程，持續在華光社區裡運作著。

這種以訴訟為途徑的懲罰，也被使用在曾於二〇一三年春天支援住戶的年輕抗爭者身上。[6]二〇一三年三月二十七日凌晨，大約三百名大學生以靜坐的方式抗議拆除計畫，直到隔天早上被警方強制驅離。後來有二十九名行動者和兩名當地居民都收到了法院傳票，而他們被指控的罪名則是「妨礙公務」。

6　二〇〇七年起就發生過多次反對強制清拆的抗議活動。請見Chung（2013）或Cole（2013）近期以英文進行的一些討論。

雖然訴訟後來在一年之後撤銷，但依然有效阻止了迫遷戶和抗爭者繼續行動。另一場反對強制拆除的抗議事件，則發生在二〇一三年四月二十四日：這次法院以同樣的罪名起訴了五名學生，最後他們在二〇一五年四月被判有罪。沒人能提供明確的理由，解釋為何只有這些參與者成了執法的對象。本書的其中一位作者當時以參與者兼研究者的身份，觀察了那些年輕學生如何因為訴訟程序而身心俱疲，而這個程序本身就是用來防止人們進行組織行動的。年輕抗爭者認為，他們很難作為一個行動一致的群體，去對這種意料之外的結果釐清責任歸屬。「我不確定我們到底應不應該繼續下去，」Lily 說道。「我們要如何跟只是要來表達支持的人解釋這些呢？」其中一位抗爭者在會議中說道（田野筆記，二〇一三年五月二十九日）。被迫遷的居民也表達了他們的疑慮：「我最不希望看到的，就是這些年輕學生被政府懲罰！」二〇一三年五月之後，大型集會就再也沒有出現過。

值得注意的是，起訴的權力在某個意義上也和透過「隔絕」（也就是現代監獄的角色）來進行懲罰的技術有些類似。透過起訴，政府可以將原本集體進行的反迫遷行動各個擊破、變成原子化的個體，然後再以個別的訴訟案一一進行懲罰。這些懲罰性措施強制驅離了佔居者，同時也消滅了以社群為基礎的都市政治空間，造就了藏在都市過程中的國家權力的嶄新類型。

這讓人想起了在日本帝國以現代性為名的刑罰改革下所成立的懲罰型國家，同時也呼應了美國和英國從一九六〇年代以來的「懲罰轉向」（punitive turn）（Lancaster, 2011; Sherry, 2005）。

將殖民／現代監獄、以及對佔居者進行懲罰性迫遷的行為進行類比，能讓我們獲得新的角度去理解當代的都市再開發是如何運作的。一如黃舒楣（2017b）所主張的，那也讓我們能看見，懲罰型國家並沒有離開其殖民地。我們在追溯懲罰型國家的運作方式時，看見了「國家在宣稱何為合法、何為非法這件事情上的認識論權力（epistemological power）」（Huang, 2017b, p. 119）。在某個意義上，殖民現代性的韌性，是透過為我們建構「非法（因此也是無關緊要的）他者（illegal others）」來強化的。葛瑞格利（Derek Gregory, 2004, pp. 9–10）曾引用伊格頓（Terry Eagleton, 1999）對於「無法記憶」和「沒有能力做其他事情」這兩個「糟糕的孿生現象」的思考，來討論記憶的藝術，並將這種藝術視為追溯殖民現下（colonial present）如何被生產出來的焦點。如果不是「殖民失憶」，就是「殖民懷舊」糾纏進了文化和權力之中（2004, pp. 9–10）。華光的案例就是這種殖民現下的例子；歷史的置換，和複製一個日本六本木丘的夢想結合在一起，這似乎既是「殖民失憶」、也是「殖民懷舊」的矛盾作法，一起促成了他者化的過程，將居住記憶（lived memory）和部分存在的監獄聚落聯繫在了一起。此外，這種他者化也有助於創造出一個條件，讓法律訴訟可以更容易、更具說服力地運作下去。再引申來談，這個被人們接受為常的過程，也反映了人們對國家「控制文化」（Garland, 2001）的記憶如何有效地形塑了現在。

記憶、懲罰和襲產倫理

為了抵抗強加於佔居者身上的罪名（如果不是在法律上進行抵抗，至少也是在理論上進行抵抗），我們有必要對各個地方進行另類的重新闡述，以便理解由紀念化和爭議所組成的地方記憶的不同層次（Legg, 2007），從而理解記憶的倫理。馬格利特（2004, p.7）曾問過一個有趣的問題：「我們有必要記住過去的人們和事件嗎？」這個問題對我們來說至關重要，而且可以幫助我們思考記憶和襲產的倫理。馬格利特對記憶的理論化，牽涉的是倫理（ethics），而非和「集體的我們」有關的道德（morality），能讓繫泊在共同記憶裡的「厚重關係」（thick relations）支持倫理關係互動（ethical interactions）（Margalit, 2004）。由此，我們可能會認為那些被加在社群身上的罪名，是為了被遺忘的監獄而強加上去的，藉此符合倫理上的考量。確實，剝奪地方記憶的計畫，斷開了社群與他們共享的過去之間的連結，也因此能防止他們另循以地方視為襲產的另類記憶方式為據，而形塑出另類責任感，乃至於做出不同的集體決定。換言之，我們或許可以主張，一如前面提到過的，這世界存在著一種襲產的倫理，可以讓「認知上的不協調」（cognitive dissonance）（Wilson, 2008）發生；這可以帶來更多合乎倫理的集體行動——就我們在此的關注來說，則是可以在如何保存、如何再開發的問題上，帶來更多合乎倫理的、牽涉刑罰地景的規劃方式。

政府成功將華光社區變成許多個體訴訟案的總和這件事，剝奪了社群再現一個另類記憶政治的可能性。和台北監獄有關的襲產運動，就是在這個脈絡中持續抵抗。從二〇一三年初開始，志工和公民團體就在努力抵抗這個可能會清空他們地方記憶的計畫。華光社區急迫地想要找尋「非國家的記憶」（non-state remembrance）（Muzaini,2012）。此外，關注居住權的草根組織也集結起來，要求城市的形塑過程必須有民主參與，而這個過程，也和「共享權力」（shared authority）的記憶有關（Frisch, 1990）——我們如何和彼此、以及彼此過去的生活一起生活。為了推進這樣的行動，一個聯盟於是因應而生（Huang, 2014）。這個呼籲在二〇一三至二〇一四年間獲得外界的關注，而政府則同意重新召開古蹟委員會議，對監獄聚落進行另一次全面檢視。

近期的襲產運動，讓人們發現了一些被遺忘的故事，這些故事告訴我們：即使是在二戰之後，監獄裡的政治壓迫依然存在。一如我們在第六章提到的，監獄圍牆的殘跡和二十二座宿舍因為建築上的價值，於二〇一三年九月被指定為古蹟，另外還有四十九棵樹木列入保護名單。這些被列為古蹟的建築物，都集中在遺址的邊緣地帶，而這件事也像個隱喻，隱含著襲產在規劃過程中的邊緣化（關於被列為古蹟的宿舍位置，請見圖6.5）。雖然保存的範圍有限，但遺址的這些部分被列入古蹟名單，至少還是能部分地實現藍澤里烏斯所提倡的概念，亦即用「不承襲的地下莖歷史」（a rhizome history of disinheritance），去取代襲產裡想像中的嫡系血統（2003, pp. 211–212），從而得以顛覆掌控襲產使用方式的主體，藉此挑戰既定的秩序。

國家主導的歷史敘事對特定歷史的不承襲，可以下述方式開啟。地方記憶的重新闡連，可以不只是監獄遺址而已，它也可以包括位在街對面的中正紀念堂。中正紀念堂的位置，過去曾經是殖民者的軍事基地，後來在一九六〇和七〇年代期間，被重新規劃為台北新商業中心，並由洛杉磯的佩雷拉聯合建築師事務所（William L. Pereira Associates）擔任顧問。該計畫描繪了幾個由天橋、露天平台連結的高層塔樓，呈現出台北為了容納不斷成長的人口，原本可能會建造的另一個市中心。然而蔣介石卻在一九七五年出人意料地過世，導致整個計畫遭到取消。[7]如果新的商業中心這個願景沒有被一個大型紀念堂、紀念過往領袖的計畫給取代，台北市中心可能會有非常不一樣的樣貌。至少會有更適當的住宅，讓戰後的移民不用擠在日式宿舍和（看不見的）監獄之間。這個四十多年前做的決定，讓一個外觀像是中國北方宮殿的紀念堂得以出現，這個選擇並未考慮過人們的需求。又一次地，今日的政府正在計畫將土地的開發權，變賣給私營開發商建造豪華旅館，卻不顧這座城市對住房的需求。我們或許可以說，這種規劃方式之所以一再出現，很大一部份原因就是忽略了複雜的地方記憶。這種忽略讓我們可以斷開再開發計畫、登錄襲產清單、以及針對佔居者和抗爭者的控告之間的連結，成功促成「他者化」的過程、遺忘不和諧的過去。雖然襲產運動確實取得了部分成功，但古蹟登錄並不會正式承認被迫遷的佔居者的記憶也是這個場址特有襲產的一部分。然而，我們就是在這個保存運動之中，將曾經被掩蓋在華光社區、圍繞著刑罰襲產的不和諧記憶，給部分揭露出來的。

質疑當代襲產保存（或不保存）的目的，一直都是一件重要的事情。這個充滿挑戰的問題，指向了襲產、規劃和倫理之間的緊密關係。那樣的質疑和「襲產鑲嵌在歷史之中、偶然的本質」（historically contingent and embedded nature of heritage）（Harvey, 2001）有著密切關聯，而這也無可避免地讓襲產成為一個「倫理的事業」（an ethical enterprise）（Harvey, 2001）。然而襲產的倫理

7 請見Liao（2002）關於中正紀念堂的研究。

面向，卻沒有受到應有的探究。一如坎貝爾（Heather Campbell, 2006）所主張的，規劃倫理的一個重要主題，就是考量集體義務（collective obligations）的範圍，而這種義務牽涉到私人利益和公共利益之間的衝突，以及立即需求和對未來的共同願景之間的世代間競爭。透過對內蘊不和諧的襲產進行檢視，規劃專業可以學到的不只是擴展集體義務的範圍而已，也是關於源自「我們是誰」和「〔我們〕做了（以及沒有做過）什麼」的責任地理的理性思考——也就是認同和責任之間的關係，以及這兩者的地理（Lawson, 2007; Massey, 2004）。一如上文所呈現的，對襲產打造的批判式閱讀，可以開啟責任的地理，而我們也可以透過這種地理，將在不同歷史時刻成形的計畫連結起來，並考察責任是如何被罪名取代的。我們將在這個理解之下，對台北的華光案例和首爾的監獄支援巷進行比較——這兩個案例都證明了，對襲產的批判式閱讀，可以讓我們提出倫理規劃的重要問題。

抹除困難記憶：對台北的華光案例和首爾的監獄支援巷進行比較

一如我們在第五章和第七章曾簡短提及的，首爾西大門刑務所附近的監獄支援巷案例，其特殊之處就是針對一系列困難記憶喪失的抗議。那些在支援巷裡等待探視監獄裡的親友的人，以及坐過牢、試圖在附近生存下來的人的記憶，在私人開發商樂天（Lotte，韓國五大財閥的其中之一）提出的再開發計畫裡，大部分都遭到了忽視。首爾市政府於二〇一五年核准監獄支援巷的再開發計畫，那裡被官方劃在該地區的「母岳二區」裡，「考量該地區落後的基礎設施，以及建築物的屋齡」，該區域被評為「適合再開發」（Kim, 2016）。樂天計畫拆除西大門刑務所對面的整個街區，接著再將該區變成四棟高層公寓，預計將容納一百九十五個單位。該計畫引起了激烈的辯論，比如首爾放送（Seoul Broadcasting System, SBS）於二〇一六年一月二十九日播出的電視節目《令人好奇的故事Why》（*Gunggeumhan Iyagi Y*）就是個例子。這個拆除計畫引來了許多批評和抗議；時任首爾市長朴元淳甚至曾一度於二〇一六年五月拜訪了那裡，導致計畫暫停了三個月。市長表達支持的行為，雖然看似是個戲劇性的轉折點，但事實上並沒有中止這個再開發計畫，因為所有的法律程序都已經批准這個計畫了。運動人士希望讓社會關注那裡的歷史價值，並呼籲將居住視為當地居民的人權（Park, 2016, 2017），但他們的努力最後依然未能阻止該計畫。最後在二〇一六年，運動人士和警方甚至還在那裡發生了頗為暴力的衝突（Choi, 2016）。不過工程還是在二〇一六年八月二十二日重新啟動，將那裡改建為混合使用的房地產計畫——「樂天城堡」（the Lotte Castle），瞄準第一次買房的首爾年輕家庭。到了二〇一六年底，這個開發案的廣告已經開始在大眾媒體上頻繁出現，開發商強調建案位置距離地鐵站和獨立公園都很近，還能看見美麗的山景（Money Today, 2016）。不令人意外的是，這些廣告完全沒有提到監獄支援巷；他們甚至連西大門刑務所都沒有提到。

監獄支援巷的案例在幾個意義上和華光社區有些類似。這兩個地方都見證了類似的、對囚犯、家屬記憶的邊緣化過程，只要無法輕易相容於獨立和愛國主義的論述，這些記憶就會被視為可拋棄和不重要的。在監獄支援巷的案例裡，那些與一九二〇、三〇年代的左翼獨立運動有關的記憶，就因為南韓的反共政策，尤其遭到了邊緣化，被排除在西大門刑務所歷史館今日的官方敘事之外，儘管那裡的策展人和館長自己可能都對這些故事很感興趣。公民團體和專業人士之間也有其他的衝突。「聆聽城市（Listen to the City）」是個高度參與監獄支援巷保存運動的倡議團體，根據他們的說法，他們幾乎無法與歷史學家和保存學者進行任何對話，因為那些學者並不認為這個都市聚落有太多歷史價值（與「聆聽城市」主導人朴恩善〔Euseon Park，音譯〕訪談，二〇一七年六月十二日）。當筆者試圖聯繫首爾市政府的規劃師、瞭解官方的觀點時，我們唯一收到的回覆頗為直接：「首爾沒有什麼叫做監獄支援巷的地方」（電話溝通，二〇一七年六月二十二日）。對於這些困難地方記憶的全盤否認，也呼應了運動人士從頭到尾受到的對待：「去年八月聽到支持再開發的人在高興慶祝拆除行動的時候，我覺得既心碎、又害怕。」（與「聆聽城市」主導人朴恩善訪談，二〇一七年六月十二日）他們唯一達成的成就，或許是首爾市政府在再開發的過程中，會愈來愈留意保護人權的必要性（Kang, 2016）。然而就記憶監獄支援巷而言，這場由國家主導的記憶矯正過程，似乎

圖8.2｜前監獄支援巷所在地的工地，就位在獨立公園的對面。從這個角度也能看見公園盡頭標誌性的獨立門。照片由筆者於二〇一七年六月十二日拍攝，當時監獄支援巷剛被拆除，為再開發計畫騰出了用地。
照片來源：黃舒楣於二〇一七年六月拍攝。

缺少了與地方的關聯，從而導致了「他者化」和「排除」的過程。只有被視為重要烈士的人才會被包括進去，而左派的運動人士和一般囚犯則在都市地景被完全清除的同時，也被從官方敘事給抹除掉了（請見第五章）。由此來看，監獄支援巷對於首爾市政府來說，似乎是個比西大門刑務所還要更加困難、更加不和諧的地方，和台北的華光社區很類似（請見圖8.2 裡，位於西大門刑務所和獨立門對面的監獄支援巷原址）。一如Shaw and Jones（1997）在殖民、後殖民都市研究中的討論，這些地方都是多重利益競逐的都市襲產（contested urban heritage）。

斷連和清除的（不）記憶政治

除役的監獄和暗黑襲產一樣，可以提醒我們鑲嵌在許多地方的類似矛盾，讓我們或許有機會能追溯懲罰性國家，以及其在過去和現在的許多作用。因此，雖然落在台北監獄聚落或監獄支援巷裡的社群迫遷可能只是個巧合，但正是這個巧合的空間性，讓我們能對藏在由上而下的都市再開發之中的懲罰性國家進行檢視（Huang, 2017b）。透過對殖民監獄聚落的歷史性刑罰地景的回顧，我們描繪了今日位在台北的前刑罰地景之上的這個再開發計畫，如何透過國家的各種懲罰技術，讓這個聚落持續作為一個懲罰性的地方，而那些懲罰技術也讓居民社群分崩離析，成為一個個獨立的訴訟案，以致於儘管殖民監獄主建築已然消失，他們也依然能將居民行為視為非法，並對他們進行隔離。在某個意義上，懲罰性國家就像個無形的監獄，今日仍持續在運作著——其本身幾乎就是個不和諧的襲產場址。

監獄聚落不和諧的過去不被承襲（以及多重的移民史遭到抹除）這件事，卻正好和（不）記憶的政治和諧一致。此外，從懲罰型國家觀點進行的這個案例研究，展示了殖民監獄、以及為了國家主導的再開發計畫而迫遷佔居者，兩者之間隱形的懲罰性連結，而這個議題也為我們揭示了在規劃案中辨識不和諧襲產的重要性。被拆除的監獄和迫遷之間的類比，提醒了我們城市裡不斷進行的拆除和建設中內蘊的殖民現代性，以及因此被遺忘的責任地理（geographies of responsibilities）。我們希望，透過關注體現在監獄之外、以及特別是體現在都市過程中的懲罰型國家以及其諸多形式，我們可以批判地從襲產的倫理學習（Huang, 2017b），反省那些在本質上具有排除性（同時也可能帶有矯正性）的記憶過程。

後記

針對都市權和記憶權的鬥爭，並不是沒有在台北留下任何痕跡的。二〇一六年，台北市政府明確指出，他們願意將被迫遷的居民，安置在作為華光發展計畫一部分的、預計興建的公共住宅裡。這個提議至今依然在等待中央政府（亦即該計畫的主要地主）批准，一旦通過，該計畫便會成為二十年來首個讓被迫遷的居民回到／留在原地的案例，而且很可能會成為未來類似案例的範例（Guo and Zhong, 2018）。然而與此同時，台北市政府也提出了另一個和這個場址有關的計畫，預計使用該區域的一部分，建造一個中繼市場，作為南門市場的臨時所在地，因為南門市場必須從二〇一七年十二月從原本的位置遷出至少三年，好讓一個新的捷運線（編按：捷運萬大樹林線）能夠施工。由於這個意料之外的新計畫，華光作為一個困難地方，和其有關的更多辯論也開始出現。台北市政府已經承諾，市場的興建計畫會搭配一個九百戶的公共住宅，其中至少有六十戶會用來安置那些被迫遷的居民；該計畫將會在接下來幾年內執行（Urban Regeneration Office, Taipei City Government, 2018）。在本書寫作期間，我們仍不確定這遷移這兩個市場（包括南門和東門市場，後者的規模較小，是另一個因為結構老舊而需要重建的市場）的中繼計畫，以及安置之前被迫遷居民的短期和長期承諾是否會順利實現。此刻的我們能確認的是，困難襲產的打造很可能永遠不會結束，針對困難記憶的記憶行動的衝突也是如此。

結論　作為襲產的監獄
在後殖民東亞地區的再生

二〇一七年七月，本書的作者之一（黃舒楣），在日本奈良參加了奈良少年刑務所的一場少見的導覽（圖9.1）。該監獄近期因為結構年久失修而關閉，啟動修復以便符合今日的地震法規需求。建於一九〇八年的奈良少年刑務所（我們曾在第一章討論過），是山下啟次郎設計的五座知名監獄的其中之一，也是唯一直到二十一世紀都仍在使用的案例（Johnny, 2018; Japanese Property Central, 2017）。人們曾對於是否應該完全保存這座監獄進行過辯論，後來這座監獄於二〇一七年被列為國家重要文化財，預計在二〇二〇年重新開放（編按：因新冠肺炎疫情而延後至二〇二六年開放），作為刑罰史博物館和商業設施使用，其中將會包括幾間餐廳和旅館。關閉之後、以及突然啟動修復之前的這段時間裡，監獄曾在二〇一七年七月短暫對外開放一段時間。來自奈良和周邊城市（包括神戶、京都和大阪）的民眾參加了導覽行程，他們驚嘆於監獄建築的西方古典樣式、以及美

圖 9.1｜舊奈良少年刑務所。
圖片來源：黃舒楣於二〇一七年七月拍攝。

麗的磚造結構，這些都是明治時代公共建築的特色。導覽特別強調了山下的貢獻，並提到了他的孫子——他是一位知名的爵士樂手（編按：山下洋輔），也是這座監獄保存運動的其中一位倡議者。然而這場半天的導覽，並沒有觸碰到奈良少年刑務所建造時刑罰改革的歷史脈絡。導覽也沒有提到同個時期日本佔領地上的任何類似計畫。筆者後來瀏覽了奈良少年刑務所為了列入文化財而整理的檔案，發現裡頭也沒有提到相關的脈絡。很顯然地，監獄在日本被指認、記憶的方式，和本書討論的其他監獄很不一樣：前者選擇性地強調建築物在建築意義上的成就，亦即作為現代建築的美學價值。這個保存計畫所缺失的，是讓現代監獄興起、變成知識跨境傳遞實作的殖民脈絡。基於這個觀察，我們想強調探索二十世紀初懲罰記憶的重要性，以及在跨境脈絡之中、以跨學科和比較研究的方式進行探究的必要性。

在本書裡，我們已經回顧了在日本帝國前殖民地裡逐漸累積監獄建築範例的時代。我們也詳細介紹了直到現在都仍在持續的旅程，並追蹤這些地方的選擇性保存，這些保存為刑罰襲產提供了新的意義，讓它們成為困難記憶的場址之一，而殖民記憶、帝國主義和國族主義的記憶競逐，就是在這些場址上發生的。一如我們已經呈現的，懲罰主題作為現代民族國家建立的組成元素，既被記憶著、也同時被遺忘了，尤其是因為在實務上，多數情況都不會考量社會和地緣政治的脈絡。在本書最末，我們想要將旅順、首爾和台灣的比較案例研究放在心中，藉此重訪對於理解刑罰襲產來說至關重要、以及在懲罰的記憶之中非常關鍵的四個面向。

首先，我們將這些本質上屬於跨國的現代監獄，連結到原先促成它們之所以建立的殖民擴張時代，本身就是一件很重要的事。其次，藉由我們在這裡創造的概念，也就是懲罰的「矯正式記憶」，我們質疑懲罰的歷史痕跡如何經常被國家榮譽和愛國情緒這些現下的目標給取代，以便將國家結合成一個共同體——這個現象，就是東亞案例和西方案例不同的地方。第三，我們的分析揭露了本地的外交議程（這些議程通常就是對困難襲產的特定國族化再現的原因），與透過襲產促進跨境合作的國際之間的張力；這種張力無可避免地，會透過東北亞特別動盪、甚至還有美國涉入的地緣政治展現出來。最後，由於刑罰地景大部分都鑲嵌在都市脈絡之中，因此我們也有必要質問，直到今日都仍在主宰刑罰地景的、隱藏在其中的懲罰型國家。我們已經在前面幾個章節裡詳述了這些面向、並結合案例研究，因此接下來將簡短重述這四個面向各自最重要的部分，並指出本書對學術界的貢獻。

在殖民脈絡中，跨國建立現代監獄

我們往前回溯至十八世紀，爬梳刑罰改革的歷史，展示了造就今日各國刑罰襲產的流動，其實主要是跨國互動遺留下來的產物，而不只是一個個國家自己的計畫而已。有鑑於此，我們希望強調：如果不去留意人員、物質、意識形態的跨國流動，就無法完全理解現代監獄的塑造。

我們處理了「襲產」在現代民族國家的發展過程中被具體化（reified）的方式，而襲產的整套論述和機制都明顯地偏好國族主義、而非其他思想模式，而且會對跨國互動進行差別對待。國家邊界的政治在過去兩百年來，從來就不是靜止不動的，東北亞尤其如此，這種現象讓人們在檢視何為「**我們的**」、何為「**他者的**」的時候，會進一步讓襲產打造變得更加複雜。除卻這些情況所帶來的糾葛之外，在刑罰襲產打造的過程中還會有其他複雜性出現。如果我們將現代監獄視為國家層級的暗黑襲產，那麼這件事就更會充滿問題。這個過程通常會依據現代政權以現下為導向的目的而呈現出來，因為現代監獄通常都源於困難的過去。一如其他學者曾指出的，雖然有些人試圖在國際或跨國的層次處理刑罰襲產的打造，但聯合國教科文組織世界遺產的登錄方式，需要以成員國作為申請的單位，這件事在某個程度上，也限制了襲產的共同持有和競逐（Meskell, 2014; Evans, 2002）。我們謹慎處理了這些多層次的難處，詮釋了刑罰襲產的誕生、以至於重生，希望將監獄襲產同時置於跨國和國家的脈絡之中。

我們呈現了從西方到東方的刑罰改革史，並記錄了因為帝國主義擴張的壓力、以及日本必須在殖民地建造現代監獄的外交需要，藉此將韓國、中國、台灣幾個看似不同的計畫給連結起來，放在更大的脈絡之中。我們揭露了，如果我們只將每個監獄視為**國家**襲產，那將會帶來哪些對記憶的排除。已經有人發展出了「離岸襲產」的概念，來處理今日刑罰襲產的生產和消費。藉此，我們也提供了一個另類的理解監獄的方式，讓今日監獄不再只能被刻板地消費為死亡、恐懼、恥辱和苦痛的地方。我們揭示了，透過建造監獄來展現國家力量這個更加複雜的政治史，以及懲罰和矯正的社會文化建構，是如何被帶有圍牆的機構給自然化的。以上兩個過程，經常都被埋在層層疊疊的地方感之下，隨著時間被這些爭議領土上的政權移轉所主導。尋求獨立、以及打倒外部敵人等主題，被疊印在晦暗的過去之上，依據當下的需求去找尋理據。

一如我們在第三章所示，透過將監獄視為一個特殊的設置，關注其對移動性的控制，我們了殖民監獄裡的勞工配置，這提醒我們一件事：現代監獄過去曾建立在國家對（無法）移動性的控制，至今依然如此。透過對日本佔領的領土上的案例（尤其是一九三〇年代以降）進行研究，我們呈現了囚犯和平民被轉化成日本天皇順從子民的各種方式，他們的勞動力以矯正之名被剝削，並且被迫為太平洋戰爭服務，這個結果與西方起初構想的矯正罪犯的概念非常不同。儘管英國人也大量使用了囚犯勞工在殖民地裡興建基礎設施，尤其是在十九世紀的海峽殖民地和緬甸（Amrith, 2015），但英國人的作法比較不像大日本帝國在一九三七至一九四五年間那樣，如此注重將囚犯轉化成忠誠的子民——而這也和日本現代監獄的誕生所含有的文明化任務大相徑庭。循此，我們看到了刑罰改革的發展，如何在日本的歷史上進行，呼應了日本作為一個民族國家的本質在不同時期如何變動。

然而，在理解監獄襲產的過程中使用移動性的概念，確實不容易。一如第四至第六章所示，殖民監獄主要被視為一個個單獨的場址，儘管人員和物質實際上一直在流出和流進監獄。我們也展示了每個場址被國家化的過程，並記錄了建構殖民記憶時的獨特邊界是如何創造出來的。我們希望本書對移動性的關注，有助於打破向內看的敘事，促成一個由這些場址組成的跨國網絡。如果要挑戰監獄是個無法移動的空間的這個假設，我們就必須關注移動性是如何被運用的、服務了誰，以及在過去和現在被用來做了什麼。我們相信，這個重建現代監獄史的新取徑，有助於拓展理解現代監獄的誕生和重生的視角，將其放在國家和跨國的脈絡中看待，最終讓我們能將監獄襲產視為一種困難襲產來進行分析。

懲罰的矯正式記憶

此外，我們對於將除役的監獄詮釋、再現為「困難歷史地方」（places of difficult histories）（Wilson, 2005）的這個現象進行檢視，藉此質疑記憶的政治。我們發現，批判地檢視「懲罰文化」（culture of punishment）（Brown, 2009）如何適用於已廢止的監獄的再利用：這在某個程度上，呼應了「矯正」這個更好聽的說法是如何掩蓋了在當代社會日常運作的基礎層次之中、而且隨處可見的「懲罰」邏輯。我們在此處理的幾個案例，全都清楚揭示了這個議題：這些監獄全都在大正晚期（亦即一九二〇年代晚期；Ono, 2009）被日本政府改名，以「刑務所」取代「監獄」（後者字面上帶有殘酷之意）。這件事彰顯了現代機構作為一個場址是如何運作的，在這種場址裡，對一個人的改造是透過教育、而不是懲罰來進行的，對囚犯進行訓練，讓他們在被釋放之後能成為被矯正過的個體。使用「矯正」、而不使用「懲罰」這件事，本身就證明了這種轉變的諷刺之處，而這個主題，我們在發展「矯正式記憶」這個概念的過程中一併處理過了。

我們之所以採用「矯正式」一詞來區別記憶的一種特定種類（關於其他種類，請見第二章），有兩個原因。首先，本書討論的刑罰襲產，主要被設計來作為矯正的機構和建築：一個用來導正某些事物的措施，讓那些事物能符合被認可的標準。現代監獄的建築據說是用來矯正囚犯的，而矯正的方式就是將他們以特定的空間安排進行監禁。其次，「矯正」被借用來指涉，對記憶進行選擇性提倡、甚至重寫，以便追求某個政治議程，比如我們在上文討論過的（國家的）名譽回復。從本書檢視的這些案例來看，對國家來說，光是記憶是不夠的——必須進行矯正式的記憶，讓襲產在經濟和政治上都表現得更加正確才行。第三個「矯正式」的意義，則可以在牽涉對監獄周邊的社群進行迫遷、對監獄賦予新功能任務的再開發過程中看到。一如第八章指出的，這些措施可以是另一種將監禁寫入地景、將被懲罰的人「他者化」的方式。此外，一如我們所呈現的，這些監獄襲產場址裡的暗黑旅遊，通常也強化了懲罰文化的運作、而非對其進行質疑，而這種文化將「自然化」國家在施加痛苦、對囚犯進行控制的絕對權力（只要這裡指的「國家」不是外國就好）。一如布朗（2009）指出的，這種旅遊可能會讓社會大眾成為日常生活各個層次的懲罰實作的共謀。雖然本書提及的大多數案例，在被轉化為襲產之前，都曾在後殖民時期持續以監獄的功能運作著，但國家主導的、和這些案例有關的懲罰記憶，卻忽視了某些特定的歷史，這也逼使我們去面對一個令人為難的事實：我們的社會生活，在很大的程度上，依然建立在透過排除來進行的矯正之上。

由於日本人帶來的懲罰現代知識體系，大體上直到今日都依舊運作著，因此戲劇性地呈現日本獄方人員如何濫用法律、虐待囚犯的這種常見作法，便會把錯誤怪罪在特定的殖民實體之上，而非該實體帶來的他者化知識和技術之上。這種現象會讓我們看不見殖民政權結束後依然存在的他者化過程，一如我們在首爾和台北的案例中看到的那樣。透過「矯正式記憶」的概念，我們希望去批判地質疑，當我們在透過對舊監獄賦予新功能來記憶懲罰的時候，仍持續運作的他者化邏輯。我們希望藉此將這些刑罰襲產，從「矯正」這個本質上是殖民任務的概念中解放出來——這個概念，原本應該是個和許多戰爭和衝突的困難記憶一起傳播到東亞的西方視角。此外，我們希望「矯正式記憶」這個新的詞彙，能為東亞和世界其他地方的刑罰襲產，提供一個有用的分析工具。

困難襲產的國族化再現vs.藉由襲產進行的國際合作

隨著襲產的全球化，困難襲產的國族化再現、以及企圖透過襲產進行國際合作這兩者之間不可避免會有張力，各種挑戰也因應而生：作為外交的襲產既不直截了當、也絕非透明。然而我們主張，這兩者在表面上雖然看似襲產打造過程的兩個極端，但其實它們未必是二元對立的，而且還會彼此交纏。我們在第七章裡，回顧了韓國和中國涉入了彼此與懲罰有關的殖民時期記憶的過程。我們使用襲產外交（Winter, 2015）的理論，來理解雙方之間的動態互動，讓我們看到外交如何可能是襲產形塑過程的一部分，尤其是在這樣一個過去一百年來地緣政治都非常不穩定的地區。對於一些韓國人而言，這個合作機會甚至可能會被視為一種重新近用離岸襲產的方式。

在追溯將愛國主義和獨立的敘事重新打造成和平的新論

述時（尤其是在推動聯合申遺的過程裡），我們看到了關於過去的矯正式記憶如何一再地被實踐著。這種矯正式記憶透過一組共同擁有的價值和倫理來回憶過去，這種方式可以幫助這兩座監獄去宣稱它們的關切是具有普世性的，同時又可以防止它們的論述將戰後意識形態的衝突也包含進來。與此同時，我們論證了韓中之間持續進行的合作存在哪些挑戰，這些挑戰牽涉了各國殖民主義的多重層次。由此，這個案例便揭露了襲產作為外交的多邊本質。該案例在過去三十年來的發展，也提醒了我們，襲產外交不只會沿著一條斷層線開展。在這個地緣政治依然緊張的地區裡，將困難襲產當作外交來討論也顯露了一件事：困難的過去很可能根本就不是過去的事情。困難襲產甚至可能會成為**脫落於**外交的襲產（heritage off diplomacy），也就是被外交**關上停運**的襲產（heritage turned off by diplomacy）。在這種情況之下，一旦外交帶來的挑戰蓋過了襲產保存的迫切性（imperatives），襲產就會失去和跨國網絡進行連結，以培養更多元受眾、詮釋和管理技巧的機會。

我們之前討論過的後殖民監獄遺址的外交用途，和那些被當作暗黑觀光場址來宣傳的地方不同——尤其是一些建於明治時期、後來被改為博物館或旅館的日本監獄。像奈良、北海道網走監獄博物館這些案例，比較強調它們作為後現代暗黑旅遊景點的潛力、以及建築物在建築美學上的價值，而非它們在歷史上的意義。與此同時，藉由將奈良監獄變成一座旅館，或在今日的網走監獄博物館的食堂供應半道地的「囚犯餐」、「秘密餐」(Abashiri Prison Museum, 2018)，日本的刑罰襲產管理單位，似乎是在喚起參觀者對於自己從未經歷過的事物的好奇心，這也讓刑罰襲產場址變成某種特殊的娛樂方式，而非對暗黑／困難過去的批判反思。在某些意義上，台灣的案例也有類似的趨勢，大部分都忽略了襲產的政治－外交面向。為了回應這種趨勢，韓國社會學家李仲旻(Lee Jong-min，音譯)提供了一個深度的詮釋，闡明了當代的日本政治：在梨花韓國文化研究所(Ewha Research Institute of Korean Culture)二〇一八年的研討會上，李仲旻試圖將明治時期的現代日本監獄管理，放在今日日本的記憶政治的這個脈絡中看待。從二〇〇〇年代晚期開始，日本歷經了一個記憶明治時期的全國性運動，強調日本將現代性帶入亞洲的先驅角色。這個運動試圖扭轉戰後時期對於日本帝國史的常見描繪，更強調日本在明治時期的現代化成就。在這個背景之下，某些象徵日本現代化和工業化的工業遺址便被襲產化了(我們在第七章討論過這點)。李仲旻還認為，現代監獄轉型成為觀光景點，是一個在國內和國際上重新導正(如果不是強迫性導正的話)日本記憶政治的策略，同時也能展現日本的現代史(personal communication with Lee Jong-min, 18 March 2018)。我們確實需要更多長期研究來探討關於這個浮現於日本的趨勢，這種研究或許會為東亞的記憶政治帶來新的討論。在未來的幾年內，關注各個刑罰襲產場址如何彼此不同，卻又同時與彼此發展偶然的、反覆無常的合作關係，也會是有趣的事情。這可能會提供更多的素材，讓我們能檢視襲產打造的各種目標，不論那些目標是襲產化的國族化議程、是策略、是外交上的企圖，還是更加後現代的、和消費主義以及旅遊有關的意圖。論及對刑罰襲產的處理、以及困難記憶時，上述那些多重的目標都在彼此進行對話。我們希望這個取徑能闡明刑罰襲產打造通常帶點陰鬱的過程，幫助揭開暗黑襲產遺址根據多元、波動的政治環境，變成困難、不和諧的爭議襲產場址的過程。

隱藏的懲罰型國家：支配今日的刑罰地景
（Dictating Penal Landscapes to the Present Day）

最後，我們對刑罰襲產的研究，也關注了隱藏起來的懲罰型國家，這類國家存在於以抹除舊監獄周邊的都市邊緣記憶為代價、提倡大型房地產開發的邏輯中。這個隱藏的國家功能，即使在最初使用舊監獄的政權離開之後，都可能會繼續支配著刑罰地景。懲罰型國家通常會提告那些佔領、要求留在再開發場址的人，而不是去理解被邊緣化的人的地方敘事、以及他們最初為何會成為刑罰地景的一部分。他們之所以會住在那些場址，原因和形塑刑罰地景的歷史情況有關，而這樣的地景會存在，國家本身也有責任。在台北的案例、以及首爾案例（第八章），我們論證了懲罰型國家是如何透過移除地方（以及佔居者）的困難記憶來運作的。監獄聚落不和諧的過去沒有被承繼下來（移民的多重歷史被抹除了）這件事，恰好呼應了（不）記憶的政治。此外，這個案例研究也展示了，為了服務國家主導的再開發計畫而迫遷佔居者、以及殖民監獄這兩者之間不可見的懲罰性連結，闡明了在規劃過程中辨識不和諧襲產的重要性。被拆除的監獄與迫遷之間的類比，提醒了我們固有的殖民現代性，現在仍存在於城市不斷的拆除和工程之中，也提醒了我們被遺忘的責任地理（Huang, 2017a）。透過關注懲罰型國家，以及其現身在監獄外、尤其現身在都市過程中的許多形式，我們希望呼籲人們從襲產的倫理之中進行批判式的學習（Huang, 2017a），反省那些本質上是在排除、而且可能帶有矯正性質的記憶過程。

在監獄依然是國家機器一部分的這個世界裡，除役的監獄所引發的記憶，不只關於過去，同時也關乎未來。透過這些東亞的前日本殖民地上的案例，我們展示了刑罰襲產的四個面向，這些面向在理解懲罰的記憶，以及在一個地緣政治不斷變動的地區裡，如何重新打造困難地方都相當重要。由於時間和研究經費的限制，再加上我們可以從現存資料庫取得的史料、以及曾參與刑罰襲產打造者的敘事比較有限，我們知道我們的案例分析是不完全的。然而透過我們對刑罰襲產和記憶研究領域有限的貢獻，我們希望能看到更多其他地方的案例研究，開啟研究懲罰記憶所能帶來的可能性，而懲罰記憶這個主題，在理解以下這件事至關重要：儘管政權歷經了移轉，但社會依然持續依據隔離和排除的原則來進行運作。比方說，我們希望看到更多關於日本殖民監獄、以及英法兩國在亞洲的殖民監獄的比較研究，又或者是更多對前殖民監獄訪客是如何反應的深度研究。

最後的幾點思考

最後，將監獄這樣的困難地方轉型成為襲產的理想目標，並不是要創造一個宣揚傳道的場址（Meskell, 2002），而是要建立溝通的場址，以便最後能讓人類社會變得更好。然而今日在東北亞對困難地方襲產化的趨勢，卻完全不是這樣：比如日本端島（編按：又稱軍艦島）列入聯合國教科文組織世界遺產名單，就引發南韓和中國希望將自己和日本帝國歷史有關的文件類襲產（亦即，關於南京大屠殺的文件，以及「慰安婦之聲（Voices of Comfort Women）」），列入聯合國教科文組織的世界記憶名單，作為對日本的反制行動。這說明了東北亞國家困難襲產的管理，似乎比以往都還要更加政治化、外交化，而個別國家則嘗試將聯合國教科文組織的權威性當作槓桿，來遂行個別議程。

德國一直都相對公開承認自己在歐洲脈絡中作為加害者的過去（Macdonald, 2015），但和德國相比，日本近期卻在一九四五年廣島和長崎原爆所受的苦難這個脈絡中，開始將自己視為在天皇之下的「無辜」受害者，儘管中國和南韓都將日本理解為帝國主義的罪犯（Schumacher, 2015）。這種非常不同的理解方式，確實在很大的程度上反映了各個民族國家的不同視角，但助長了東亞充滿爭議的記憶政治。這有可能會造成進一步簡化的刻板印象，並將某些人受害者化。這不只對歷史詮釋有些意義，也進一步在地方、國家和國際層次上激發了外交衝突。

然而，我們的意圖並不是要針對記憶困難襲產這個議題，給出一個完全悲觀的訊息。一如聯合國教科文組織憲章的定義，襲產有助於擴展對文化多樣性、歷史和人性的理解：我們依然同意這個說法，儘管聯合國教科文組織的現實政治存在許多缺陷。尤其，困難襲產的處理可以提供許多機會，在各種不同的社會層次和不同國家裡，為利害關係人提供溝通的機會。地方、國家和國際層次的不同團體之間如果有更多的對話，可能就會帶來更多的辯論和爭議，而這些嘗試可以幫助我們理解，附著在困難襲產上的苦痛和創傷記憶的不同觀點（Lee, 2019）。

一如馬格利特（2002, p. 58）曾指出的，我們絕不應該假定，每個人都有義務要記憶所有事情；確實，如果是國家要做出這種要求的話，那問題就更多了。無可避免地，我們每一個人都只經歷過曾發生過的事情的一小部分而已，那來自我們自己在事件中獨特的參與記憶。對於我們任何一個人來說，要追溯所有藏在特定的、被固定的（fixated）地方記憶再現背後的跨境移動性和交流，確實是不容易。為了達成真正的共享的記憶，而不只是由各種聚合物組成的共同記憶，溝通就是開啟對不同聲音的記憶過程（而不只是在灌輸某種觀念）的關鍵所在。我們相信，這或許比以普世人性為名打造出世界遺產這件事還要更加重要，畢竟提名世界遺產的過程，依然無法從國家利益和外交斡旋之中解放出來——而這些影響力運作的方式，其實就和二十世紀初現代監獄的打造如出一轍。我們希望刑罰襲產作為不同國家共有的襲產，能夠以一種開啟溝通人類苦痛和困難記憶的方式，不斷地被重訪、被重塑，為了和解、而非為了競爭而服務。

參考書目

Abashiri Prison Museum. (2018). 監獄食 (The prison meal). Abashiri Prison Museum's official website. Accessed on 4 October 2018. https://www.kangoku.jp/multilingual_english/lunch.html

AFP/AP/UNESCO. (6 July 2015). Controversial Japan sites get UNESCO status. *Die Welt*. Accessed on 16 April 2018. http://www.dw.com/en/controversial-japan-sites-get-unesco-status/a-18563768

Ahn, H. G. (5 November 1998). Today, the opening of the Seodaemun Prison history hall in which underground cells, torture chambers, the execution ground have been restored to their original state during the Japanese occupation [일제하 애국지사 넋서린 지하감방·고문실·사형장등 원형복원 서대문형무소 역사관 오늘 개관]. *Kyunghyang Newspaper* [경향신문]. Accessed on 18 April 2018. http://newslibrary.naver.com/viewer/index.nhn?articleId=1998110500329117001&editNo=40&printCount=1&publishDate=1998-11-05&officeId=00032&pageNo=17&printNo=16583&publishType=00010 [In Korean].

Ahn, C. H. (29 December 1999). I love the "han" that resided in the corner of the prison [형무소 귀퉁이에 서린 한을 사랑합니다]. *Hankyoreh Newspaper* [한겨레 신문]. Accessed on 16 April 2018. http://newslibrary.naver.com/viewer/index.nhn?articleId=1999122900289121001&editNo=6&printCount=1&publishDate=1999-12 29&officeId=00028&pageNo=21&printNo=3697&publishType=00010 [In Korean].

Ahn, Y. S. (2008). The contested heritage of Koguryo/Gaogouli and China–Korea contested conflict. *The Asia-Pacific Journal: Japan Focus*, *6*(1). https://apjjf.org/-Yonson-Ahn/2631/article.html

Ajunews. (19 November 2009). To improve China–Korea relationship [要为加深韩中友好关系做贡献]. Accessed on 10 April 2018. http://china.ajunews.com/view/20091119000274 [In Chinese].

Allen, H. E., Simonsen, C. E., and Latessa, E. J. (2010). *Corrections in America: An introduction*. Upper Saddle River, NJ: Prentice Hall.

Amrith, S. S. (2015). *Crossing the Bay of Bengal: The furies of nature and the fortunes of migrants*. Cambridge, MA: Harvard University Press.

Andrade, T. (2009). *How Taiwan became Chinese: Dutch, Spanish, and Han colonization in the seventeenth century*. New York: Columbia University Press.

Andrews, J., Porter, R., and Briggs, A. (1997). *The history of Bethlem*. London, UK: Routledge.

Arnold, D. (2007). The contested prison. In F. Dikötter and I. Brown (Eds.), *Cultures of confinement: A history of the prison in Africa, Asia and Latin America* (pp. 147–184). Ithaca, NY: Cornell University Press.

Askew, M. (2010). The magic list of global status: UNESCO, world heritage and the agendas of states. In S. Labadi and C. Long (Eds.), *Heritage and globalisation* (pp. 19–44). London, UK: Routledge.

Bang, S. Y. and Amara, M. (2014). The study of discourse on change in South Korean football: Between tradition and modernity, from colonial to post-colonial. *The International Journal of the History of Sport*, *31*(6), 618–634.

Barnes, H. E. (1968). *The evolution of penology in Pennsylvania: A study in American social history*. Montclair, NJ: Patterson Smith.

Beasley, W. G. (1972). *The Meiji restoration: W.G.* Stanford, CA: Stanford University Press.

Beaumont, J. (2009). Contested trans-national heritage: The demolition of Changi Prison, Singapore. *International Journal of Heritage Studies*, *15*(4), 298–316.

Beazley, O. (2010). Politics and power: The Hiroshima Peace Memorial (Genbaku Dome) as world heritage. In S. Labadi and C. Long (Eds.), *Heritage and globalisation* (pp. 59–79). London, UK and New York, NY: Routledge.

Beiras, I. R. (2005). State form, labour market and penal system: The new punitive rationality in context. *Punishment & Society*, *7*(2), 167–182.

Bentham, J. (1996). *The collected works of Jeremy Bentham: An introduction to the principles of morals and legislation*. Oxford, UK: Clarendon Press.

Bernault, F. (2003). *A history of prison and confinement in Africa*. Portsmouth, NH: Heinemann.

Bertacchini, E., Liuzza, C., Meskell, L., and Saccone, D. (2016). The politicization of UNESCO world heritage decision making. *Public Choice*, *167*(1–2), 95–129.

Bhabha, H. K. (1994). *The location of culture*. London, UK: Routledge Classics.

Blackburn, K. (2000). Commemorating and commodifying the prisoner of war experience in South-East Asia: The creation of Changi Prison Museum. *Journal of the Australian War Memorial*, *33*, 1–18.

Botsman, D. (2005). *Punishment and power in the making of modern Japan*. Princeton, NJ: Princeton University Press.

Bowman, M. S. and Pezzullo, P. C. (2009). What's so "dark" about "dark tourism"? Death, tours, and performance. *Tourist Studies*, *9*(3), 187–202.

Brown, I. (2007). South East Asia: Reform and the colonial prison. In F. Dikötter and I. Brown (Eds.), *Cultures of confinement: A history of the prison in Africa, Asia and Latin America* (pp. 221–268). Ithaca, NY: Cornell University Press.

Brown, M. (2009). *The culture of punishment: Prison, society, and spectacle*. New York, NY: New York University Press.

Burge, R. (2017). The prison and the post-colony: Contested memory and the museumification of Sŏdaemun Hyŏngmuso. *Journal of Korean Studies*, *22*(1), 33–67.

Campbell, H. (2006). Just planning. *Journal of Planning Education and Research*, *26*(1), 92–106.

Chartrand, V. (2017). Penal tourism of the carceral other as colonial narrative. In J. Z. Wilson, S. Hodgkinson, J. Piché, and K. Walby (Eds.), *The Palgrave handbook of prison tourism* (pp. 673–687). London, UK: Palgrave Macmillan.

Cheong Wa Dae. (1 March 2018). Speech of President Moon Jae-in on the ceremony of the March First Independence Movement. Accessed on 16 April 2018. http://english1.president.go.kr/activity/speeches.php?srh%5Bboard_no%5D=24&srh%5Bview:mode%5D=detail&srh%5Bseq%5D=20272&srh%5Bdetail_no%5D=22&srh%5Bpage%5D=

Cheung, E. (13 January 2013). The refugees living on the Golden Brick [金磚上的難民]. *PNN News*. Accessed on 7 June 2014. http://pnn.pts.org.tw/main/2013/01/13/金磚上的難民 [In Chinese].

Chiang, M. C. (2012). *Memory contested, locality transformed: Representing the Japanese colonial "heritage" in Taiwan*. Leiden and Amsterdam, the Netherlands: Leiden University Press and Amsterdam University Press (Chicago University Press).

Chiang, M. C., Huang, L. L., Huang, S. H., and Hsiao, S. H. (2017). Policy formation and civil society engagement in heritage-making in Taiwan: A historical examination. In H. H. M. Hsiao, H. Yew-Foong, and P. Peycam (Eds.), *Citizens, civil society and heritage-making in Asia* (pp. 232–250). Singapore: Yusof Ishak Institute/IIAS/Institute of Sociology, Academia Sinica.

Ching, L. T. (2001). *Becoming "Japanese": Colonial Taiwan and the politics of identity formation*. Berkeley, CA: University of California Press.

Choi, W. S. (2012). The image of prison in the year 1919, depicted by "the Mae-il Shin Bo" [매일신보가 그려낸 1919년 감옥의 풍경]. *Hyangto Seoul* [향토서울], *80*, 199–239. [In Korean].

Choi, S. Y. (29 August 2016). The painful lessons from the case of Okbaraji alley [옥바라지 골목의 뼈아픈 교훈]. *Aju News*. Accessed on 16 April 2018. http://www.ajunews.com/view/20160829103748362 [In Korean].

Chung, J. (22 March 2013). Huaguang protesters, police clash in Taipei. *Taipei Times*. Accessed on 16 April 2018. http://www.taipeitimes.com/News/taiwan/archives/2013/03/22/2003557701

Clarke, R., Dutton, J., and Johnston, A. (2014). Shadow zones: Dark travel and postcolonial cultures. *Postcolonial Studies*, *17*(3), 221–235.

Cole, J. M. (24 April 2013). Huaguang and the dance of modernity. *Far Eastern Potato* weblog. Accessed on 17 June 2014. http://fareasternpotato.blogspot.tw/2013/04/huaguang-and-dance-of-modernity.html

Corbett, P. S. (2008). In the eye of a Hurricane: Americans in Japanese custody during World War II. In K. Hack and K. Blackburn (Eds.), *Forgotten captives in Japanese-occupied Asia* (pp. 111–138). London, UK: Routledge.

Coté, J. (2009). Postcolonial shame: Heritage and the forgotten pain of civilian women internees in Java. In W. S. Logan and K. Reeves, (Eds.), *Places of pain and shame: Dealing with "difficult heritage"* (pp. 128–143). London, UK: Routledge.

Crowther, M. A. (1983/2017). *The workhouse system, 1834–1929: The history of an English social institution*. London, UK: Routledge.

Cultural Affairs Bureau, Chiayi City. (2014). *The designation of the Jade Mountains First and Second Villages to preserve the historic fabric that witnessed the development of lumber industry*. Accessed on 16 April 2018. http://www.cabcy.gov.tw/cabcy1/news_index.asp?id=6874. [In Chinese].

Cultural Heritage Administration. (2003). *Survey report of the former Seoul detention centre* [구 서울 구치소 실측 보고서]. Daejeon, South Korea: Cultural Heritage Administration. [In Korean].

Cultural Heritage Administration (CHA). (2006). Former Seodaemun Prison in Seoul [구 서대문 형무소]. Accessed on 16 April 2018. http://english.cha.go.kr/english/search_plaza_new/ECulresult_Db_View.jsp?VdkVgwKey=13,03240000,11 [In Korean].

Cumings, B. (1999). *Parallax visions: Making sense of American East-Asian relations*. Durham, NC: Duke University Press.

Cybriwsky, R. A. (2011). *Roppongi crossing: The demise of a Tokyo nightclub district and the reshaping of a global city*. Athens, Greece: University of Georgia Press.

Dann, G. and Seaton, A. V. (2001). *Slavery, contested heritage, and thanatourism*. New York, NY: Haworth Hospitality Press.

Dawson, G. (2010). *Making peace with the past? memories, trauma and the Irish troubles*. Manchester, UK: Manchester University Press.

De Ceuster, K. (2000). The changing nature of national icons in the Seoul landscape. *The Review of Korean Studies*, *3*(2), 73–103.

Dikötter, F. (2002). *Crime, punishment, and the prison in modern China*. New York, NY: Columbia University Press.

Dolan, F. X. (2007). *Eastern state penitentiary*. Charleston, SC: Arcadia Publishing.

Drake, D. H., Earle, R., and Sloan, J. (2015). *The Palgrave handbook of prison ethnography*. New York, NY: MacMillan.

Eagleton, T. (1999). *Crazy John and the bishop and other essays*. Notre Dame, IN: University of Notre Dame Press.

Elias, N. (1939/1978). *The civilizing process*. Oxford, UK: Basil Blackwell.

Eman, A. (2005). The dynamic of linear settings: Hijaz Railroad. Monuments and sites in their setting. In the proceedings of *ICOMOS 15th General Assembly and Scientific Symposium*. Xi'an, China. Accessed on 16 April 2018. https://www.icomos.org/xian2005/papers.htm

Evans, G. (2002). Living in a world heritage city: Stakeholders in the dialectic of the universal and particular. *International Journal of Heritage Studies*, *8*(2), 117–135.

Fan, J. (2011). *China's homeless generation: Voices from the veterans of the Chinese Civil War, 1940s–1990s*. London, UK: Routledge.

Ferguson, M., Lay, E., Piché, J., and Walby, K. (2014). The cultural work of decommissioned carceral sites: Representations of confinement and punishment at Kingston Penitentiary. *Scapegoat: Architecture/Landscape/Political Economy*, *7*, 83–98.

Foley, M. and Lennon, J. (1996a). Editorial: Heart of darkness. *International Journal of Heritage Studies*, *2*(4), 195–197.

Foley, M. and Lennon, J. (1996b). JFK and dark tourism: A fascination with assassination. *International Journal of Heritage Studies*, *2*(4), 198–211.

Forest, B. and Johnson, J. (2002). Unraveling the threads of history: Soviet-era monuments and post-Soviet national identity in Moscow. *Annals of the Association of American Geographers*, *92*(3), 524–547.

Forest, B., Johnson, J. and Till, K. (2004). Post totalitarian national identity: Public memory in Germany and Russia. *Social & Cultural Geography*, *5*(3), 357–380.

Foucault, M. (1979). *Discipline and punish: The birth of the prison*. New York, NY: Vintage Books.

Frisch, M. H. (1990). *A shared authority: Essays on the craft and meaning of oral and public history*. Albany, NY: State University of New York Press.

Garland, D. (1990). *Punishment and modern society: A study in social theory*. Chicago, IL: University of Chicago Press.

Garland, D. (2001). *The culture of control: Crime and social order in contemporary society*. Chicago, IL: University of Chicago Press.

Giamo, B. (2003). The myth of the vanquished: The Hiroshima Peace Memorial Museum. *American Quarterly*, *55*(4), 703–728.

Gibson, M. (2011). Review essay: Global perspectives on the birth of the prison. *The American Historical Review*, *116*(4), 1040–1063.

Gil, Y. H. (7 July 2015). S. Korea and Japan debate comments about being "forced to work." *Hankyoreh*. Accessed 16 April 2018. http://english.hani.co.kr/arti/english_edition/e_international/699205.html

Gilmore, R. W. (2002). Fatal couplings of power and difference: Notes on racism and geography. *The Professional Geographer*, *54*(1), 15–24.

Goffman, E. (1962). *Asylums: Essays on the social situation of mental patients and other inmates*. Chicago: Aldine.

Goldfarb, R. L. and Singer, L. R. (1973). *After conviction*. New York, NY: Simon and Schuster.

Goodall, H. (1994). Colonialism and catastrophe: Contested memories of nuclear testing and measles epidemics at Ernabella. In K. Darian-Smith and P. Hamilton, (Eds.), *Memory and history in twentieth-century Australia* (pp. 55–76). Melbourne, Australia: Oxford University Press (Australia and New Zealand).

Gready, P. (2003). Introduction. In P. Gready (Ed.), *Political transition: Politics and cultures* (pp. 1–26). London and Sterling, VA: Pluto.

Gregory, D. (2004). *The colonial present*: Afghanistan, Palestine, and Iraq. Malden, MA: Blackwell.

Gries, P. H. (2005). The Koguryo controversy, national identity, and Sino-Korean relations today. *East Asia*, *22*(4), 3–17.

Guo, Y. (2004). *Cultural nationalism in contemporary China: The search for national identity under reform*. London, UK: Routledge.

Guo, A. and Zhong, Y. (3 January 2018). 拆遷戶承租原址公宅 華光開首例 [The displaced would qualify to rent the public housing built in Huaguang]. *Liberty Daily*. Accessed on 3 February 2018. http://news.ltn.com.tw/news/local/paper/999913 [In Chinese].

Gwon, S. T. (28 March 1987). I am so pleased to preserve "Korean spirit": Mr. Chio Seo-Myeon who preserves the historic site of the former Seodaemun Prison [민족혼 보존하게 돼 기뻐요 옛 서대문 형무소 사적보호 최서면씨]. *Donga Ilbo* [동아일보]. Accessed on 16 April 2018. http://newslibrary.naver.com/viewer/index.nhn?articleId=19870328002092050 06&edtNo=2&printCount=1&publishDate=1987-03-28&officeId=00020&pageNo=5&printNo=20149&publishType=00020 [In Korean].

Gwon, G. B. (2011). *I meet a disappearing history when walking around Seoul* [서울을 거닐며 사라져가는 역사를 만나다]. Paju, South Korea: Alma. [In Korean].

Gyeong-seong Daily [京城日報, 경성일보]. (2 April 1936). The perception of the nation by the convicts. Accessed on 16 April 2018. [In Japanese].

Halbwachs, M. (1992). *On collective memory*. Chicago, IL: University of Chicago Press.

Han, I. S. (2006). *Punishment and social control* [형벌과 사회 통제]. Seoul, South Korea: Parkyeongsa. [In Korean].

Han, H. G. (2009a). *Walk with Han Hong-gu* [한홍구와 함께 걷다]. Seoul, South Korea: Geondungso [검둥소]. [In Korean].

Han, H. G. (2009b). The historic site becomes a mirror reflecting "today": The Independence Park and Seodaemun Prison History Hall. [역사적 현장은 오늘을 비추는 거울이 되고: 독립공원과 서대문 형무소 역사관]. *Our Education* [우리교육], *229*, 54–61. [In Korean].

Han, B. (2015). UNESCO accepts China's Nanjing massacre documents. *The Diplomat*. Accessed on 3 January 2017. https://thediplomat.com/2015/10/unesco-accepts-chinas-nanjing-massacre-documents

Han, J. S. (2017). The heritage of resentment and shame in postwar Japan. *The Asia-Pacific Journal, Japan Focus*, *15*(1). https://apjjf.org/2017/01/Han.html

Harada, K. (2016). *The Sino-Japan* war *and the Japan-Russo* war [日清日俄戰爭]. Hong Kong: Hong Kong Open Page. (Translated by 徐靜波) [In Chinese].

Hara-zō, I. (1917). *Trip to Joseon* [朝鮮の旅]. 嚴松堂書店. [In Japanese].

Harris, A. (2011). The lives and deaths of a Soviet saint in the post-Soviet period: The case of Zoia Kosmodem'ianskaia. *Canadian Slavonic Papers/*Revue Canadienne des Slavistes, *53*(2/4), 273–304.

Harrison, D. and Hitchcock, M. M. (2005). *The politics of world heritage: Negotiating tourism and conservation*. Clevedon, UK: Channel View Publications.

Hartmann, R. (2014). Dark tourism, thanatourism, and dissonance in heritage tourism management: New directions in contemporary tourism research. *Journal of Heritage Tourism*, *9*(2), 166–182.

Harvey, D. C. (2001). Heritage pasts and heritage presents: Temporality, meaning and the scope of heritage studies. *International Journal of Heritage Studies*, *7*(4), 319–338.

Henry, T. A. (2014). *Assimilating Seoul: Japanese rule and the politics of public space in colonial Korea*, 1910–1945. Berkeley, Los Angeles, CA and London, UK: University of California Press.

Heo, W. S. (25 June 1991). The Korean spirit is risen on the site of the Korean painful history where the former Seodaemun Prison was transformed into the Independence Park [옛서대문형무소 독립공원화한창 수난의 현장 민족혼 "우뚝"]. *The Kyunghyang Newspaper* [경향신문]. Accessed on 16 April 2018. http://newslibrary.naver.com/viewer/index.nhn?articleId=1991062500329117001&edtNo=15&printCount=1&publishDate=1991-06-25&officeId=00032&pageNo=17&printNo=14091&publishType=00010 [In Korean].

Hibbert, C. (1994 [1987]). *The English: A social history*. London, UK: HarperCollins.

Hirsch, A. J. (1992). *The rise of the penitentiary: Prisons and punishment in early America*. New Haven, CT: Yale University Press.

Hirsch, M. (1997). *Family frames: Photography, narrative, and postmemory*. Cambridge, MA: Harvard University Press.

Hirst, J. (1995). The Australia experience: The convict colony. In N. Morris and D. J. Rothman (Eds.), *Oxford history of the prison: The practice of punishment in western society* (pp. 263–295). New York, NY: Oxford University Press.

Ho, Y. (2013). Preserving the past. *Taipei Times*.

Hodder, I. (2010). Cultural heritage rights: From ownership and descent to justice and well-being. *Anthropological Quarterly*, *83*, 861–882.

Hogarth, H. K. (2012). South Korea's sunshine policy, reciprocity and nationhood. *Perspectives on Global Development and Technology*, *11*(1), 99–111.

Hoggart, R. (2011). *An idea and its servants: UNESCO from within*. Piscataway, NJ: Transaction.

Howard, J. (2015). *State of Prisons in England and Wales With preliminary observations, and an account of… some foreign prisons* (classic reprint). [S.l.]: Forgotten Books.

Hsiao, A. 2015. *KMT pans Lee Teng-hui Japan remarks* (22 August 2015). Tapei Times. Page 1.

Huang, S. Q. (2012). *Green bulldozer – The squatters, parks, nature estate and institutionalized landscape in 90s Taipei*. Taipei, Taiwan: Pots.

Huang, S. M. (2014). Dancing in the ruins: Locating space of insurgent planning in the shadow of the colonial state. In F. Miazzo and T. Kee (Eds.), *We own the city* (pp. 218–225). Amsterdam, the Netherlands: Trancity*Valiz.

Huang, S. M. (2015). Rediscovering Japanese houses in Taipei. In H. W. Pan, L. Wong, and K. L. F. Chau (Eds.), *Politics and aesthetics of creativity: City, culture and space in East Asia* (pp. 119–151). Los Angeles, CA: Bridge 21 Publications.

Huang, S. (2017a). Remembering and representing imprisonment for the (colonial) present: Cases of defunct colonial prisons in East Asia. In J. Z. Wilson, S. Hodgkinson, J. Piché, and K. Walby (Eds.), *The Palgrave handbook of prison tourism* (pp. 651–671). London, UK: Palgrave Macmillan.

Huang, S. (2017b). Ethics of heritage: Locating the punitive state in the historical penal landscape of Taipei. *International Journal of Heritage Studies*, *23*(2), 111–124.

Huang, S. (24–27 June 2017c). Rehistoricizing the urban margin: Locating memories of correction and punishment in the postcolonial penal landscape of Taiwan. *Paper presented at 2017 AAS-in-Asia*, Korea University, Seoul, South Korea.

Huang, S. and Lee, H. K. (2019). Difficult heritage diplomacy? Re-articulating places of pain and shame as world heritage in Northeast Asia. *International Journal of Heritage Studies*, 25(2), 143–159.

Huh, H. J. (31 May 2017). The crimes of the Japanese imperial military must be thoroughly revealed by excavating Korean remains in Joseon village, Hainan Island [해남도 조선촌 유해 발굴해 일본군 범죄 철저히 밝혀야]. *Hankyoreh Newspaper*. Accessed on 16 April 2018. http://www.hani.co.kr/arti/society/area/797049.html [In Korean].

Hwang, S. J. and Lee, H. S. (2017). Korean survivors testify about forced labor on Japan's Hashima Island. *Yonhap News*. Accessed on 10 February 2018. http://english.yonhapnews.co.kr/interview/2017/07/27/67/0800000000AEN20170727005900315F.html

Im, C. C. (20 May 1986). From "Seodaemun Prison" to the "historic site" [서대문구치소를 유적지로]. *Donga Daily* [동아일보]. Accessed on 16 April 2018. http://newslibrary.naver.com/viewer/index.nhn?articleId=1986052000209209001&editNo=2&printCount=1&publishDate=1986-05-20&officeId=00020&pageNo=9&printNo=19886&publishType=00020 [In Korean].

Imada, J. (1933). *Taiwanese vocabulary for prisons* [刑務所台灣用語集]. Taipei, Taiwan: 新高堂. [In Japanese].

Japan Property Central. (31 May 2017). Nara prison hotel to open in 2010. Japan Property Central. Accessed on 4 October 2018. http://japanpropertycentral.com/2017/05/nara-prison-hotel-to-open-in-2020/

Japanese Government-General of Korea [Joseonchongdokbu]. (1939). 朝鮮事情 (*Korean circumstances*). Published by the author.

Jeon, Y. W. (2016). Okbaraji around Seodaemun Prison during the Japanese colonial period: about the historicity of the so-called "Okbaraji Alley" [식민지기 서대문형무소 주변의 옥바라지- 이른바 "옥바라지 골목" 의 역사성과 관련하여]. *Korean Journal of Urban History* [도시연구], *16*, 105–134. [In Korean].

Jeong, J. Y. (29 September 1992). "Shameful state of the Independence Park" [독립공원 난장판 부끄럽다]. *Donga Daily* [동아일보]. Accessed 16 April 2018. http://newslibrary.naver.com/viewer/index.nhn?articleId=1992092900209215013&editNo=3&printCount=1&publishDate=1992-09-29&officeId=00020&pageNo=15&printNo=21955&publishType=00020 [In Korean].

Jo, H. G. (2 February 1995). Inadequate exhibition explanation on Japanese brutality during the Japanese Occupation: the voice of the citizens [일제만행 전시회 설명문 엉망]. *Hankyoreh Newspaper* [한겨레신문]. Accessed 16 April 2018. http://newslibrary.naver.com/viewer/index.nhn?articleId=1995020200289110005&editNo=5&printCount=1&publishDate=1995-02-02&officeId=00028&pageNo=10&printNo=2138&publishType=00010 [In Korean].

Johnston, N. B. (2000). *Forms of constraint: A history of prison architecture*. Urbana, IL: University of Illinois Press.

Jonny. (27 July 2018). You'll soon be able to stay in one of Japan's most beautifully designed prisons. Spoon-Tomago. Accessed on 4 October 2018. http://www.spoon-tamago.com/2018/07/27/nara-japan-prison-hotel/

Joo, U. G. (13 September 1992). The regret regarding the damage to the original state of the Independence Park [독립공원 원형훼손 유감]. *Donga Daily* [동아일보]. Accessed

16 April 2018. http://newslibrary.naver.com/viewer/index.nhn?articleId=1992091300209114011&editNo=3&printCount=1&publishDate=1992-09-13&officeId=00020&pageNo=14&printNo=21939&publishType=00010 [In Korean].

Joseph, A., Kearns, R., and Moon, G. (2013). Re-imagining psychiatric asylum spaces through residential redevelopment: Strategic forgetting and selective remembrance. *Housing Studies*, *28*(1), 135–153.

Jun, J. H. (2017a). Moon's visit to China restores economic exchanges. *The Korea Times*. Accessed 25 December 2017. http://koreatimes.co.kr/www/news/nation/2017/12/113_241045.html

Jun, J. H. (2017b). Confusion grows over resuming China's group tours to Korea. *The Korea Times*. Accessed on 25 December 2017. http://koreatimes.co.kr/www/news/nation/2017/12/113_241340.html

Jung, H. J. and Tae, J. H. (2016). Seodaemun Independence Park as memory symbol of modernity: Aspiration for modernity, control mechanism, and site of political contestation. [근대의 기억 표상으로서 <서대문독립공원> : 근대로의 열망, 근대적 통제의 기제, 그리고 정치적 경합의 장]. *Korean Studies Quarterly* [정신문화연구], *39*(2), 207–237. [In Korean].

Kang, M. K. (30 August 2016). "'옥바라지 골목처럼 서울시 개입해 인권보호를'…시 인권위 권고" ["Like Okbaraji alley, Seoul Metropolitan Government needs to be engaged in the cases in order to protect the human rights" … advice from Commission on Civil Rights of Seoul Metropolitan Government]. *Korea Herald*. Accessed on 21 March 2018. http://news.heraldcorp.com/view.php?ud=20160830000370 [In Korean].

Kearns, R., Joseph, A. E., and Moon, G. (2010). Memorialisation and remembrance: On strategic forgetting and the metamorphosis of psychiatric asylums into sites for tertiary educational provision. *Social & Cultural Geography*, *11*(8), 731–749.

Keene, D. (1998). The Sino-Japanese war of 1894–95 and its cultural effects in Japan. In P. F. Kornicki (Ed.), *Meiji Japan: Political, economic and social history, 1868–1912* (pp. 247–282). London, UK: Routledge.

Kowner, R. (2006). Between a colonial clash and World War Zero: The impact of the Russo-Japanese War in a global perspective. In *The Impact of the Russo-Japanese War* (pp. 21–46). London: Routledge.

Kim, D. I. (9 September 1992). Is there any meaning regarding the ying-yang symbol in the square of Patriotic Martyr Monument in the Independence Park? [독립공원 추념탑광장 태극모양 무슨뜻있나]. *Donga Daily* [동아일보]. Accessed on 16 April 2018. http://newslibrary.naver.com/viewer/index.nhn?articleId=1992090900209215001&editNo=3&printCount=1&publishDate=1992-09-09&officeId=00020&pageNo=15&printNo=21938&publishType=00020 [In Korean].

Kim, H. J. (1998). The urgent inspection, The Seodaemun Prison History Hall that newly opens on the Liberation Day has finished its entire maintenance [긴급점검 광복절 때 새롭게 선보일 서대문 형무소 역사관 단장 전체 보수 끝나]. *Hangyeorye Sinmun* [*Hangyeorye Newspaper*]. Accessed on 19 April 2016. http://newslibrary.naver.com [In Korean].

Kim, J. M. (1999). Forced labor in Hainan, China during the Japanese occupation: The general comprehension of the history of forced mobilization and labor [일제점령하 중국 해남에서의 강제노동: 강제연행, 강제노동 역사의 총체적 파악을 위해]. In D. S. Kang and J. S. Jeong (Eds.), *Modern and contemporary Korean-Japanese relationship and Korean residents in Japan* [근현대 한일관계와 재일 동포]. Seoul, South Korea: Seoul National University Press. [In Korean].

Kim, M. (2010). Japanese Pacifism: Problematic Memory. In Northeast Asia's Difficult Past. M. Kim and B. Schwartz (Eds.), *Northeast Asia's difficult past: Essays in collective memory* (pp. 53–70). Palgrave Macmillan Memory Studies.

Kim, M. and Schwartz, B. (Eds.) (2010). *Northeast Asia's difficult past: Essays in Collective Memory*. Palgrave Macmillan Memory Studies. London, UK: Palgrave Macmillan.

Kim, S. W. (2000a). *The modern and contemporary history of Seodaemun Prison* [서대문 형무소 근현대사]. Seoul, South Korea: Nanam. [In Korean].

Kim, S. N. (2000b). Feng Shui and the erotic politics of colonial memory [풍수와 식민주의 기억의 에로틱 정치학]. *Research on Korean Religion* [한국종교연구], *2*, 123–157. [In Korean].

Kim, S. H. (6 March 2001). Japanese students seek out the site of misdeeds of the Japanese Empire [일제 만행 찾은 일학생들]. *Chosun Daily* [조선일보]. Accessed 16 April 2018. http://news.chosun.com/svc/content_view/content_view.html?contid=2001030670200 [In Korean].

Kim, S. I. (2003). The issue of the return of Koreans who were forcefully mobilized to Hainan Island in China: A focus with Joseon National Protection Corps of Prisoners [중국 해남도 강제연행 된 한국인 위한 문제: 조선 보국대를 중심으로]. *Journal of Korean Modern and Contemporary History* [한국근현대사연구], *25*, 104–124. [In Korean].

Kim, C. K. (4 June 2008). June 1964, 1987 and 2008. *English Chosun ilbo*. Accessed on 16 April 2018. http://english.chosun.com/site/data/html_dir/2008/06/04/2008060461016.html

Kim, E. (2010a). Representation of the "comfort women" and the politics of memory in the memorial halls for Japanese military "comfort women" [일본군 "위안부" 기념관의 "위안부" 재현과 기억 정치]. *Journal of Korean Studies* [한국학연구], *35*, 177–203. [In Korean].

Kim, J. D. (2010b). Independence Gate and Independence Hall built by Sim Ui-seok [심의석이 세운 독립문과 독립관을 중심으로]. *Autumn 2010 collection of conference papers*, Korean Architecture Association [한국건축역사학회], 109–126. [In Korean].

Kim, S. W. (2011). Space of emancipation and Seodaemun Prison [해방공간과 서대문 형무소]. *The 12th Academic Symposium Proceeding: Minjok Haebanggwa Seodaemun Prison* [*National liberation and Seodaemun Prison*], 7–32. Seoul, South Korea: Seodaemun Prison History Hall. [In Korean].

Kim, S. M. (2012a). The construction of Yeongeunmun, Mohwagwan and its transformation into Dongnimmun and Dongnimgwan [영은문, 모화관의 건립과 독립문, 독립관으로의 변천]. *Hyangto Seoul* [향토서울], *82*, 141–178. [In Korean].

Kim, S. D. (2012b). *Modern and contemporary cultural heritage* [근현대 문화재]. Seoul, South Korea: Goryeo. [In Korean].

Kim, S. W. (2014). Opening of the Memorial Hall of the patriot Ahn Jung-geun…Japanese Government strongly protested against it with their argument "Ahn Jung-geun is a terrorist" [안중근 의사 기념관 개관…日 정부 "안중근 테러리스트" 강력 항의]. *Minjunguisori* [Voice of the Public] Accessed on 31 January 2016. http://www.vop.co.kr/A00000719496.html [In Korean].

Kim, Y. S. (22 November 2015). [Chronology] The life of the former President Kim Young-sam (1927–2015) [[연보] 김영삼 전 대통령 (1927–2015) 살아온 길]. *Kukmin Daily* [국민일보]. Accessed on 16 April 2018. http://news.kmib.co.kr/article/view.asp?arcid=0010090619&code=61111111&cp=nv [In Korean].

Kim, D. S. (1 June 2016a). Debate persists over redevelopment of Okbaraji Golmok. *The Korea Herald*. Accessed on 16 April 2018. http://www.koreaherald.com/view.php?ud=20160601000854

Kim, G. N. (19 August 2016b). Task force, presentation to prove the historic value of Okbaraji Alley [대책위, 옥바라지 골목 역사성 증명 발표회]. *Ohmynews*. Accessed on 16 April 2018. http://www.ohmynews.com/NWS_Web/View/at_pg.aspx?CNTN_CD=A0002236810 [In Korean].

Kim, S. (1 June 2016c). Fifteen days since the destruction of Okbaraji Alley stopped… Seoul Metropolitan Government considers strategy for exiting this situation [옥바라지 골목 철거 중단 보름째…서울시 "출구전략" 고심]. *Money Today*. Accessed 16 April 2018. http://news.mt.co.kr/mtview.php?no=2016053115594168421&outlink=1&ref=https%3A%2F%2Fsearch.naver.com [In Korean].

Kim, E. H. and Choi, C. (Eds.) (1998). *Dangerous women: Gender and Korean nationalism*. New York, NY: Routledge.

Kim, W. and Pan, M. (2012). *The martyr who worries for his country in the currents of history* [壯士憂國-歷史流轉]. Seoul, South Korea: Hwasan Books. [In Chinese and Korean].

Kim, J. K., Kim, Y., and Lee, C. H. (7–8 July 2006). Trade, investment and economic integration of South Korea and China. *Paper presented at Korea and the World Economy, V conference*, Korean University, Korea.

Kirk, D. (26 May 2015). Korea objects to heritage status for Japan's World War II "slave labour" sites. *Independence*. Accessed on 10 February 2018. http://www.independent.co.uk/news/world/asia/korea-objects-to-heritage-status-for-japan-s-world-war-ii-slave-labour-sites-10277378.html

Kōsuke, T. (1898). *Drawings of the model prisons in the United States* [模範監獄圖集:北米合衆国マサチウセット洲監獄局特別報告書の訳]. Tokyo, Japan: The Society of Police and Prison [警察監獄學會). [In Japanese].

Kowner, R. (Ed.) (2006). *The impact of the Russo-Japanese War* (Vol. 10). London, UK: Routledge.

Kuisong, Y. (2000). The Sino-Soviet border clash of 1969: From Zhenbao Island to Sino-American rapprochement. *Cold War History*, *1*(1), 21–52.

Kuo, F. (2003). *The centennial meeting for reviewing the historical changes of Lushun prison* [旅順監獄舊址百年變遷學術研討會文集 (1905–2002)]. Jilin: Jilin People's Publisher. [In Chinese and Korean].

Kwon, G. S. (2006). *Politics of memory: The memory of genocide and historical truth* [기억의 정치: 대량 학살의 기억과 역사적 진실]. Seoul, South Korea: Munhakgwa Jisungsa. [In Korean].

Kwon, H. (2010). Parallax visions in the Dokdo/Takeshima disputes. In M. Kim and B. Schwartz (Eds.), *Northeast Asia's difficult past: Essays in collective memory* (pp. 229–242). Palgrave Macmillan Memory Studies. London, UK: Palgrave Macmillan.

Lancaster, R. N. (2011). *Sex panic and the punitive state*. Berkeley, CA: University of California Press.

Landzelius, M. (2003). Commemorative dis(re)membering: Erasing heritage, spatializing disinheritance. *Environment and Planning D: Society and Space*, *21*(2), 195–221.

Lawson, V. (2007). Presidential address: Geographies of care and responsibility. *Annals of the Association of American Geographers*, *97*(1), 1–11.

Lee, J. M. (1998). *Social control mechanisms in prison under Japanese rule: A comparative study of the penal system in Japan* [식민지하 근대감옥을 통한 통제 매커니즘

연구: 일본의 형사처벌 체계와의 비교] (Unpublished doctoral dissertation). Yonsei University. [In Korean].
Lee, J. M. (2000). Management and controlling strategy for penal labor in the Japanese Empire: With a focus on the war basis [일제 수인 노동력 운영 실태와 통제 전략: 전시체제를 중심으로]. *Hankuk Hakpo Journal of Korean Studies*, *98*, 40–68. [In Korean].
Lee, Y. J. (2008). "The significance of Independence Park in Korean landscape Architectural history." *Journal of the Korean Institute of Landscape Architecture*, *36*(1), 103–115.
Lee, S. W. (2014). *Contesting Seoul: Contacts, conflicts, and contestations surrounding Seoul's city walls, 1876–1919*. (Unpublished doctoral dissertation). Stanford University.
Lee, H. K. (2015). *Dealing with difficult heritage: South Korea's responses to Japanese colonial occupation architecture* (Unpublished doctoral dissertation). University of Cambridge.
Lee, J. M. (2016). The "exemplary" prisons of Imperial Japan: focusing on the cases of Tokyo, Taipei, and Keijo [제국 일본의 "모범"감옥-도쿄, 타이베이, 경성의 감옥 사례를 중심으로]. *Dongbanghakji* [동방학지], *17*(12), 271–309. [In Korean].
Lee, J. M. (2018a). The study on the mobilization of prisoners in the late wartime period (1943–1945): With a focus on the National Protection Corps of Prisoners [태평양전쟁 말기 수인 동원 연구 (1943–1945): 형무소 보국대를 중심으로]. *Journal of Korean-Japanese National Studies* [한일민족문제연구], *33*(0), 67–111. [In Korean].
Lee, M. H. (1 March 2018b). Seodaemun Prison – A symbol of Japanese brutality. *Korea Times*. Accessed on 19 April 2018. http://koreatimes.co.kr/www/nation/2018/03/356_244980.html [In Korean].
Lee, H. K. (2019). "Difficult heritage" *in nation building*: *South Korea and post-conflict Japanese colonial occupation architecture*. Palgrave Macmillan Cultural Heritage & Conflict. New York, NY: Palgrave Macmillan.
Lee, H. K. (2019). Reconstructing architectural memories of the Japanese Empire. In B. Kushuner and S. Muminov (Eds.), *Overcoming Empire in Post-Imperial East Asia: Repatriation, Redress, and Rebuilding* (pp. 73–105). London: Bloomsbury Press.
Lee, J. N., (Ed.) and Schofield, F. W. (copy-Ed.) (1962). *Our friend, Schofield* (우리의 벗, 스코필드). Seoul, South Korea: Jeongeumsa. [In Korean].
Legg, S. (2007). Reviewing geographies of memory/forgetting. *Environment & Planning A*, *39*(2), 456–466.
Lennon, J. and Foley, M. (2000). *Dark tourism*. London, UK: Continuum.
Liao, S. (2002). *A study of power and formation of space: The case of urban parks in Taipei City* (Unpublished master's thesis). National Chengchi University.
Liberty News. (14 June 2017). The I-lan Blue House has turned black for three years. Accessed on 19 April 2018. http://news.ltn.com.tw/news/life/breakingnews/2099701
Lin, Y. T. (2013). The Treasure Hill "symbiotic" historical settlement. In F. Miazzo and T. Kee (Eds.), *We own the city* (pp. 204–212). Amsterdam, the Netherlands: Trancity* Valiz.
Lin, C. Y. (2014). *The institution and practices of prison in Taiwan under Japanese colonization* (日治時期臺灣監獄制度與實踐). Taipei, Taiwan: Academia Historica. [In Chinese]
Lin, H. W. (2017). Taiwan's former political prisons: From incarceration to curation. In J. Wilson, S. Hodgkinson, J. Piché, and K. Walby (Eds.), *The Palgrave handbook of prison tourism* (pp. 217–240). London, UK: Palgrave Macmillan.

Logan, W. (2009). Hoa Lo Museum, Hanoi: Changing attitudes to a Vietnamese place of pain and shame. In W. Logan and K. Reeves (Eds.), *Places of pain and shame: Dealing with "difficult heritage"* (pp. 182–197). London, UK: Routledge.

Logan, W. (2012). States, governance and the politics of culture: World heritage in Asia. In P. Daly and T. Winter (Eds.), *Routledge handbook of heritage in Asia* (pp. 113–128). London, UK and New York, NY: Routledge.

Logan, W. and Reeves, K. (Eds.) (2009). *Places of pain and shame: Dealing with "difficult heritage."* London: Routledge.

Lolitasari, A. T. and Yun, H. J. (2016). Tourists' circulation and behaviors in a dark tourism site: focused on Seodaemun Prison History Hall [다크투어리즘 관광자의 관람동선 및 관람형태]. *Journal of the Korea Contents Association* [한국컨텐츠학회논문지], *16*(9), 198–210. [In Korean].

Lowenthal, D. (1997). History and memory. *The Public Historian*, *19*(2), 30–39.

Lowenthal, D. (1998). Fabricating heritage. *History & Memory*, *10*(1), 5–24.

MacDonald, S. (2009). *Difficult heritage: Negotiating the Nazi past in Nuremberg and beyond*. London, UK and New York, NY: Routledge.

MacDonald, S. (2015). Is "difficult heritage" still "difficult"? *Museum International*, *67* (1–4), 6–22.

Margalit, A. (2002). *The ethics of memory*. Cambridge, MA and London, UK: Harvard University Press.

Massey, D. (2004). The responsibilities of place. *Local Economy*, *19*(2), 97–101.

Matayoshi, S. (又吉盛清) (1990). *On Taiwan and Okinawa as colonized by Japan* (日本植民地下の台湾と沖縄). Okinawa: 沖縄あき書房. [In Japanese].

Mayor, F. and Tanguiane, S. (1997). *UNESCO – An ideal in action: The continuing relevance of a visionary text*. Paris, France: UNESCO.

McAtackney, L. (2014.) *An archaeology of the troubles: The dark heritage of Long Kesh/ Maze Prison*. Oxford, UK and New York, NY: Oxford University Press.

McConville, S. (1995). The Victorian prison: England, 1865–1965. In N. Morris, and D. J. Rothman (Eds.), *Oxford history of the prison: The practice of punishment in Western society* (pp. 117–150). New York, NY: Oxford University Press.

McKelvey, B. (1977). *American prisons: A history of good intentions*. Montclair, NJ: Patterson Smith.

Melossi, D. and Pavarini, M. (1981). *The prison and the factory: Origins of the penitentiary system*. London, UK: Macmillan Press.

Meskell, L. (2002). Negative heritage and past mastering in archaeology. *Anthropological Quarterly*, *75*(3), 557–574.

Meskell, L. (2014). States of conservation: Protection, politics, and pacting within UNESCO's World Heritage Committee. *Anthropological Quarterly*, *87*(1), 217–243.

Meskell, L. (2015). Transacting UNESCO World Heritage: Gifts and exchanges on a global stage. *Social Anthropology*, *23*(1), 3–21.

Meskell, L., Liuzza, C., Bertacchini, E., and Saccone, D. (2015). Multilateralism and UNESCO World Heritage: Decision-making, states parties and political processes. *International Journal of Heritage Studies*, *21*(5), 423–440.

Michael, L. (2016). Pennsylvania Prison Society. *The Encyclopedia of Greater Philadelphia*. Retrieved from: http://philadelphiaencyclopedia.org/archive/pennsylvania-prison-society/

Min, K. W. and Choi, S. S. (20 February 2014). Seodaemun Prison towards the World Heritage site [서대문 형무소를 세계 문화 유산으로]. *Joongang Ilbo* [중앙일보], Accessed on 4 January 2018. http://news.joins.com/article/13948644. [In Korean].

Ministry of Culture and Tourism, Independence Hall of Korea, and the Association of Modern and Contemporary Korean History. (Eds.) (2002). *Report on the investigation of foreign heritage sites relating to anti-Japanese movement* [국외 항일운동유적(지) 실태 보고서] (Vol. 1). Cheonan, South Korea: The Independence Hall Research Institute of Korean Independence Movement History. [In Korean].

Miyamoto, T. (2017). Convict labor and its commemoration: The Mitsui Miike Coal Mine experience. *The Asia-Pacific Journal*, *15*(1), 1–15. Retrieved from: http://apjjf.org/2017/01/Miyamoto.html

Money Today. (1 November 2016). Okbaraji alley suffering from the controversies about its preservation is transformed into "Gyeonghuigung Lotte Castle" [보존 논란' 옥바라지 골목, "경희궁 롯데캐슬"로 바뀐다]. Accessed on 19 November 2016. http://www.mt.co.kr/view/mtview.php?type=1&no=2016103112391523967&outlink=1 [In Korean].

Moon, C. Y. (1947). Prisoners' movement during the transition period [과도기의 수형자의 동태]. *Penal Administration 1* [형정 1]. Penal Administration Association [치형협회]. [In Korean].

Moon, J. I. (2017). *Destiny* [운명]. Seoul, South Korea: Bukbal. [In Korean].

Moon, G., Kearns, R., and Joseph, A. (2015). *The afterlives of the psychiatric asylum.* Farnham, UK: Ashgate.

Moran, D., Piacentini, L., and Pallot, J. (2012). Disciplined mobility and carceral geography: Prisoner transport in Russia. *Transactions of the Institute of British Geographers*, *37*(3), 446–460.

Morin, K. M. (2013). Carceral space and the usable past. *Historical Geography*, *41*, 1–21.

Murphy, H. L. (2006). *A history of the prison in Taiwan in the early Japanese colonial era (1895–1908)* (Unpublished Master's dissertation). National Chengchi University, Taipei.

Muzaini, H. (2012). Making memories our own (way): Non-state remembrances of the Second World War in Perak, Malaysia. In O. Jones, and J. Garde-Hansen (Eds.), *Geography and memory: Explorations in identity, place and becoming* (pp. 216–233). Hampshire, UK: Palgrave Macmillan.

Nakahashi, S. (中橋正吉). (1936). *The punishment and politics of the Joseon Dynasty* [朝鮮舊時の刑政]. [朝鮮治刑協會]. [In Japanese]

Nash, M. (2016). *Convict places: A guide to Tasmanian sites*. Hobart, Australia: Navarine Publishing.

National Archives Administration. (2000). *100 valuable prison archives exhibitions*. Taipei, Taiwan: National Archives Administration.

National Taiwan University. (2015). The study of the Old Taipei Prison (台北舊監獄/刑務所調查報告). New Taipei City, Taiwan: the Detention Center, Ministry of Justice, Taiwan. [In Chinese].

Nanhua University. (2016). *The study of the adaptive reuse of the wooden dormitories of the Old Chiayi Prison* (嘉義舊監宿舍群木構造建築復甦計畫委託案成果報告書). Chiayi, Taiwan: the Cultural Bureau of Chiay City Government. [In Chinese].

Nora, P. (1989). Between memory and history: Les lieux de mémoire. *Representations*, *26*, 7–24.

Nora, P. (1996). *Realms of memory: Rethinking the French past. Vol. 1: Conflicts and divisions*. L. D. Kirtzman (Ed.) and A. Goldhammer (Trans.). New York, NY: Columbia University Press.

Norman, E. H. and Woods, L. T. (2000). *Japan's emergence as a modern state: Political and economic problems of the Meiji period.* Vancouver, Canada: UBC Press.

Oguma, Eiji. (2011). Japanese perceptions of state territories (日本人」の境界—沖縄・アイヌ・台湾・朝鮮　植民地支配から復帰運動まで, 日本人的國境界). A. Huang et al. (Trans.). Chiayi, South Korea: Research Center of Taiwanese Culture, National Chiayi University. [In Chinese]

Ok, G. (2005). The political significance of sport: An Asian case study – sport, Japanese colonial policy and Korean national resistance, 1910–1945. *International Journal of the History of Sport*, *22*(4), 649–670.

Oleson, J. C. (2017). Mapping the labyrinth: Preliminary thoughts on the definition of "prison museum." In J. Z. Wilson, S. Hodgkinson, J. Piché, and K. Walby (Eds.) *The Palgrave handbook of prison tourism* (pp. 111–129). London, UK: Palgrave Macmillan.

Omuta City. (n.d.). Miike Coal Mines: Omuta's modernized industrial heritage website. Retrieved from: https://www.miike-coalmines.jp/miyanohara.html

Ono, W. (2005). A case study of a practical method of defining the setting of a cultural route. Monuments and sites in their setting. In the proceedings of *ICOMOS 15th General Assembly and Scientific Symposium*. Xi'an, China.https://www.icomos.org/xian2005/papers.htm

Ono, Y. (小野義秀) (2009). *The 120-year history of prisons – Punishment from Meji, Taisho, through the Showa period* (監獄(刑務所)運営120年の歴史—明治・大正・昭和の行刑). Tokyo, Japan: The Association of Penology (財團法人矯正協會). [In Japanese].

Paine, S. C. M. (2005). *The Sino-Japanese War of 1894–1895: Perceptions, power, and primacy*. Cambridge, UK: Cambridge University Press.

Park, C. U. (1993). *The International Human Right Principles and Korean Criminal Administration* [국제인권원칙과 한국의 행형]. Seoul, South Korea: Yeoksabipyeongsa. [In Korean].

Park, K. M. (2008). The construction of Gyeongseong Prison and the enforcement of the new system called "Bongam" and "Bungam" during the late period of the Daehan Empire. [대한 제국말기 일제의 경성 감옥 설치와 본감제의 실행]. *Journal of Korean Modern and Contemporary History* [한국 근현대사 연구], *46*, 79–103. [In Korean]

Park, H. Y. (2011). Shared national memory as intangible heritage: Re-imagining two Koreas as one nation. *Annals of Tourism Research*, *38*(2), 520–539.

Park, K. M. (2014). Status and features of female prisoners at Seodaemun Prison during the Japanese occupation period [일제강점기 서대문형무소 여수감자 현황과 특징]. *Journal of Korean Modern and Contemporary History* [한국근현대사연구], *68*, 41–103. [In Korean].

Park, K. M. (2015). *The study on Seodaemun Prison during Japanese colonial period* [일제 강점기 서대문 형무소 연구]. (Unpublished doctoral dissertation). Chungnam University. [In Korean].

Park, K. M. (2016a). A study on the status and characteristics of prisoners at Seodaemun Prison during the Japanese colonial period [일제 강점기 서대문 형무소 수감자 현황과 특징]. *Journal of Korean Modern and Contemporary History* [한국근현대사연구], *78*, 75–114. [In Korean].

Park, E. S. (2016b). On the redevelopment of Seoul City and a proposal for sustainable redevelopment: The case of Okbaraji (首爾市再開發管理分析和建構永續性再開發管理提案: 以探監巷案例為中心). In the proceedings of *The 6th East Asia Inclusive CITYNetwork Workshop*. Seoul. [In Chinese].

Park, E. S. (10–11 June 2017). Cultural tactics for constructing the right to the city: anti-gentrification movements in Seoul. In the proceedings of the conference *Desperate*

Youth in Disparate Cities: Affects, Practices, Spaces of Urban Youth Activism in Asia, the Institute for East Asian Studies, Sungkonghoe University, pp. 33–51.

Pendlebury, J., Wang, Y. W., and Law, A. (2017). Re-using "uncomfortable heritage": the case of the 1933 building, Shanghai. *International Journal of Heritage Studies*, *24*(3), 1–19.

Peters, K. and Turner, J. (2017). Journeying towards new methods in tourism research. In J. Z. Wilson, S. Hodgkinson, J. Piché, and K. Walby (Eds.), *The Palgrave handbook of prison tourism* (pp. 631–650). London, UK: Palgrave Macmillan.

Podoler, G. (2008). Nation, state and football: The Korean case. *International Journal of the History of Sport*, *27*(1), 1–17.

Podoler, G. (2011). *Monuments, memory, and identity: Constructing the colonial past in South Korea*. Bern, Switzerland: Peter Lang.

Qian, F. (2009). Let the dead be remembered: Interpretation of the Nanjing Massacre memorial. In W. S. Logan and K. Reeves (Eds.), *Places of pain and shame: Dealing with "difficult heritage"* (pp. 17–33). Milton Park, London, UK: Routledge.

Rauhala, E. (2013). "Korean Hero Statue in China Upsets Japan." *TIME*. Accessed on 15 June 2014. http://world.time.com/2013/11/25/why-a-korean-chinese-statue-is-upsetting-japan

Rhee, Y. H. and Na, M. S. (1988). *The Seodaemun Prison: The record of its moving day and its history* [서대문 형무소: 옮기던 날의 기록 그리고 역사]. Seoul, South Korea: Yeolhwadang. [In Korean].

Riordan, J. (1998). Introduction. In P. Arnaud, and J. Riordan (Eds.), *Sport and international politics: The impact of fascism and communism on sport* (pp. ix–x). London, UK: E & FN Spon.

Rogaski, R. (2004). *Hygienic modernity: Meanings of health and disease in treaty-port China*. Oakland, CA: University of California Press.

Rothman, D. J. (1995). Perfecting the prison: United States, 1789–1865. In N. Morris and D. J. Rothman (Eds.) *The Oxford history of the prison: The practice of punishment in Western society* (pp. 100–116). New York, NY and Oxford, UK: Oxford University Press.

Ruck, S. K. (1951). *On prisons: Being the collected papers of Sir Alexander Paterson*. London, UK: Muller.

Ryall, J. (2017). "What is THAAD? South Korea's Best Defence against a Missile Attack." *The Telegraph*. Accessed on 26 December 2017. http://www.telegraph.co.uk/news/0/thaad-south-koreas-best-defence-against-missile-attack.

Ryu, E. Y. (22 March 2012). "Seodaemun Prison is restored to its original state" [서대문형무소 본모습 되찾아]. *Simin Daily* [시민일보]. Accessed on 19 April 2018. http://www.siminilbo.co.kr/news/articleView.html?idxno=294616 [In Korean]

Sakamoto, R. (1996). Japan, hybridity and the creation of colonialist discourse. *Theory, Culture & Society*, *13*, 113–128.

Sato, S. (11 July 2010). Civil activists of both countries tell the story of one hundred years] (11) The brutality of Japanese Empire witnessed by "Joseon village" in Hainan Island, China [양국 시민활동가, 100명을 말하다 (11) 중국 해남도 "조선촌"이 증언하는 일제의 만행]. *Kyunghyang Shinmun*. Accessed on 18 January 2018. http://news.khan.co.kr/kh_news/khan_art_view.html?artid=201007111734425 [In Korean].

Saunders, T. J. (1991). *Plato's penal code: Tradition, controversy, and reform in Greek penology*. Oxford, UK: Clarendon Press.

Schept, J. (2014). (Un)seeing like a prison: Counter-visual ethnography of the carceral state. *Theoretical Criminology*, *18*(2), 198–223.

Schmidt, P. (2002). *Capital punishment in Japan*. Leiden, the Netherlands: Brill.

Schmitt, T. M. (2009). Global cultural governance. Decision-making concerning world heritage between politics and science. *Erdkunde*, *63*, 103–121.

Schumacher, D. (2015). Asia's "boom" of difficult memories: Remembering World War Two across East and Southeast Asia. *History Compass*, *13*(11), 560–577.

Schwartz, B. and Kim, M. (2010). Introduction: Northeast Asia's memory problem. In M. Kim and B. Schwartz (Eds.), *Northeast Asia's difficult past: Essays in collective memory* (pp. 1–27). Palgrave Macmillan Memory Studies. London, UK: Palgrave Macmillan.

Schwartz, B. and Schuman, H. (2005). History, commemoration, and belief: Abraham Lincoln in American memory, 1945–2001. *American Sociological Review*, *70*, 183–203.

Seaton, T. (2009). Thanatourism and its discontents: An appraisal of a decade's work with some future issues and directions. In T. Jamal and M. Robinson (Eds.), *The SAGE handbook of tourism studies* (pp. 521–542). Los Angeles, CA: Sage.

Sellin, J. T. (1944). *Pioneering in penology: The Amsterdam houses of correction in the sixteenth and seventeenth centuries*. Philadelphia, PA: University of Pennsylvania Press.

Seo, J. (4 July 1896) The Editorial. The Independent. Accessed on 19 July 2019. https://terms.naver.com/entry.nhn?docId=2325610&cid=62142&categoryId=62341.

Seo, J. (2008). Politics of Memory in Korea and China: Remembering the comfort women and the Nanjing Massacre. *New Political Science*, *30*(3), 369–392.

Seodaemun-gu District. (2009). *The plan for the conservation and use of Seodaemun Prison (former Seoul Detention Center)* [서대문형무소 (구 서울구치소) 보존 및 활용계획]. Seoul, South Korea: Seodaemun-gu District. [In Korean].

Seodaemun-gu District Office. (2010). *Seodaemun Prison History Hall: The site of independence and democracy* [서대문 형무소 역사관: 독립과 민주의 현장]. Seoul, South Korea: Seodaemun Prison History Hall. [In Korean].

Shaw, B. J. and Jones, R. (Eds.) (1997). *Contested urban heritage: Voices from the periphery*. Aldershot, UK: Ashgate.

Sheller, M. and Urry, J. (2006). The new mobilities paradigm. *Environment and Planning A*, *38*, 207–226.

Sherry, M. (2005). Dead or alive: American vengeance goes global. *Review of International Studies*, *31*(S1), 245–263.

Shikita, M. (1972). The rehabilitative programmes in the adult prisons of Japan. *International Review of Criminal Policy*, *30*, 11–19.

Shim, J. Y. (1994). *The study on Heo Heon* [허현 연구]. Seoul, South Korea: Critical Review of History [역사비평사]. [In Korean].

Shimatsu, K. [重松一義] (2005). *The research on the history of penology in Japan* [日本獄制史的研究]. Tokyo, Japan: Yoshikawa-ko [吉川弘文館]. [In Japanese].

Shin, Y. H. (1999). The construction and changes of Dongnimmun, Dongnimgwan, and Dongnim Park [독립문, 독립관, 독립공원의 건립과 변천]. *Hyangto Seoul* [향토서울], *59*, 77–105. [In Korean].

Shin, G. W. and Robinson, M. (1999). Introduction. In G. W. Shin and M. Robinson (Eds). *Colonial modernity in Korea* (pp. 1–20). Cambridge, MA and London, UK: Harvard University Asia Centre.

Shindong-A. (2007). *The 20 year commemoration of the June democracy movement* [6월 민주 항쟁 20년]. Seoul, South Korea: Dong-A Ilbo. [In Korean].

Shizuhata, G. (2009 [1936]). *Shizuhata Gentaro's memoir* [志豆機さんの思ひ出]. Tokyo, Japan: Yumani Shobou. [In Japanese].

Siegenthaler, P. (2002). Hiroshima and Nagasaki in Japanese guidebooks. *Annuals of Tourism Research*, *29*(4), 1111–1137.

Skidmore, R. J. (1948). Penological pioneering in the Walnut Street Jail, 1789–1799. *Journal of Criminal Law & Criminology*, *35*(2), 167–180.

Smith, L. (2006). *Uses of heritage*. London, UK: Routledge.

Sotokufu. (1916). *Taiwanese Affairs*, *1*, 613. [In Japanese].

Spierenburg, P. (1995). The body and the state. In N. Morris and D. J. Rothman (Eds.), *The Oxford history of the prison: The practice of punishment in Western societies* (pp. 44–70). New York, NY: Oxford University Press.

Spivak, G. C. (1988). Can the subaltern speak? In C. Nelson and L. Grossberg (Eds.), *Marxism and the interpretation of culture*. Urbana, IL: University of Illinois Press.

Stangl, P. (2008). The vernacular and the monumental: Memory and landscape in post-war Berlin. *GeoJournal*, *73*(3), 245–253.

Stone, P. and Sharpley, R. (2008). Consuming dark tourism: A thanatological perspective. *Annals of Tourism Research*, *35*, 574–595.

Strange, C. and Kempa, M. (2003). Shades of dark tourism: Alcatraz and Robben Island. *Annals of Tourism Research*, *30*(2), 386–405.

Strange, C. and Loo, T. (2001). Holding the rock: The "Indianization" of Alcatraz Island, 1969–1999. *The Public Historian*, *23*(1), 55–74.

Su, M. and Liu, C. [蘇明修, 劉銓芝] (2004). *The study of the restoration and adaptive reuse of the old Chiayi Prison* [嘉義市定古蹟嘉義舊監獄修護調查及再利用規畫研究]. Chiayi, Taiwan: Chiayi Prison. [In Chinese].

Suzuki, S. (2011). *Civilization and empire: China and Japan's encounter with European international society*. New York, NY: Routledge.

Taipei Prison. (1935). *On penal labor* [刑務作業に就て]. Taipei, Taiwan: Taipei Prison. [In Japanese].

Taipei Times. (1 January 2013). Old Taipei Prison walls testament to penal past. *Taipei Times*. Accessed on 19 April 2018. http://www.taipeitimes.com/News/taiwan/archives/2013/01/01/2003551481

Taiwan Association for Human Rights and the Covenants Watch. (2013). *The shadow report on ICCPR & ICESCR from NGOs*. Taipei, Taiwan: Taiwan Association for Human Rights and The Covenants Watch.

Taiwan Correctional Association a [台灣刑務協會a]. (1938). *Special issue on Taipei Prison*. Taipei, Taiwan: Taiwan Correctional Association. [In Japanese].

Taiwan Journal of Penal Affairs [台灣刑務月報]. (1938). *A special issue on the Taipei Prison*, *4*(5). Taipei, Taiwan: Taiwan Association of Penal Affairs. [In Japanese].

Taiwan Journal of Penal Affairs [台灣刑務月報]. (1941). *7*(7). Taipei, Taiwan: Taiwan Association of Penal Affairs. [In Japanese].

Taiwan Nichinichi Shinpo. (6 May 1898–31 March 1944). Digitized archive online courtesy of the National Taiwan University. Accessed on 19 April 2018. http://drm.lib.ntu.edu.tw/cgi-bin/db/browse.cgi [In Japanese].

Takazane, Y. (2015). Should "Gunkanjima" be a World Heritage site? The forgotten scars of Korean forced labor. *Asia Pacific Journal, Japan Focus*, *13*(28). Retrieved from https://apjjf.org/2015/13/28/Takazane-Yasunori/4340.html.

Takeshi, F. (2016). The historic value of Okbaraji Alley. City history and redevelopment seen by the case of Okbaraji. [옥바라지 골목의 역사적 성격. 옥바라지 골목으로 본 도시역사와 재개발의 문제]. In proceedings of the *Second Forum of The Research group on the Culture and History of Okbaraji Alley* [옥바라지 골목 문화역사 연구단 2차 포럼 자료집]. Seoul. [In Korean].

The first issue of the Great Japan Prison Society Magazine [大日本監獄協會雜誌第一期第一號]. (1880). 15–23. Accessed on 19 April 2018. http://www.jca-library.jp/kangokukyoukaizassi/list1.html [In Japanese].

Till, K. (2001). Re-imagining national identity: "Chapters of Life" at the German Historical Museum in Berlin. In P. C. Adams, S. Hoelscher, and K. E. Till (Eds.), *Textures of place: Rethinking humanist geographies* (pp. 273–299). Minneapolis, MN: University of Minnesota Press.

Torresk, I. (19 November 2013). China "respects" Korean hero who assassinated Japanese official in 1909. *Japanese Daily*. Accessed on 19 April 2018.

Tsai, M. C. (2012). *Right to the city: An urban ethnographic research on Huaguang community in Taipei* (Master's thesis). National Taiwan University.

Ts'ai, H. (2013). Staging the police: Visual presentation and everyday coloniality. In M. Kim and M. Schoenahals (Eds.), *Mass dictatorship and modernity: Mass dictatorship in the twentieth century* (pp. 71–99). London, UK: Palgrave Macmillan.

Tunbridge, J. E. and Ashworth, G. J. (1996). *Dissonant heritage: The management of the past as a resource in conflict*. Chichester, UK: Wiley.

Turner, J. and Peters, K. (2017). Rethinking mobility in criminology: Beyond horizontal mobilities of prisoner transportation. *Punishment & Society*, *19*(1), 96–114.

UDN Data. (n.d.). Taiwan Nichinichi Shinpo (1896–1944). Accessed on 19 April 2018. http://udndata.com/promo/ancient_press/pr_sub03.html [In Chinese].

Umemori, N. (2002). *Modernization through colonial mediations: The establishment of the police and prison system in Meiji Japan* (Unpublished doctoral dissertation). University of Chicago.

Underwood, W. (2015). History in a box: UNESCO and the framing of Japan's Meiji era. *Asia-Pacific Journal*, *13*(26), 1–14.

UNESCO (2010). Australian Convict Sites. Retrieved from https://whc.unesco.org/en/list/1306

Urban Regeneration Office, Taipei City Government. (3 January 2018). News statement on the reconstruction of Dongmen market and Nanmen market. Accessed on 3 February 2018. https://uro.gov.taipei/News_Content.aspx?n=FDB0CAB1DD42E805&sms=72544237BBE4C5F6&s=2522B5A2E938D48C [In Chinese].

Utaka, Y. (2009). The Hiroshima "peace memorial": Transforming legacy, memories and landscapes. In W. Logan and K. Reeves (Eds.), *Places of pain and shame: Dealing with "difficult heritage"* (pp. 34–49). London, UK: Routledge.

Van Zyl Smit, D. and Dünkel, F. (1999). *Prison labour: Salvation or slavery? International perspectives*. Aldershot, UK: Ashgate.

Victoir, L. A. and Zatsepine, V. (2014). *Harbin to Hanoi: The colonial built environment in Asia, 1840 to 1940*. Hong Kong: Hong Kong University Press.

Wacquant, L. (2014). Marginality, ethnicity and penality in the neoliberal city: An analytic cartography. *Tempo Social*, *26*(2), 139–164.

Walby, K. and Piché, J. (2015a). Staged authenticity in penal history sites across Canada. *Tourist Studies*, *15*(3), 231–247.

Walby, K. and Piché, J. (2015b). Making meaning out of punishment: Penitentiary, prison, jail, and lock-up museums in Canada. *Canadian Journal of Criminology and Criminal Justice*, *57*(4), 475–502.

Wang, T. (2015). *Legal reform in Taiwan under Japanese colonial rule, 1895–1945: The reception of Western law*. Seattle, WA: University of Washington Press.

Watanuki, Y. [綿貫由実子]. (2005). On prison architecture and penal reform in modern Japan [監獄建築から見た近代日本の行刑]. *Annual Report of Grand College* [大学院研究年報], *34*. 229–242. [In Japanese].

Wener, R. E. (2012). *The environmental psychology of prisons and jails: Creating humane spaces in secure settings*. Cambridge, UK: Cambridge University Press.

Wilson, J. Z. (2004). Dark tourism and the celebrity prisoner: Front and back regions in representations of an Australian historical prison. *Journal of Australian Studies*, *82*, 1–13.

Wilson, J. Z. (2005). Representing Pentridge. *Australian Historical Studies*, *36*(125), 113–133.

Wilson, J. (2008). *Prison: Cultural memory and dark tourism*. New York, NY: Peter Lang.

Wilson, J. (2011). Australian prison tourism: A question of narrative integrity. *History Compass, 9*(8), 562–571.

Wilson, J. Z., Hodgkinson, S., Piché, J., and Walby, K. (Eds.) (2017). *The Palgrave handbook of prison tourism*. London: Palgrave Macmillan.

Winter, T. (2015). Heritage diplomacy. *International Journal of Heritage Studies*, *21*(10), 997–1015.

Winter, T. (2016a). Heritage diplomacy: Entangled materialities of international relations. *Future Anterior*, *13*(1), 16–34.

Winter, T. (2016b). One belt, one road, one heritage: Cultural diplomacy and the Silk Road. *The Diplomat*, *29*.

Wolff, D. and Steinberg, J. W. (Eds.). (2005). *The Russo-Japanese War in global perspective: World War Zero* (Vol. 2). Leiden, the Netherlands: Brill.

Work, C. (18 November 2017). South Korea and China make amends. What now? The Diplomat, Accessed on 25 December 2017. https://thediplomat.com/2017/11/south-korea-and-china-make-amends-what-now

Yamaguchi, T. (2017). The "Japan is great!" boom, historical revisionism, and the government. *The Asia-Pacific Journal: Japan Focus*, *15*(6). Retrieved from https://apjjf.org/2017/06/Yamaguchi.html.

Yamashita, K. [山下啟次郎]. (1894). The strategy to improve prison architecture [獄舎改良の策如何]. *Architectural Magazine*, *91*, 203–219. [In Japanese]. (transcript unpublished).

Yamashita, K. [山下啟次郎]. (1902b). Observation of prisons in Europe and America [歐米監獄建築視察談]. *Architectural Magazine*, *16*(187), 210–23. [In Japanese].

Yang, B. I. (2006). Reading symbols of Seodaemun Prison [서대문형무소의 상징 읽기].*Social Studies Education* [사회교육학], *45*(4), 59–82. [In Korean].

Yang, S. M. (16 August 2015). [Digital First] "Cheoningang," 1,300 Korean people who disappeared in Hainan [[디퍼] "천인강" 하이난에서 사라진 조선인 1,300명]. *KBS (Korean Broadcasting System) News*. Accessed on 19 April 2018. http://news.kbs.co.kr/news/view.do?ncd=3130721 [In Korean].

Yoo, Y. D. (19 April 2012). We are ashamed of what our ancestors did… prayer meeting for repentance with 10 Japanese Christians in Seodaemun Prison [일본 기독인들 "조상들 만행 부끄럽습니다" 일본 기독교인 10여명 서대문형무소서 참회의 기도회]. *Kukmin Daily* [국민일보]. Accessed on 19 April 2018. http://news.kmib.co.kr/article/view.asp?arcid=0006008892&code=61221111 [In Korean].

Yoon, S. Y. (1999). A study on the determinants of success in the tourism product development of the local government: A case study of the Seodaemun Prison historical annex [지방자치단체의 관광상품개발 성공사례연구: 서대문 형무소 역사관을 중심으로]. *The Journal of Tourism Management* [관광경영연구], *3*(2), 219–241. [In Korean].

Yosaburo, T. (1907). *Japan rule in Formosa*. London, UK: George Braithwaite.

Yoshimura, N. (2007). Untitled web page. Retrieved from: http://www.bekkoame.ne.jp/~gensei/zuisou/jyukon.html
Yu, S. H. (2004). *Cultural heritage policy in the field* [현장 속의 문화재 정책]. Seoul, South Korea: Minsokwon. [In Korean].
Yu, S. M. (2014). *My contemporary Korean history: 1959–2014, the 55-year record* [나의 한국 현대사: 1959–2014, 55년의 기록]. Seoul, South Korea: Dolbaegae [돌베개]. [In Korean].
Zhu, Y. (2013). A past revisited: Re-presentation of the Nanjing Massacre in city of life and death. *Journal of Chinese Cinemas*, *7*(2), 85–108.
Zinoman, P. (2001). *The colonial Bastille: A history of imprisonment in Vietnam, 1862–1940*. Berkeley, CA: University of California Press.
Zwigenberg, R. (2014). *Hiroshima: The origins of global memory culture*. Cambridge, UK: Cambridge University Press.

左岸歷史 390

困難東亞 重構日本帝國殖民地刑務所記憶

HERITAGE, MEMORY AND PUNISHMENT

Remembering Colonial Prisons in East Asia

作　　者　黃舒楣、李炫炅
譯　　者　李易安
封面設計　Lucas
總 編 輯　黃秀如
責任編輯　林巧玲
行銷企劃　蔡竣宇

出　　版　左岸文化／左岸文化事業有限公司
發　　行　遠足文化事業股份有限公司（讀書共和國出版集團）
　　　　　231新北市新店區民權路108-2號9樓
電　　話　（02）2218-1417
傳　　真　（02）2218-8057
客服專線　0800-221-029
E-Mail　rivegauche2002@gmail.com
左岸臉書　facebook.com/RiveGauchePublishingHouse
法律顧問　華洋法律事務所　蘇文生律師
印　　刷　呈靖彩藝有限公司
初版一刷　2025年3月

定　　價　550元
ISBN　978-626-7462-44-7

困難東亞：重構日本帝國殖民地刑務所記憶／
黃舒楣，李炫炅著；李易安譯.
－初版.－新北市：左岸文化：
左岸文化事業有限公司發行，2025.03
　面；　公分.（左岸歷史；390）
譯自：Heritage, memory, and punishment :
remembering colonial prisons in East Asia
ISBN 978-626-7462-44-7（平裝）
1.CST: 監獄　2.CST: 獄政　3.CST: 殖民地
4.CST: 歷史　5.CST: 東亞
589.81　　　　114000657